Aşk
Meclisi

Sinan Akyüz

D1727882

SİNAN AKYÜZ, 1972'de Iğdır'da dünyaya geldi. Gazeteci, fotoğraf sanatçısı ve köşe yazarı da olan Akyüz'ün yayınlanan ve çok satan diğer kitapları: *Etekli İktidar* (2009, 11. baskı), *Bana Sırtını Dönme* (2009, 15. baskı), *Sevmek Zorunda Değilsin Beni* (2009, 9. baskı), *Yatağımdaki Yabancı* (2008, 11. baskı).

Aşk Meclisi

Sinan Akyüz

ALFA®

Alfa Yayınları 2074
Edebiyat Güncel 55

AŞK MECLİSİ

Sinan Akyüz

1 - 10. Basım : Mart 2010

ISBN : 978-605-106-199-3

Sertifika No: 10905

Yayıncı ve Genel Yayın Yönetmeni M. Faruk Bayrak
Yayın Yönetmeni ve Editör Rana Gürtuna
Pazarlama ve Satış Müdürü Vedat Bayrak
Kapak Tasarımı Gökhan Burhan

© 2010, ALFA Basım Yayım Dağıtım Ltd. Şti.

*Kitabın Türkçe yayın hakları Alfa Basım Yayım Dağıtım Ltd. Şti.'ne aittir.
Yayınevinden yazılı izin alınmadan kısmen ya da tamamen alıntı yapılamaz,
hiçbir şekilde kopya edilemez, çoğaltılamaz ve yayımlanamaz.*

Baskı ve Cilt
Melisa Matbaacılık
Tel: (212) 674 97 23 Faks: (212) 674 97 29

Alfa Basım Yayım Dağıtım Ltd. Şti.
Ticarethane Sokak No: 53 34410 Cağaloğlu İstanbul, Turkey
Tel: (212) 511 53 03 - 513 87 51 - 512 30 46 Faks: (212) 519 33 00
www.alfakitap.com
info@alfakitap.com

Bu kitap, gerçek bir günlükten yola çıkılarak yazıl-mıştır. Kitapta geçen kahramanların isimleri değiş-tirilerek kullanılmıştır.

Kahramanım Onur'a...

TEŞEKKÜR

Bu kitabın ön okumasını yapan dostlarım Cengiz Erdinç ve Ayşe Düzkan'a, editörüm Rana'ya, kitaplarımı yazdığım dönemlerde bir odanın içine hapsolmama büyük bir hoşgörü gösteren eşim Ayşo'ya, aylarca yüzümü görmeyip telefonda bana, "Babo, babo," diye seslenen iki yaşındaki ikiz oğullarım Kao ve Kero'ya, akademisyen baldızım Filiz Aydoğan'a, çocuklarımın biricik teyzeleri Naile Yüceer'e ve Türkiye'nin en çok proje üreten yayıncısı Vedat Bayrak'a içten teşekkürü bir borç bilirim.

GÜNLÜK

❧❧❧

5 Nisan 2002, Cuma

Tohumlarını toprağa atmış bir çiftçi gibi bekliyordum ölümü. Ölümü beklerken son bir gayretle yazmayı denedim. Başımdan geçen olayları daha iyi kavrayabilmeniz için bu günlüğü tuttum. Bu günlüğü tuttum çünkü sizler gibi bu dünyaya artık şehvetle bağlı değilim ben. Ben, sizin gibi yaşama dört elle sarılanlardan farklı birisiyim. Çünkü ben dünya yorgunuyum. Ölümün sandalına binmiş ve kendi ellerimle sonsuzluğa doğru kürek çekiyordum. Yalan yok! Son zamanlarda ölüm şırınga iğnesinin deliğinden üflüyor, "Gel!" diyordu bana. Yine ölüm gibi yaşamın kapısı ise çokbilmişlikle önümde açılıp, "Çek git!" diyordu. Ne tuhaf! Ölüm, kızışmış bir kadının düşleri gibiydi âdeta. Onun peşinden tutkuyla koşuyordum. Benim için mutlu-

1

luk sadece oydu. O ne bir kadına benziyordu, ne de bir Tanrı'ya. O, beyaz gelincikler tarlasındaki şeytandan başkası değildi. Onunla tanıştığım ilk zamanlar bende bir sığınak, bir yürek bulmak için yalvarıyor ve yaltaklanırcasına bana şöyle diyordu: "Bak! Bak da gör! Dostun dosta nasıl koşup kavuşacağını!" Bu sözleri kulağıma bir yılan gibi fısıldarken ne kadar da haklıymış. O şeytan illetinin sunak taşı üzerinde, tutsak alınıp zincire vurulmuş kollarımla, şimdi ölümü bekleyen adaklık bir kurban gibiyim. Ne gariptir ki şimdilerde ben onda bir sığınak, bir yürek bulmak için ona yalvarıyor ve yaltaklanırcasına ona şöyle diyordum: "Bak! Bak da gör şu zavallı halimi! Beni ne olur varlığından mahrum bırakma!"

Evet, şu anda onsuz yaşamaya nasıl dayanabilirdim? Onsuz yaşamaya asla dayanamıyordum. Çünkü damarlarımda çürümüşçesine köpüklü bir bataklık kanı gibi akıp duruyordu. İlk zamanlar bana dost diye koşup sarılırken sinsice kanıma karışıp beni zehirlemişti. Damarlarımda akan zehirli kan onunla akrabaydı. Ve o her geçen gün benim kanımı daha çok zehirledikçe, ona karşı sonsuz bir ihtiyaç duyuyordum. Çünkü ben şeytanın ta kendisini dost edinmiştim. Bunun artık hayıflanacak bir yanı yoktu. Şimdi de bu kötü dostum yüzünden acı çekerek ölüyordum. Cehenneme sürükleniyordum. Ne yazık ki şu yeryüzünde ona engel olacak hiç kimseyi de tanımıyordum.

Evet! Hiç kuşku yok. Son zamanlarda bir şeyler oldu bana. Ve olanlar, hani o alışılagelmiş kesinlikle, açıklıkla değil, bedenimin krize yakalanması biçiminde oldu. Sinsi sinsi, yavaş yavaş yerleşti bedenime ve sonra da ruhumun derinliklerine. Doğrusu, o an biraz saçma geldi bana. Bedenim, şiddetli bir rüzgârın karşısında titreyen bir yaprak gibi sağa sola sallanıyorken, ruhum da alttan vuran bir depremle sarsılıp duruyordu. Bu sarsıntılar, bu şiddetli vuruşlar bir kez bedenime yerleşince de bir daha uzandığım yerden kendi başıma doğrulamadım. Olduğum yere yığılıp kaldım. Ve ben, ilk başlarda hiçbir şeyim yok sandım. Oysa şimdi, işte bakın, şimdiden onun yoksunluğunu duymaya başladım bile. Hayatımda, bu birkaç günde değişen bir şeyler oldu. Ama neredeydi bu değişme? Anlamsız, soyut bir değişme. Ben miydim değişen? Ya ben değilsem? O zaman şu anda içinde olduğum oda değişti. Bu şehir, bu doğa değişti. Acaba değişen şeyi arayıp bulmak mı gerekiyordu? Hayır, hayır. Sanırım değişen benim. Bunu anlamak güç değil. Hoş da değil elbette. Başka çıkar yolu yok. Bu değişmelerin benden kaynaklandığını artık kabul etmem gerekiyor. Bir şey daha var: Son zamanlarda çok az yemek yiyen bir adam oldum. İğne ipliğe döndüm. Bir yığın küçük küçük değişimler, ben farkına varmaksızın içimde birikip toplanmış. Şimdi yeni yeni görüyorum bu gerçeği. Sonra günün birinde, gerçek bir kriz biçiminde patlayıverdi. Ve sonunda düştüğüm bu durum karşıtlıklar ve tutarsızlıklarla dolu bir görünüm verdi yaşantıma artık.

Benim sonum da bu muydu yoksa? Buradaki insanlar gibi. Burada, bu odada yalnız olmanın ilk kez sıkıntısını duyuyorum. İş işten geçmeden, başıma gelen her şeyi birilerine açmayı ne kadar da çok isterdim oysaki.

Garip değil mi? Tuttuğum günlüğü birkaç sayfa doldurmama rağmen hâlâ kendimle ilgili gerçeği söylemedim size. Ama neden söylemedim? Gururum yüzünden olabilir, biraz da acemilik yüzünden. Bu hayatta başıma gelenleri kendi kendime anlatmak gibi bir alışkanlığım hiç olmadı ki benim. Olayları iyi sıralayamıyor, önemliyi önemsizden ayıramıyordum. Ama bu durumdan kurtuldum artık. İnsanın gizlisi saklısı olurmuş. Ruh hali değişirmiş. Bazı duygular anlatılmazmış. Hayır, hayır. Artık böyle şeyler istemiyorum. Ne rahibim, ne rahibe. Sizin anlayacağınız ben bir eroinmanım!..

Az önce yazmayı bıraktım. Elimde tuttuğum kalem parmaklarımın arasından kızgın yağ gibi kayıverdi. İçimi yaktı. İçimi yakan şey, hayatımda ilk kez eroinman olduğumu az önceki cümlemle itiraf etmiş olmamdı. Belki size anlamsız gelecek ama o andan sonra yüzüme bir tebessüm yayıldı. Kendime acıyan yüreğimle katıla katıla gülmeye başlamıştım ki, aniden odanın kapısı açıldı. Sarı bir kafa içeriye uzandı. Biraz tedirgin, biraz da şaşkın gözlerle bana baktı. "Hayrola," dedi. "Böyle bir haldeyken bile neden gülüyorsunuz?"

Hayatımda ilk kez gördüğüm, adını henüz bilmediğim beyaz önlüklü doktora baktım. "Neden gülmeyecekmişim ki?" dedim. "Bu dünyadan çekip giderken dudaklarımda huzurlu bir tebessüm olması gerekmiyor mu?"

Doktor, şaşkın şaşkın yüzüme baktı. "Gerçekten böyle mi düşünüyorsunuz?"

"Evet," dedim sözümün arkasında duran biri olarak. "Çünkü ben korkunç acılar içinde inleyerek can verecek kadar büyük günahlar işlemedim."

Doktor, ayakucumda duran mavi dosyayı aldı. Dosyada yazılanlara göz attı. Sonra da bana bakıp, "Siz kimsiniz?" diye sordu.

Doktora baktım. "Cankiyim,⁽*⁾" dedim hafiften tebessüm ederek.

Sıcak bir gülümseme yanaklarına kondu. "Canki olduğunuzu görüyorum," dedi. "Ben isminizi sormuştum."

"Pardon," dedim utangaç bir tavırla. "Benim ismim Onur Barış."

Junkie: Eroin bağımlısı.

4

"Memnun oldum Onur. Ben de Müge Yıldız."

Birkaç saniye öylece birbirimize bakıp durduk. Masmavi gözleri vardı orta yaşlardaki Doktor Müge'nin. Elinde tuttuğu mavi dosyayı masanın üzerine koydu. Yaşımı sordu. Ona yirmi üç yaşında olduğumu söyledim. Bana acınası gözlerle baktı. "Ne kadar gençmişsiniz," dedi. İçimi çektim. "Haklısınız," dedim. "Genç bir insan hurdasıyım. Ne yazık ki yakında da kadavraya çıkacağım." Doktor Müge'nin bakışları uzaklara dalıp gitti. Bir süre sonra gözlerini bana çevirdiğinde, delik deşik kollarıma baktı. "Size bir şey sorabilir miyim?" dedi. Başımı "evet" anlamında salladım. Yanıma geldi. Sol eliyle sağ bileğimi tuttu. Morarmış koluma dikkatlice baktı. "Merak ediyorum," dedi. "Eroini kendinize şırınga etmek için mi yaşıyorsunuz? Yoksa yaşamak için mi bu iğneleri kendinize yapıyorsunuz?" Doktor Müge'ye baktım. "Biliyor musunuz?" dedim. "Bu hayatta aile sevgisini, bir ailenin mutluluğunu hiç bilemedim. Çoğu zaman bu zehri koluma yapmanın aile sevgisinden daha mutluluk verici bir şey olması gerektiğini düşledim. Ama yanıldım. Artık benim yoksulluğum bu işte. Elim, kendime bir şırınga dolusu eroini armağan etmekten asla yorulmuyor. Bazen elimi geri çekiyorum. O zaman başka bir el gelip şırınga tutan elimi damarımın içine doğru itiyor. O anda yükseklerden aşağıya dökülen şelale gibi duraksamadan coşuyorum. Sonra da yaşadığım o coşku kâbusa dönüşünce kendime şunu söylüyorum: 'Demek ki bu dünyada kötülüğün açlığını çekiyorum.' Kendime armağan etmekten duyduğum mutluluk, ne yazık ki armağan etme eyleminin içinde bana acı veriyor."

"Peki, aileniz şu anda nerede?" dedi Doktor Müge, donuklaşan bakışıyla.

5

"Benim ailem yok," dedim gözlerim buğulanırken.

"Aileniz yok mu?" dedi şaşkınlıkla.

"Evet. Onların izini kaybettim."

"Onların izini nasıl kaybedersiniz? Yer yarılıp içine girmediler ya?"

Doktor Müge'nin mavi gözlerine bakıp anlamsız bir şekilde gülümsedim. "Evet," dedim. "Ne yazık ki yer yarılıp içine girdiler. Onları aramama rağmen bulamadım."

"Onları nasıl kaybettiniz? Aile bağlarınız zayıf mıydı?"

"Evet, ailemle bağım zayıftı. Ama onlarla aramdaki bağın zayıf olması kesinlikle benim suçum değildi."

"Ya! Öyleyse kimin suçuydu?"

"Annemle babamın."

"Kendinizi neden hiç suçlamıyorsunuz?"

"Bir kız arkadaşım vardı; ama şimdi yok. Çünkü uyuşturucudan geçen yıl öldü. O, bir gün bana ne demişti biliyor musunuz? 'Ailemi yıktım gerçi; ama önce onlar beni yıktı.' Şimdi ben soruyorum size. Evli misiniz?"

Doktor Müge, bu sorum karşısında şaşırdı. Şaşkınlığından ve panik halinden anladım ki, o yaşta hâlâ bekârdı. "Hayır, evli değilim," dedi.

"O zaman size bir nasihat vereyim."

Doktor Müge nasihat kelimesini duyunca gülmeye başladı. "Siz bu yaşınızda bana nasihat mi vereceksiniz?"

Kararlı bir şekilde ona baktım. "Evet," dedim. "Ben size bir nasihat vereceğim. Ben sizden ruhen ve bedenen daha yaşlı birisiyim. Çok yakın bir zamanda ölüp gideceğim. Size diyeceğim şu ki, evlilik bağınıza dikkat edin de kötü bir bağ olmasın. Çok acele bağ kurarsanız eğer, çıkan sonuç evliliğin yıkılması olur. Ailenin yıkılması olur. Çocukların yıkılması olur. Şimdi soruyorum size. Birbirleri arasında kötü bir bağ kuran annemle babam mı ilk önce beni yıktı? Yoksa ben mi onları yıktım?" Doktor Müge kızardı. "Bu sözlerinizle beni çok utandırdınız," dedi. "Emin olabilirsiniz. Bu nasihatinizi hiçbir zaman unutmayacağım." Birkaç gündür kaçan keyfim azıcık da olsa yerine gelmişti. Ona elimi uzattım. "O zaman anlaştık," dedim.

Elimi sıkıca kavradı, arkasından da ekledi: "Kanınıza karışan uyuşturucudan sizi tamamen temizledik. Şimdi bana söz verin. Bana, hayatta kalmak için çaba göstereceğinize dair söz verin. Bir daha uyuşturucu kullanmayacağınıza dair bana söz verin." Umutsuz gözlerle ona baktım. "Ama," dedim. "Siz şu anda benden olanaksızı istiyorsunuz. Ben bu sözlerinize cevap verecek uygun ağız değilim. Ben ölümün bir habercisiyim. Kara bir buluttan düşen zehirli damlayım. Bu yüzdendir ki siz doktorlar, iyileşmeyecek hastaların hekimliğine kalkışmamalısınız bence."

Doktor Müge sıkıca tuttuğu elimi bir kuş tüyü hafifliğiyle bıraktı. Bana arkasını döndü, odadan sessizce çıkıp gitti.

Biliyorum, son sözlerimle onu hayal kırıklığına uğrattım, ama benim de kendime göre geçerli sebeplerim vardı. O geçerli sebeplerden bir tanesi şuydu: Eroin adlı şeytan sadece benim kanımla kendisine hayat bulmuyordu ki! Kanım ondan temizlendiğinde, onun yok olması gerekmiyor muydu? Normal şartlar altında, artık hayatımda olmaması gerekiyordu. Ama o sadece kanımda dolaşmıyordu ki. O, düşüncelerime yuva yapmış, düşüncelerimde ve düşlerimde yaşıyordu. O, bana beynimin içinden hükmediyordu. Müge gibi doktorlar da işte burada yanılıyorlardı. Taşları dipsiz derinliklere yuvarlamanın şehvetini henüz benim gibi bilmiyorlardı.

7

İSTANBUL RUM HASTANESİ

6 Nisan 2002, Cumartesi

Sabah gözlerimi açtığımda saat altı buçuğu gösteriyordu. Lime lime olmuş tül perdenin kapattığı, kirli pencerenin ardından odaya süzülen gün ışığının kupkuru aydınlığı, yaşamın hâlâ devam etmekte olduğunu fark etmeme neden oldu. Aslında hâlâ yaşıyor oluşumun bir fark edişi, benim için bir müjdesi değildi bu. Bir kez daha içinde uyandığım sefaletin çaresizliğiydi. Birkaç gün önceki davranışımdaki beceriksizliğimin sanki bir cezasıymış gibi, gece karanlığının kamufle ettiği, fakat gün ışığında bütün çıplaklığıyla görünen zavallı dünyamın içinde bir kez daha gözlerimi açmış, içinde bulunduğum dünyanın gerçeklerine yeniden merhaba demiştim.

Bir taraftan beynimin içinde dolanıp duran bu düşünceler, çarpışan arabalar gibi beni ezerken, bir taraftan da gözlerim

İstanbul Rum Hastanesi'nin küçük odasını dikkatlice tarıyordu. Odanın penceresi hastanenin arka yüzüne, genişçe ağaçlıklı bir alana bakıyordu. Zemini halıfleks döşeli odada tekli bir yatağın dışında ahşap bir masa, sandalye, serum askılığı ve kahverengi bir koltuk vardı. Banyo ve tuvalet, plastik bir kapıyla ayrılmıştı. Bu düşünceleri beynimden uzaklaştırmak için uzandığım yerden ayağa kalktım. Küçük odada turladım. Bir an gözüme ahşap masanın üzerinde duran kırmızı kapaklı, üstünde DOCTEUR RENAUD PARİS 2002 yazan, günlük tuttuğum ajanda takıldı. Sandalyeyi çekip oturdum. Ajandanın kapağını açtım. Alnımı sol avucumun içine aldım. Parmak uçlarımla hafifçe masaj yaptım. Açık pembe renkli kâğıdın üzerine o gün, ilk cümlemi şöyle yazdım: Friedrich Nietzsche'nin bir kitabını okurken, şimdi ismini hatırlayamadığım o kitapta bir cümle dikkatimi çekmişti. Nietzsche şöyle yazmıştı: "Çiğ tanesi, gecenin en suskun zamanında düşer otlara."

Şimdi ben de Nietzsche'leşip bir gün belki de bu günlüğü okuyacak olan sizlere diyorum ki: "Eroin damlası, yaşama karşı en suskun olduğunuz anda karışır kanınıza!"

Evet, benim de aynen böyle bir suskun anımda karışmıştı kanıma, canıma ve düşüncelerime. Artık kolumdaki iğne izleriyle delik deşik oldum. Bu delikler yüzünden, topraktan yapılmış bir çömlek gibi kırılıp dağıldım çevreme. Artık ben de yorgun düştüğümü görebiliyorum. Kollarımda morarmış delikler görüyorum. Bu morarmış deliklere baktıkça kendime şunu söylüyorum: "Bu ölümcül şeytandan kaç kurtul, dostum. Kendi yalnızlığına kaç. Seni sokan bu zehirli akreple bir

9

daha yaşama. Onun seni soldurduğunu hâlâ görmüyor musun? Temiz ve sağlıklı havanın estiği yerlere kaç. Yalnız dünyana kaç. Onun yanından uzak diyarlara kaç. Onun ölümcül hayatından kaç kurtul, dostum. Senin yanı başında durmuş, senden öç almak isteyen bu şeytandan kaç kurtul. Onun tek istediği şey senin tenine, kanına yakın durmak..."

Son yazdığım cümleyi tekrar okudum. Okur okumaz gülmeye başladım. Bir kurbağa gibi vırakladım. "Aptal olma," dedim kendime. "Bu yazdıklarına inanıyor musun? Ondan nasıl kaçıp kurtulacaksın? Acaba o şeytanın sana sunduğu kurtuluş günü var mıydı?"

Bu sorulara cevabım hayırdı. Biliyorum, can sıkıcı bir durum ama şimdi daha iyi anlıyorum bu gerçeği.

Peki öyleyse, ondan nasıl kaçıp kurtulacaktım? O her an düşüncelerimdeyken, ondan kaçmanın ne anlamı kalıyordu? Bana söyler misiniz, ondan kaçmanın ne anlamı vardı? Öyleyse, bu durumda yapacağım şey ne olmalıydı? Acaba ölmeyi mi öğrenmeliydim? Peki, ölmeyi nasıl öğrenecektim? Doğru bir zamanda dünyaya gelmesini bilmeyen ben, doğru bir zamanda nasıl ölecektim? Keşke hiç doğmamış olsaydım; ama bu eşitlikler üzerine kurulu olmayan dünya, keşkeler üzerine de kurulu değildi ki?

Masanın başından kalktım. Lime lime olmuş tül perdeyi araladım. Balkon kapısını açtım, dışarı çıktım. Çam kokusu burnumdan süzülüp ciğerlerime doldu. Sabahın mavi ışığı bir anda solmuş ruhumu aydınlattı. Bakışlarım yeşilin tonları arasında kayboldu. Belli belirsiz birtakım fikirler zihnime hücum etti. Bu karmaşık düşünceler içinde, ev arkadaşım Yaşar'ın yüzündeki ifade gözlerimin önünde belirdi. İçim kan ağladı.

10

Kendimden bir kez daha utandım. Yaşar'a, Nurşin'e, Özkan'a ve Ayla'ya nasıl olmuştu da suçüstü yakalanmıştım? 2 Nisan günü bu hastaneye nasıl bir halde gelmiştim? Aslında sizlere ilk önce bunu anlatmam gerekiyor ama şimdi yaklaşık yedi ay öncesine dönüyorum. Yaşar'la nasıl tanıştığımı sizlere anlatacağım.

***

2001 Eylülüydü. Takvim yaprakları yirmi ikisini gösteriyordu. Günlerden cumartesiydi. Tiyatroköşe ekibiyle birlikte uzun günler ve geceler boyunca süren o yorucu provalardan sonra nihayet oyunumuzun prömiyerini sahnelemiştik. Oyunumuzun adı "Anlık Müstehcen Sırlar"dı.

Final sahnesinden sonra ışıklar yanınca, koltuklarında keyifli bir sükûnet içinde oturmuş, sahnedeki oyunu izleyen seyircilerden bir anda alkış koptu. Alkış seslerinin yaşattığı mutluluğu ve coşkuyu kelimelerle anlatmak imkânsızdı.

Seyircinin büyük beğenisini kazanan bu oyun, bir yığın yokluk ve güçlükle mücadele ederek kolektif bir uğraşı sonucunda sahneleniyordu. Bu başarıda payı bulunan bir insan olarak orada hissettiklerimden daha güçlü bir duygu var mıdır yeryüzünde acaba?

Evet! Elbette ki vardır. Bu pis dünya döndükçe de ne yazık ki var olacaktır. Özellikle de benim ve benim durumumda olan diğer cankiler için sadece tek bir his vardır. Daha doğrusu, ayık kafayla yaşamayı bir türlü beceremeyen bir eroinmanın yaşayacağı tek bir his. Tüm sevdiklerini, ona değer verenleri, onlarla paylaştığı tüm değerleri öfkeyle fırlatıp duvara çarpılan bir kadeh gibi, herkesi ve her şeyi paramparça etmeyi gö-

11

ze almanın verdiği o his var ya... Yepyeni umutlarla dolu uzun bir hayatı elinin tersiyle ittiğini sonradan fark etmenin yarattığı o his... Ve simsiyah kanatları ardına dek açılarak aniden karşısına dikilen sefil bir ölümün iç burkan acılarına bile kafa tutarak, kendini zehirlemekten vazgeçmediğinden onun için her şey demek olan o erişilmez duygu var ya... İşte asıl buydu bir canki için anlatılmaz olan.

O gece, bilinmez dünyaların ötesine açılan karanlık bir derinliğin hiç kapanmayan göksel geçidinde, henüz bu hayata doymadan kırgınca kaybolup giden kimi ruhların tek buluşma noktası olan, işte bu anlatılmaz duygu kalmıştı tiyatro sahnesinin perdesi inerken benim içimde. Tanrıların kime karşı isyan ettiğimi bile çözemediği küskünlük içinde acı çeken bedenim, Yaşar'la çarpıştı. Yaşar da benim gibi tiyatro oyuncusuydu; ama benden daha ustaydı. Ben henüz çıraktım. Yaşar gibi iyi bir oyuncu olmam için daha kırk fırın ekmek yemem lazımdı.

O anda tiyatro sahnesinin arka tarafında yaşanan curcunayı görmenizi isterdim. Herkes çılgınca eğleniyordu. Herkes birbirine sarılmış, tebrik ediyordu. Kutlamaya Beyoğlu'nda, bir gece mekânında devam etme kararı aldık. Yaşar'la aynı masada yan yana düştük. Saatlerce sohbet ettik, içtik. Saat gece yarısını çoktan geçmişti. Yorgun bedenlerimizle, çakır keyif olmuş kafalarımızla evlerimize dönmek için mekândan bir bir ayrıldık. Yaşar'la birlikte İstiklal Caddesi'nde yürürken bir ara durdu, bana sordu: "Evin nerede?"

"Evim yok," dedim.

"Dalga mı geçiyorsun?"

"Hayır," dedim. "Aksaray'da ucuz bir pansiyonda kalıyorum."

Sustu. Atatürk Anıtı'na kadar sessizce yürüdük. "Ben senden burada ayrılıyorum," dedim Yaşar'a.

Yüzüme anlamlı anlamlı baktı. "Sana bir teklifte bulunacağım," dedi.

"Ne teklifi?"

"İstersen benimle birlikte yaşayabilirsin."

"Sen ciddi misin?" dedim şaşkınlıkla.

Güldü. "Evet," dedi. "Teklifimde ciddiyim."

Ertesi gün öğle üzeri, Yaşar'ın Cihangir'deki evine taşındım. Yaşar, kırk iki yaşındaydı. Son derece yakışıklıydı. Kumral saçları, ela gözleri vardı. Atletik vücudu ona asil bir hava veriyordu. Hâlâ bekârdı. Yaşar'a taşındığım gün, ona sordum: "Bu yaşına kadar neden evlenmedin?"

Bana baktı, güldü. "Biliyor musun?" dedi. "Gerçek bir erkek şu dünyada iki şey ister: Tehlike ve oyun. Bu yüzden kadını ister, en tehlikeli oyuncak olarak. Ben gerçek bir erkek değilim. Benim ruhum sığ sularda yüzen bir kadının ruhundan daha derindir. Bu yüzden de hiç evlenmedim."

O gün Yaşar'ın bana ne demek istediğini anlamadım; ama kısa bir süre sonra onun eşcinsel olduğunu başka birinden tesadüfen duyunca şok oldum. O zaman şu gerçeği anladım ki, ikimizin de birbirinden sakladığı sırlar vardı. Ne o bana eşcinsel olduğunu itiraf etti, ne de ben ona bir eroin bağımlısı olduğumu?

Bir şey daha var. Yaşar iyi bir tiyatro oyuncusu olduğu kadar, iyi de bir gözlemciydi. Hayatın içinde gizli saklı duran güzellikleri usta bir sanatçı gözüyle ince bir açıdan görmeyi iyi bilen Yaşar'ın bu ustalığı, benim üzerimde bir işe yaramıyordu. Acılarla kuşatılmış bir hayatın içinden usulca kayıp gittiğimi,

13

ölümüme bile neden olabilecek eylemleri kendi ellerimle hazırladığımı ne yazık ki fark edemiyordu.

Üç gün önce, beni hasta halde öylece çaresiz bir şekilde görünce, yüzüne yansıyan şaşkınlığın ve korkunun nedeni bu olsa gerek diye düşünüyorum şimdi. Ayrıca şimdi bir taraftan da bu büyük sırrımı ortaya çıkardığı, herkese beni rezil rüsva ettiği için Oğuz'a da içten içe kızıyorum. Üç gün önce, ilk eroin krizim şöyle gelişti:

***

Kâbus gibi geçen gecenin sonunda, yeni günün aydınlıkla ışıyan güneşli sabahını karşılarken, koca evin içinde yapayalnızdım. Çoktan sabah olmasına rağmen elim bir türlü kapalı duran perdeyi açmaya varmıyordu. Perdenin arasından odanın içine dikey huzmeler halinde sızmış güneş ışığının zayıf aydınlığı arasında kalan koltuğun üzerine oturmuş, bütün gece boyunca düşüncelere dalmıştım. Gece Allah bilir kaç tane esrarlı sigara sarmış, bu sigaralarla da yetinmeyip üzerine bir şişe viskiyi ağır ağır içmiştim. Gün ışırken de esrarlı bir sigara daha sarıp, ikinci viski şişesinin kapağını açmıştım. Esrarın dumanını içime çekerken, elimde tuttuğum viski bardağı dikkatimi çekti. Kristal bardağa düşen güneş ışıkları dumanlı odanın dört bir yanına dağılıyordu. Kristal bardağın içine koyduğum buz parçacıkları da o sabahın o saatine dek içimde taşımakta olduğum, o saate kadar da yüreğimi tırmalayıp acıtan bütün duygularım gibi eriyip küçülüyor, bardağın içinde ağır ağır çözülerek kayboluyordu. Eylül'ü düşündüm. Dün gece hayatımdan çıkıp gitmesine müsaade ettiğim sevgilim Eylül'ü... İlişkimizin daha ilk günlerinde bana, "Bu ilişkide, birlikte yaşayabileceğimiz her şeyin en güzelini yaşamaya çalışalım, olur mu?" demişti.

Tanıştığımız o ilk günden sonra ikimizin arasında her ne olduysa olmuş, hiç de hesapta olmayan bazı duyguların yüreklerimizden boşanan çılgınca akıntısına kapılarak, birbirimizden bir daha ayrılmayı hiç istemeden bağlanmıştık işte; ama olmadı. Ev arkadaşım Yaşar'a dürüst olamadığım gibi, biricik aşkım Eylül'e de dürüst olamadım. O, beni sadece arada sırada esrar içen biri olarak bilirken, ben eroinman olduğumu ondan saklamıştım. Ama her geçen gün kollarımda artan iğne izlerini ondan daha ne kadar gizleyebilirdim ki?

Dün gece Eylül beni bir başıma bırakıp İngiltere'ye ailesinin yanına tatile giderken, yer yatağının çevresini saran mumların titreyip duran suskun aydınlığı içinde, buğulu gözleriyle umutsuzca bana baktı. Başını usulca göğsüme yasladı. O sırada göğsüme damlayan ılık gözyaşları sanki tenimi deliyor, etimden süzülen sıvı ateş gibi yüreğimi yakıyordu. Ürperdim. Aniden içimde kaynamaya başlayan, oradan da gözlerime dolarak taşıp akmak için sabırsızlanan ağır sıcaklığı güçlükle engellemeye çalıştım; ama başaramadım. Ben de Eylül'le birlikte ağlamaya başladım. Yüzümü, onun gözyaşlarıyla ıslanan güzel yüzüne çevirdim. "N'olur?" dedim. "Sana yalvarıyorum. Beni biraz seviyorsan benden kaç kurtul."

"Hayır," dedi güçlükle duyulan kısık sesiyle. "Senden kaçıp kurtulmak istemiyorum. Ben senin ne yapmak istediğini biliyorum. Senin korkunç şeyler düşündüğünü görüyorum. Bunlara asla izin vermeyeceğimi bil. Seni asla yalnız bırakmayacağımı kafana koy. Seni hangi sorunlar bu hale getiriyorsa, hepsinin canı cehenneme. Bana söz ver. Bütün sorunlarının altından birlikte kalkacağız. El birliğiyle. Tamam mı? Bana söz ver."

15

"Bak," dedim. "Kendi sorunlarım yüzünden senin de hayatını mahvetmek istemiyorum. Benim için acı çekmeni, mutsuz olmanı istemiyorum."

Eylül sözümü kesti. "Beni anlamıyorsun," dedi. "Ben sensiz nasıl mutlu olabilirim ki? Artık bu gerçeği gör. Seni asla bırakmayacağım."

Sinirimden güldüm. "Neden gülüyorsun?" dedi Eylül, soğuk bir ses tonuyla. "Söylediklerim sana gülünç mü geldi?"

"Affedersin," dedim hâlâ gülümserken. "Yıllar önce bana benzer şeyleri annem de söylemişti. Öz annem bile bana daha fazla katlanamadı. Beni terk etti. Benden kaçıp uzaklaştı. Sadece uzaklaşmakla kalmadı. Bu koca şehirde izini bile kaybettirdi."

"Ben senin annen değilim," dedi Eylül. "Ben sana âşık olan kadınım."

Sinirimden yine güldüm. "Saçmalama," dedim. "Bir annenin çocuğunu sevdiği kadar sevemezsin bir adamı. Bir annenin sevgisi karşılığında, öz çocuğundan bedel istediği nerede görülmüştür? Bu bedelsiz sevgiye rağmen bile annem beni terk etti. Sen de bana öylesine uzak bir hayatın diğer ucunda görünüyorsun ki... Bana o kadar uzaktan nasıl elini uzatabilirsin? Beni içine düştüğüm bu durumdan nasıl çekip kurtarabilirsin?"

Eylül ayağa kalktı. "Sana çok kırıldım," dedi kızgınlıkla. "Beni çok incittin. İki-üç saat sonra uçağım kalkıyor. Ama sen şimdiden tatilimi kâbusa çevirdin. Senin yüzünden aklım burada, bu karmaşanın içinde kalıyor. Şimdi gidiyorum sevgilim. Yirmi gün sonra geri döneceğim. Bu süre zarfında ilişkimizi yeniden gözden geçirmeni istiyorum. İlişkimizle ilgili son kararı senin vermeni istiyorum. Ya tamam de bana ya da devam. Şimdilik hoşça kal sevgilim..."

Eylül odadan dışarı çıktı. Arkasından ben de çıktım. Kapının önüne koyduğu valizi aldı. Kapıyı sertçe çekip gitti. Eylül'ün arkasından koltuğun üzerine yığılıp kaldım. Hüngür hüngür ağlamaya başladım. "Beni artık boş ver sevgilim," diye kendi kendime fısıldadım. "Hazır bu akşam bir veda havası içindeyken, beni bırak. Bana bir daha geri dönme. Şu dünyada biraz daha fazla yaşamak için beni ikna etmeye çalışma. Sen de böyle bir zahmete girme. Sen de bana söz ver. Bana geri dönmeyeceğine dair söz ver. Senin yanında biraz daha fazla kalmam için beni boş sözler vermeye zorlama. Bana söz vermeni istiyorum. Ne olursun bırak artık beni. Kendimle hesaplaşmama, geçmişimden kurtulmama ve böylesi iğrenç bir yaşama beni mahkûm eden insanlardan intikam almama izin ver. Beni artık özgür bırak da yaşadığım bu anları kafama göre tüketeyim. İçimde ölmeye başlayan çocuk çığlık çığlığa can çekişirken, yaşamdan son bir defa daha soluk alayım. Biraz duman, biraz parfüm ve biraz da zehir karışsın son nefesime."

Bir anda kendimi çok yorgun, bitkin hissetmeye başladım. Eroin yoksunluğunun bir başka yüzüydü bu halsizliklerim. Yalan yok! Son günlerde eroinin sebep olduğu fiziksel yoksunlukları artık çok iyi biliyordum; ama henüz bilmediğim bir şey vardı. Eroinden kaynaklanan bu zihinsel yoksunluklar da neyin nesi oluyordu böyle? Düşüncelerimi bir türlü eskisi gibi toparlayamıyordum. Eroinden başka hiçbir şeyi düşünmez oldum. İşte bu yüzden Eylül'ü incittim. Onu bu akşam hayal kırıklığına uğrattım. Ben eroinin zehirli dünyasında ağır ağır ölürken, Eylül'ü bu zehirli dünyanın dışına itmeye çalıştım oysaki. Ama o, benim gerçeklerimi bilmediği için beni anlamıyor. Allahım! Lütfen söyler misin? Bana neler oluyor böyle?

17

Evet! Eylül'le olan ilişkim bu gece, bu evde benim için bitti artık. Eylül, yirmi gün sonra İngiltere'den döndüğünde, içim kan ağlayarak ona şunu söyleyeceğim: "Bu ilişki burada biter. Hayatımda artık sana yer yok..." Allahım! Bana bu acıları neden yaşatıyorsun? Ben de sevgi dolu bir yaşamı onunla paylaşmak istemez miydim?

Gecenin bir vakti oturmuş esrar içerken, sorduğum bu sorular bir süre sonra bana saçma sapan geldi. Düşüncelerim hafiften dumanlanmış, viskinin etkisiyle başım dönmeye başlamıştı. Ben Eylül'ü kesinlikle hak etmiyordum. Ne yazık ki onun hiç bilmediği, bilmeyi de pek istemeyeceği, artık benim bile düşünmekten ürktüğüm ve her an karşıma dikileceğinden korktuğum öyle acımasız gerçekler vardı ki hayatımda?

Öyle ya? Ben Eylül'ü hak edecek insan mıydım? Ne seçkin bir ailenin gelecekte parlak başarılar vaat eden iyi yetiştirilmiş evladı, ne de soylu bir babanın istikbali garantili bir iş sahibi, akıllı oğluydum. Ayıkken bile iki kelimeyi bir araya getiremeyen bir zavallı, paramparça olmuş bir ailenin sokaklarda bir başına sorumsuzluklar içinde yetişen evladıydım.

Ayrıca, büyüdüğü kenar mahallenin kültürüyle karakollarda suç dosyaları istiflenen, daha on üç yaşında esrarla tanışmış birisiydim. Çoğu zaman sakin, aklı başında ve olumlu gözüken bir kişiliğin altında pimi çekilmiş, patlamaya hazır bir bombaydım. Tahrip çapı geniş, agresif kişiliğimi ancak uyuşturucuların etkisiyle etkisizleştirebiliyordum. Kişiliğimdeki diğer benle çatışıp duran eroinmandım. Yaşadığım yangınların sıcak külleri hâlâ içimde tüterken, bakışlarımdaki karanlıkta gülümseyerek gizlenen iyi kalpli şeytanın insanı baştan çıkaran o varlığıyla sevgiyi, aşkı, ihtirası ve can yakıcı hazlarla süs-

lü günahları, karşımdaki insanın yüreği içinde aniden tutuş-
turan serseriydim. Bu kadar pis bir geçmişle tertemiz bir ha-
yatı yaşamak kolay mıydı? Bence değildi. İşte bu sebeplerden
dolayı, Eylül'le ilişkimi içim kan ağlasa da bir an önce bitir-
mek zorundaydım. Yirmi gün sonra yeniden kapımı çaldığın-
da ona şunu söyleyeceğim: "Bu ilişki burada biter. Hayatımda
artık sana yer yok."

Eylül'le tartıştığım o gecenin sabahı kendimi sokağa attım.
Ayaklarımın beni götürdüğü yere, Reha'nın evine geldim. Kapı
zilini çaldım. Fakat açılmadı. Kapının önünde oturup saatlerce
Reha'yı bekledim. Reha'nın eve geleceğine dair umutlarım tü-
kenince de, onu sokaklarda aramaya koyuldum. Sağda solda gi-
debileceği mekânlara baktım. Birkaç insana onu sordum ama
dünden beri onu gören olmamıştı. Neredeyse akşam olmak
üzereydi. Artık Reha'dan umudumu kesince yorgun argın eve
döndüm. Bu arada Yaşar da iki gündür eve hiç uğramamıştı. O
ibnenin nerede, kiminle olduğunu bilmiyordum. Kendisine
herhalde bir inşaat işçisi bulmuştur diye düşündüm.

O akşamüzeri bütün bedenim dökülüyordu. Adım atacak
halim bile kalmamıştı. İçimi ürpertecek kadar korkunç bir umut-
suzluk duygusu yüreğime çöreklendi. Bütün bunlar yetmezmiş
gibi dizlerimde saplı duran çiviler varmışçasına bacaklarımda la-
net olası sızılar dolaşıyordu. Bedenim iğrenç bir şekilde ter dök-
meye başladı. Gövdemin içinde sanki soğuk buz kalıpları taşı-
yormuşum gibi iç organlarım zangır zangır titriyordu. Bugüne
kadar hiç olmadığım bir şekilde ishal oldum. Hiç durmadan
hapşırıyor, esniyordum. Salya sümük bir vaziyette viski içerek
sarhoş olmaya çalışıyordum. İkinci kadehi henüz bitirmemiş-
tim ki gök gürültüsüne benzer bir şiddette öğürmeye başladım.

Epeyce bir kustum. Kendime kızdım. Eğer zulamda birkaç tane hap olsaydı, o hapları içip kendimi tedavi edebilirdim. Bu hapların yardımıyla sabaha kadar uyuyabilirdim. Ama lanet olsun ki yanımda tek bir hap bile yoktu.

Bu arada akşam geceye çoktan dönüvermişti. Telefonun yanındaki koltuğa oturdum. Reha'yı ev numarasından aradım. Lanet olası herif hâlâ eve dönmemişti. Reha'yı birkaç dakikada bir aramaya devam ettim. Artık ondan umudumu kesince, birkaç canki arkadaşımı aramak aklıma geldi. Birkaç telefon numarası çevirdikten sonra Oğuz'a ulaştım. "Alo Oğuz," dedim.

"Efendim," dedi Oğuz şaşkın bir ses tonuyla.

"Çok kötü durumdayım. Bana ne olursun yardım et. Sana yalvarıyorum. Başıma ilk kez böyle bir şey geliyor."

"Siz kimsiniz? Neden bahsediyorsunuz?" dedi Oğuz endişeli endişeli.

"Benim Oğuz," dedim. "Ben Onur. Krize girdim. Sende mal var mı? Reha'ya bütün gün boyunca ulaşamadım."

"Vallahi bende yok. Bir kaşık vardı, onla da ben tedavi oldum."

"Peki, zulanda hiç yok mu?" diye sordum saf bir düşünceyle.

"Olsa vermez miydim sana? Ama gerçekten bende de yok. Sana ölen babamın üzerine yemin ederim."

Sinirimden gülmek istedim ama her tarafım âdeta çürümüş et gibi dökülüyordu. Bir eroinmanın yeminine ne kadar güvenebilirsiniz? "Pekâlâ," dedim. "Şimdi bir yerlerden bana eroin, extasy, royphnol ya da ne bulursan alabilir misin? İstersen kendine de al. Parasını peşin ödeyeceğim."

"Tamam," dedi Oğuz yüzüme telefonu kapatırken.

Kanepeye uzandım. Oğuz'dan gelecek haberi beklemeye koyuldum. Telefonun çalmasını beklerken de Yaşar'ın eve gelmemesi için dua ettim. Saate baktım. Telefonu kapatalı daha birkaç dakika olmamıştı; ama o an bana sanki saatler geçmiş gibi geldi. Bedenimdeki enerji son kertesine kadar tükeniyordu. Karnıma giren kramplarla iki büklüm kıvranırken, sokağa bakan pencereden gelen ya da binanın boşluğundan yankılanan her türlü sese kulaklarımı kabartmış, acılar içinde çaresizce kıvranarak Oğuz'dan gelecek haberi bekliyordum. Gelecek haberi beklerken de Oğuz'un adını kurumuş dudaklarımın ucunda tekrarlayıp duruyordum. Çektiğim acıları sanki hafifletecekmiş gibi gözlerimi kapattım. Reha'nın tam o sırada içeri girdiğini gördüm. Elinde tuttuğu hazır enjektörü bana doğru gülümseyerek uzattı. Yerimden doğruldum. Sol kolumu açtım. Reha'ya ellerimi uzattım. Reha'nın elinden enjektörü almak üzereydim ki, bir anda gözlerimin önünden kayboldu. Ayağa kalktım. Reha'yı evin içinde son bir gayretle arayıp durdum. Reha'ya seslendim: "Öldüğümü görmüyor musun? Sana yalvarıyorum. Şu elinde tuttuğun enjektörü bana ver. Onu ne olur bana ver."

Reha'yı evin içinde bulamayınca umutsuz bir şekilde kanepeye uzandım. Reha'nın az önceki görüntüsünün gerçek olmadığını içim acıyarak anladım. Gördüğüm bu hayaller öylesine güçlü bir sanrıyla beynimin içine doluşuyor, içimi öyle bir kemiriyordu ki, gözlerimi kapatınca gördüğüm o sahnelerin gerçek olması için Allah'a yalvarıyordum. O görüntülerin bir hayalden başka bir şey olmadığını bildiğim halde, içimde yaşadığım o büyük hayal kırıklığı ve yüreğimi dolduran o buruk sancılar içinde büyük acılar çekmekten başka elimden hiçbir şey gelmiyordu. Gelecekte yaşayacağım krizlere göre hafif bir yoksunluk nöbeti sayılabilecek bu acıyı, uzandığım bir kanepenin üzerinde iki büklüm bir halde ilk defa tadarken, bir anda gözlerimin önünde Yaşar ve Nurşin belirdi. O gece, o ikisinin

21

gördüğüm hayallerden biri olmasını çok istedim ama gördüklerim hayal değil gerçekti. Yaşar ve Nurşin kireç gibi bembeyaz suratlarıyla karşıma dikilmişlerdi. Biraz sonra da Özkan ve Ayla'nın büyük bir telaş içinde odaya girmeleriyle iyice afalladım. Bir anda onları karşımda görünce, suçüstü yakalanan bir hırsız gibi utancımdan küçüldüm, âdeta eriyip yok oldum. Çatallaşan sesimle onlara sordum: "Siz de nereden çıktınız?"

Yaşar, Azrail görmüş gibi pörtlemiş gözleriyle bana baktı. Hemen arkasından da bildik o soruları sormaya başladı: "Kendine neden bunları yaptın? Kendine neden hiç acımadın? Eroine neden başladın?"

Benden o anda cevaplar isteyen Yaşar'ın sitem dolu bu sesi, boşlukta gürültüyle çalan devasa çanların ardı sıra uzun yankılar bırakarak, çok uzaklardan duyulması gibi hiç durmadan kafamın içinde sürekli yankılanıyordu. Sesler her tekrarlanışla birlikte beynimin içinde çoğalarak, her yanımdan beni kuşatıyordu. Bu sesler gittikçe çığlık çığlığa haykırılan güçlü yankılara dönüşüyordu. O anda kalbimin ta en iç yerinde hâlâ sıcacık duran gizli bir yer, soğuk ve keskin bir bıçakla çiziliyor, canımı yakıyordu. Gözlerimden yaşlar akmaya başladı.

Evet, ne yalan söyleyeyim! Yaşar da tıpkı diğer insanlar gibi beni anlayamamıştı. Yaşar beni bir nebze olsun anlamış olsaydı, o aptal soruları böyle bir anımda bana sormazdı. Ben de her şeyin farkındaydım. Hayatının en güzel yıllarını yaşayan genç bir insan neden ölümü ister? O genç insan ölümü neden özler? O genç insan kendi ölümünü çabuklaştırmak için, damarlarına zehir dolu iğneleri her gün saplayarak gencecik bir ceset olmayı neden arzu eder? Kendi varlığını bu şekilde zalimce katlederek neden zavallı bir ölüme kendini mahkûm eder? Eğer genç yaşında bir insan ölümü arzuluyorsa bu nasıl bir yılgınlıktır? Çılgıncasına heyecanlar duyarak yaşamak isteyen ve henüz o toy yüreği göğsüne sığmayarak delicesine atıp duran, nasıl bir ağır vardiyanın sonunda yorulup bitkin düşerek ölmeyi ister genç bir insan? Kim bilir belki de o nazlı ruhuna acı veren öyle derin yaralar açılmıştır ki... İşte bu yüzden bile genç yaşında ölmeyi isteyebilir bir insan. Kim bilir belki de taşıdığı bedenin kendisiyle durmadan çatışan söz dinlemez hisleri arasında, yüreğinin gittikçe artan yükü altında, yaşamaya zorlandığı iğrenç yaşantının zalim koşulları karşısında, bir kıyma makinesine diri diri atılmış gibi acılar yaşadığı şu hayatta artık daha fazla acı çekmek istemediği için, genç yaşında ölmeyi arzulayabilir bir insan. Kim bilebilir bütün bunların nedenini? Bence hiçbirimiz bilemeyiz?

Yaşar'ın, Özkan'ın, Nurşin'in ve Ayla'nın karşısında, kızgın güneşin altında solup yaprakları tel tel dökülen beyaz bir gül gibiydim. Başımı zar zor kaldırdım. Yaşar'a baktım. "Kimden öğrendiniz?" diye sordum. "Size hasta olduğumu kim söyledi?"

"Oğuz söyledi."

"Ne?" dedim şaşkınlıkla. "Oğuz mu?"

"Evet," dedi Yaşar. "Oğuz söyledi. Nurşin'le her zamanki mekânımızda oturmuş koyu bir sohbet etmiştik. Tam da mekândan ayrılıp eve gelmek üzereydim ki, Oğuz içeri girdi."

"Eee," dedim.

"E'si, Oğuz yanımıza geldi. Bende mal olup olmadığını sordu. Nurşin'le birbirimize baktık. Ona ne tür bir mal aradığını sordum. Bana ilk önce inanmak istemedi. Numara yaptığımı sandı. Ben de mal bulunmadığını, ama isterse ona bir kadeh şarap ısmarlayabileceğimi söyledim. Şarap içmek istemedi. Mal bulamadığı için üzgün olduğunu sana iletmemi istedi. Hatta benden bir an önce kalkıp eve gitmemizi rica etti. O anda Nurşin'i de ister istemez merak sarmıştı. Senin nasıl bir mal istediğini sordu Oğuz'a. Oğuz'un ağzından eroin kelimesi çıkınca, ikimiz de düşüp bayılacak gibi olduk. Nurşin âdeta kendinden geçti. Senin eroin kullandığına inanmadığını söyledi. Oğuz karşımızda renkten renge girip durdu. Senin eroin kullandığını bilmediğimizi anladı anlamasında ama baltayı taşa bir kere vurmuştu. Sonra kulağıma eğilip benimle ilgili bir şey söyledi."

O anda sinirimden köpürdüm. "O orospu çocuğu sana onu da mı söyledi?" dedim. "Senin eşcinsel olduğunu bildiğimi de mi söyledi?"

İçerisi âdeta buz kesti. Yaşar pörtlemiş gözleriyle bana baktı. Nurşin, Özkan ve Ayla da dönüp Yaşar'a baktılar. İçerideki sessizliği ilk bozan Nurşin oldu. "Ne?" dedi şaşkınlıkla. "Sen eşcinsel misin Yaşar?"

Yaşar'ın suratı güneşin yansıyan kızıllığı gibiydi. Başını aşağıya doğru eğdi. Kısa bir süre sustu. "Oğuz bana böyle bir şey söylemedi," dedi utanarak. "Kendisinin de eroinman olduğunu ve hatta zaman zaman satıcı olduğunu söyledi. Şayet bir gün mala ihtiyacım olursa kendisini bulmamı istedi benden. Ben de ona gerçekten uyuşturucu kullanmadığımı söyledim. Ondan sonra da Nurşin'le oradan ayrıldık. Bir ara yolda durup telefon açtım. Senin durumunu Özkan'a haber verdim."

Yaşar'ın ve benim büyük sırlarımız gecenin o saatinden itibaren kirli çamaşırlar gibi ortalığa saçılıp dağıldı. O gece ben su alan bir gemi gibi ağır ağır batarken, kıçıma taktığım küçük kayığım Yaşar'ı da derin suların karanlığına çoktan gömdüm. İkimizin bu zamana kadar gizlediği büyük sırlardan artık herkes haberdardı. Bu yaşananlar yüzünden âdeta çıldırmak üzereydim. En sonunda da kriz ânım doruk noktasına ulaşınca,

24

aklımı oynattım. Oğuz'a hiç durmadan ana avrat küfredip durdum. Bir ara Özkan yanıma sokuldu. Omuzlarımdan tuttu. Karısı Ayla da karşıma geçmiş ağlıyordu. Bir taraftan da, "Hemen bir şeyler yapmalıyız. Yoksa bu çocuk ölecek," diye kendi kendine söyleniyordu.

Özkan bana baktı. "Bir an önce hastaneye götürelim seni," dedi.

Özkan'a bağırdım. "Ben hastaneye bu vaziyette gitmem."

"Sana yalvarıyorum," dedi Ayla. "Benim güzel hatırımı kırma. Bir an önce hastaneye gidelim."

"Gitmem," dedim şimşek gibi çakarak.

"Kendine gel," dedi Özkan. "Gözlerimizin önünde tükenerek elimizden kayıp gitmene müsaade edemeyiz. Bizimle inatlaşarak neden bizleri üzüyorsun? Senin derdin ne? Sana neler oluyor? Bizim tanıdığımız kibar Onur'a ne oldu? O kibar çocuk nereye gitti?"

Karşılıklı olarak sarf edilen sözlerin ardından ne daha fazla itiraz edecek halim kalmıştı, ne de başımı alıp gidebilecek kadar dermanım.

O an beynimin içinde birbirinin karşıtı duyguların arasında patlayan şiddetli bir çatışmanın tam ortasında kalmıştım sanki. Bir taraftan büyük acılar çekerek can vereceğim bir elektrikli sandalyeye, gönüllü olarak oturmam için beni ikna etmeye çalışan arkadaşlarıma karşı büyük bir öfke duyuyordum. Diğer taraftan da bana yardım etmek için çırpınan bu insanlara karşı anlamsızca direnerek, onların bana karşı sevgi ve şefkat dolu olan yüreklerini kırıp incitmeyi kendime yakıştıramıyordum. Ayrıca bu geceye kadar tehlikeli olmadığı yanılgısına düşerek başlamış olduğum eroinin bana büyük acılar yaşatıyor olması-

25

nı bir türlü kabullenemiyordum. İçine düştüğüm bu hazin durumu hiç hazmedemiyordum.

En sonunda hastaneye gitmek için ikna oldum. Ben üzerimdeki giysilerimi değiştirmeye çalışırken, Yaşar da hastanede gerekli olabilecek eşyalarımı bir taraftan toparlıyordu. Özkan, sürekli konuşarak beni yalnız bırakmamaya çalışıyor, arada sırada da sitem dolu bir sesle benim gibi aklı başında birinin eroine nasıl bulaşmış olabileceğine dair duyduğu şaşkınlığı dile getiriyordu. Karısı Ayla da yanımızda durmuş, boş gözlerle bize bakıyordu. Nurşin'e gelince... O da gideceğimiz hastanenin yetkilileriyle telefonda görüşüyor, benim için hazırlık yapmalarını rica ediyordu.

Birkaç dakika sonra hep birlikte evden çıktık. Özkan'ın sokağa park ettiği kırmızı Volkswagen minibüsüne doluştuk. Yol boyunca kimseyle tek kelime konuşmadım. Arka koltuğun üzerinde iki büklüm oturup dışarıyı seyrettim. Gözümün önünde büyük bir gürültüyle akıp durmakta olan yaşamın çok uzağında hissediyordum kendimi. Düşüncelerimden oluşan o bulanık akıntının içinde sürükleniyordum. Yaşar'ın sorduğu sorular kulaklarımda çınlayıp duruyordu.

İLK GÜN

⛥

7 Nisan 2002, Pazar

Kriz geçirip İstanbul Rum Hastanesi'ne geldiğim günden beri buruk bir elma gibiydim. Tadım, tuzum yoktu. İlk önce yaşlanan yüreğime şimdi de çöken bedenim eşlik ediyordu. Taş taşıyan kağnı arabaları gibi ağır ağır gıcırdayarak hastanedeki günlerimi geçirmeye çalışıyordum. Odanın kapısını açıp koridora bile çıkmadım henüz. Odanın dışına çıkmak nedense içimden gelmedi. Hafta sonu olduğundan arada sırada nöbetçi doktor, hemşireyle birlikte yanıma uğruyor, "Bugün nasılsın?" deyip, ayakucumda duran mavi dosyaya birkaç kelime not düştükten sonra çekip gidiyordu.

Masanın başına oturmuş ajandaya bir şeyler karalarken, o sırada hemşire odama girdi. "Günaydın," dedi gülümseyerek.

"Günaydın," dedim.

"İlaçlarınızı getirdim. Bu hapları hemen içmenizi istiyorum."

O anda katıla katıla gülmeye başladım. Hemşire hanım gülmeme biraz bozuldu gibi. "Komik olan ne?" diye sordu.

"Pardon," dedim hâlâ gülerken. "Yanlış anlamayın. Kesinlikle size gülmüyorum. Kendime gülüyorum. Bu dünyada hapı yutmuş biri olarak, şimdi bu hapları yutacak olmama gülüyorum. Kötü olmak için zararlı hapları yutan ben, şimdi de iyi olmak için elime tutuşturduğunuz bu iyi hapları yutuyorum. Aslında ne büyük bir çelişki, öyle değil mi?"

Hemşire elindeki hapları bana uzatırken güldü. "Haklısınız," dedi. "Ama hayat böyle bir şey işte. Kötüyle iyi birbirinin karşıtı gibi görünse de aslında yan yana yürüyen iki dost gibi. Bir düşünsenize; kötü olmasaydı iyinin anlamı olur muydu? Ya da iyi olmasaydı kötüden kim bu kadar çok korkardı? Bence, kötü ve iyi birbirinin köklerinden besleniyor. Sadece dallarında açtıkları yapraklar farklı. Kötünün yaprağı siyahken, iyinin yaprağı yeşil."

Şaşkın gözlerle hemşireye baktım. "Vay be!" dedim içimden. "Mübarek hatuna bak! Hemşire değil de sanki bir filozof."

Hemşire, ahşap masanın üzerinde duran ajandaya baktı. "Mektup mu yazıyorsunuz?" diye sordu.

"Hayır, mektuba mı benziyor?"

"Bilmem," dedi. "Bir anda aklıma o geldi."

"Hayır. Bu ajanda, benim günlük tuttuğum ajanda."

"İnanmıyorum size! Günlük mü tutuyorsunuz?"

"Evet."

"Peki, günlüğünüze ne yazıyorsunuz?"

"Hayatımı."

"Şimdi belki bana inanmayacaksınız ama ben de bir günlük tutuyorum."

"Sizde mi hayatınızı yazıyorsunuz?"

"Aslında evet. Daha doğrusu, hastanede başımdan geçen ilginç olayları komik bir dille yazmaya çalışıyorum."

Aniden kapı açıldı. Mavi önlük giymiş bir temizlik işçisi içeri girdi. "Hemşire hanım," dedi. "Doktor bey acil olarak sizi çağırıyor."

"Pardon," dedi hemşire bana ve zıpkın gibi fırlayarak odadan çıktı.

Odadan hızlıca koşup giden hemşirenin arkasından baktım. "Ne kadar iyi bir hemşire," diye kendi kendime söylenirken, bu hastaneye geldiğim o ilk geceki nemrut hemşireyi bir anda hatırladım...

***

O gece, İstanbul Rum Hastanesi'ne kırmızı bir Volkswagen minibüsle geldik. Bizi acilin kapısında karşılayan hastane görevlisinin yardımıyla, bizi beklemekte olan iki doktorun olduğu bir görüşme odasına hiç zaman kaybetmeden girdik. Doktorlardan biri muayene ederken bir diğeri de, "Ne zamandan beri eroin kullanıyorsun? En son ne zaman eroin aldın?" gibi sıkıcı soruları peş peşe sorup, kendince notlar alıyordu. O sırada Özkan ve Yaşar da bitişikteki odada hastaneye yatış işlemlerimi yaptırıyorlardı.

Doktorun benimle işlemleri bittiğinde, hastabakıcının refakatinde birinci kata çıktık. İkinci kata çıkan merdivenin bitiminde, demir parmaklı kapının ardındaki koridorda üzerlerinde eşofmanlarıyla, krem rengi plastik masaların etrafına oturmuş televizyon izleyen bir hasta grubu dikkatimi çekti.

Ben, Nurşin ve Ayla demir parmaklıklı kapıyla ayrılmış başka bir bölüme girdikten sonra, hasta bakıcı koridorun sağ tara-

29

fında bulunan ilk kapıyı açtı. Odanın ışığını yaktı. Bana baktı. "Burası sizin odanız," dedi. "Odayı temiz tutarsanız sevinirim."

İçeri girdim. Endişeliydim. Acaba bana nasıl bir tedavi uygulayacaklardı? O tedavi bende nasıl bir etki yaratacaktı? O sırada başka bir hastabakıcı elinde tuttuğu küçük valizimle odaya girdi. Nurşin ve Ayla'ya baktı. "Haydi hanımlar!" dedi. "Sizi biraz dışarı alacağım. Hasta üzerini değiştirecek."

Eşofmanlarımı giydim. Valizimden diş fırçamı, diş macunumu ve el havlumu çıkardım. Banyo dolabına koydum. Hastabakıcı, "Valizinizi kalan eşyalarınızla birlikte almam gerekiyor. Burada kural böyle. Odada eşya bulundurmak yasak. Bir şeye ihtiyacınız olduğunda benden isteyeceksiniz," dedi.

Tam da o sırada hastabakıcı valizimi almış odadan çıkıyordu ki, o nemrut hemşire odaya alelacele girdi. Yapmacık bir gülümsemeyle, "Geçmiş olsun," dedikten sonra hemen işini yapmaya koyuldu. Nurşin ve Ayla içeri girer girmez dönüp onlara yüksek bir sesle bağırdı: "Hemen dışarı çıkın! Hastanın nasıl bir durumda olduğunu görmüyor musunuz?"

Nurşin ve Ayla yumruk yemiş gibi sendelediler. Neye uğradıklarını şaşırdılar. "Pardon," dedi Nurşin hemşireye. Sonra da Ayla'nın kolundan tutup dışarıya çekti.

Sarı saçlı nemrut hemşire yanında getirdiği malzemeleri bir kenara bıraktı. Beyaz önlüğünün cebinden irice bir enjektörü çıkarıp havaya kaldırdı. Enjektörü sağa sola doğru salladı. Bu işlemi birkaç kez tekrarladıktan sonra yanıma geldi. "Şimdi yatağa yüzüstü uzanıp, kalçanızı açın," dedi.

Yatağa yüzüstü uzanıp kalçamı açtım. Yine yapmacık bir tavırla, "Öğrenci misiniz?" diye sordu.

O esnada iğneyi kaba etime batırdı. Bedenim kasıldı. "Derin nefes alın," dedi.

Derin nefes aldım. Hemşire iğneyi vurduktan sonra, bu sefer de sırtüstü yatmamı söyledi. Sırtüstü uzandım. Yanı başımda duran askılıktan sarkan, sarımsı sıvıyla dolu serum şişesini delik deşik koluma bağladı. "Birazdan iyi olacaksınız," dedi ve odadan çıkıp gitti.

Serum bağlandıktan on beş dakika sonra Yaşar, Özkan, Nurşin ve Ayla odaya girdiler. Yaşar benden yana uğramış olduğu hayal kırıklığının kederli izini hâlâ yüzünde taşıyordu. Özkan kaygılı ve neşesiz bir ifadeyle, karşımda dikilmiş duruyordu. Odada ister istemez buruk bir sessizlik vardı. Kimsenin ağzını bıçak açmıyordu. Acınası halimle yüzlerine baktım. "Beni merak etmeyin arkadaşlar," dedim. "Şimdi daha iyiyim. Size ne kadar teşekkür etsem azdır. Sizin de gecenizi berbat ettim. Kusuru bakmayın."

"Sen bunları boş ver," dedi Özkan. "Bundan sonra sakın ola ki seni seven insanları bu şekilde üzerek onları zor durumda bırakma, olur mu?"

Sustum. Özkan'la göz göze geldik. Şefkat meşalesi gibi kıvılcımlar saçan güzel gözleriyle bana hüzünle bakıp, bir eliyle de saçlarımı okşadı. "Söz mü?" dedi.

O anda onlara verilmesi gereken cevabı verdim, "Söz," dedim. "Bir daha bu trajik oyun benim tarafımdan oynanmayacak."

Özkan'ın ardından Yaşar, Nurşin ve Ayla da benzer konuşmaları benimle yaptıktan sonra, hastaneden ayrılmak için müsaade istediler. Odadan ilk önce Özkan, sonra da Ayla ve Nurşin çıktı. Bir tek Yaşar kalmıştı. Yanıma geldi. Elimden tuttu: "Sana bir şey sorabilir miyim?" dedi.

"Tabii ki."

"Eşcinsel olduğumu ne zamandan beri biliyorsun?"

31

"Hatırlamıyorum," dedim gözlerimi onun gözlerinden kaçırırken.

"Merak ediyorum. Eşcinsel olduğumu sana kim söyledi?" Tam da ağzımı açıp, "Halil söyledi," diyecektim ki sözümü kesti. "Boş ver," dedi. "Artık bu saatten sonra kimin söylediğinin ne önemi var. Bu hastanede kendine iyi bak. Ben ve Özkan hastanenin parasını ödedik. Burada yirmi gün kalıp tedavi olacaksın. Yarın tekrar ziyaretine gelirim." Yaşar boynu eğik odadan çıktı. Aklıma Oğuz geldi. O piç kurusuna küfredip durdum. Bu gece bir çuval incirin içine etti. Benim ve Yaşar'ın çevremizden sakladığı sırları gün ışığına çıkardı.

Artık odada yapayalnızdım. Serum şişesinden ağır ağır akan sarı renkli sıvının kanıma karıştığını hissediyordum. Sol kolumdaki damarımdan ilerleyerek vücuduma yayılan hafifletici bir serinliğin gövdeme dolduğunu da hissediyordum. Ayrıca derimin kuruyup gerilerek içten içe karıncalanmasına benzeyen fiziksel acılar da hafiflemeye başlamıştı. Ama vücudumdaki bütün bu rahatlamanın aksine, o anda beynimin içinde, sadece eroinmanların bilebileceği türden kıyametler kopuyordu. İçimde yılan gibi kıvranıp duran dehşetli açlık anı her dakika artıyordu. Yaşadığım acı yoksunluk beynimde bir yerleri ısırıp duruyor, beni olmadık şeyleri yapmaya zorluyordu. Aslında şimdi bu hastanede değil de, Reha'nın evinde olmak vardı. Orada, içi eroin dolu bir enjektörü kendime çakıp tedavi olmam gerekiyorken, kendi tedbirsizliğim sonucu bu hastanede koluma takılan sidik rengine benzeyen seruma muhtaç kalmıştım. Şimdi bir anda aklıma Reha'nın evinde eroin aldığım o ilk gün geldi. O gün Reha elinde tuttuğu enjektörün iğnesini damarıma saplarken, "1'den 10'a kadar saymayı dene. Sen

32

daha sekiz demeden bütün dünya beyninin içinde altüst olacak," demişti bana. Sekize kadar saydıktan sonra gerçekten de bütün dünya beynimin içinde altüst olmuştu. Ayağa kalkınca nasıl da dizlerim titremişti öyle. Beynim ve vücudum hoş bir sarhoşlukla nasıl da doluvermişti?

Bu hastanedeki o ilk gece beynimin içinde farklı gelgitler yaşarken, iki gün boyunca yatağa çivili kaldım âdeta. Koluma bağladıkları serumu kırk sekiz saat boyunca çekip çıkarmadılar. Günde üç bazen de dört defa, avuç dolusu ilaç içirdiler bana. Çoğu kez yatağın içinde acılarla kıvranıp durdum. Acı çektikçe de başucumda duran zile sık sık bastım. Zile her bastığımda nöbetçi hemşireler koşarak yanıma geldiler. Beni uyku ilaçlarıyla uyutmaya çalıştılar.

GRUP TERAPİSİ

8 *Nisan 2002, Pazartesi*

Sabahın erken vaktiydi. Doktor Müge odaya girdi. "Günaydın," dedi tebessüm ederken bana.

"Size de günaydın."

"Bugün nasılsınız?"

"Bataklıkta sessizce oturuyorum," dedim gülerek.

"Ne dediniz? Sizi anlamadım."

"Bataklıkta sessizce oturuyorum," diye tekrar ettim.

Bana şaşkın şaşkın baktı. "Bu sözlerin anlamı ne? Yoksa bana geçen günkü gibi yine hayat dersi mi vereceksiniz?"

"Kesinlikle hayır," dedim. "Kendimce espri yapmaya çalıştım size. Birkaç gündür içinde bulunduğum durumu ancak böyle özetleyebildim."

Doktor Müge, o mavi gözlerinin içiyle güldü. "Sizin ortaokuldan terk olduğunuza inanmıyorum," dedi.

"Ortaokuldan terk olduğumu nereden biliyorsunuz?" diye sordum şaşkınlıkla ona.

"Ayakucunuzda duran dosyadan," dedi. "Sizi bu hastaneye getirdikleri gece, doktor arkadaşlarla yaptığınız görüşmede verdiğiniz kişisel bilgileri unuttunuz mu yoksa?"

Dudağımı büzdüm. Başımı hafifçe salladım. "Haklısınız," dedim. "Unutmuşum. Ama ortaokuldan terk olmama neden şaşırdığınızı anlayamadım."

"Sözleriniz," dedi Doktor Müge. "Konuştuğunuz şeylerin aslında anlamları çok derin. Sizinle konuşunca sanki karşımda yüksek eğitimli birisiyle konuşuyorum."

Güldüm. "Bence yanılıyorsunuz," dedim. "Yüksek eğitim görmüş insanlara sadece diploma veriyorlar. Bir insanın entelektüel birikimi okuduğu kitaplarla alakalıdır. Ben de şu dünyada iki şeye gerektiğinden fazla önem verdim. Biri, küçük yaşlarda edindiğim kitap okuma alışkanlığı. Bir diğeri ise, uyuşturucu alışkanlığıydı."

"Sizi anlamıyorum," dedi Doktor Müge. "Çocuk yaşta nasıl uyuşturucu kullanmaya başladınız?"

O sırada kapı açıldı. İçeri yaşlıca bir doktor girdi. "Günaydın kızım," dedi Doktor Müge'ye. Sonra da dönüp bana baktı. "Sana da günaydın oğlum. Nasıl oldun?"

Doktor beyin babacan ve komik bir tavrı vardı. Aşırı kilolu olması ona sempatiklik katıyordu. Kendimi daha fazla tutamayarak kıkır kıkır gülmeye başladım. "Daha iyiyim," dedim.

"Söyle bakalım bana. Sen kaç yaşındasın?"

"Yirmi üç."

"Adın ne?"

"Onur Barış."

"Ben de psikolog Hayri Ateş. Senin gibi aklı başında bir gençle tanıştığıma memnun oldum," dedi.

Tam o sırada, "Ben de sizinle tanıştığıma memnun oldum," diyecektim ki, kolunu kaldırıp Doktor Müge'nin omzuna attı. "Ah, ah!" dedi içini çekerek. "Şimdi bu güzel bayanın yanında genç olmak vardı."

Doktor Müge kızardı. "Yapmayın hocam," dedi. "Daha çok gençsiniz. Yaşınızda bir şey yok."

Hayri Hoca güldü. "Altmış dört yaşındayım kızım, daha ne olsun? Bunaklık yaşımdan dolayı seneye beni yaş haddinden emekli ediyorlar. Esas aramızda genç olan şu yatakta yatıyor; ama o da gençliğinin kıymetini bilmiyor."

"Artık bundan sonra bilecek hocam."

"Bilecek," dedi Hayri Hoca. "Dişsiz bir ağzın her şeyi çiğneyemeyeceğini o da öğrenecek en sonunda. Artık dişlerini kurtlandırıp dökmeden her şeyi yeniden güçlü bir şekilde çiğnemesini bilecek. Bu hastanede kaldığın süre zarfında, haftada bir saat baş başa görüşmemiz olacak. Ayrıca, haftada iki gün de grup terapisine katılacaksın, haberin olsun. Şimdi benimle geliyorsun. Odamda baş başa görüşmemiz var."

Hayri Hoca, Doktor Müge'ye baktı. "Şayet hastanızla işiniz bittiyse gidebilir miyiz?"

Başını "evet" anlamında salladı Doktor Müge. "Artık hastamız size emanet hocam. Bizim bugün itibariyle Onur'la işimiz bitti. Serumu kestik. İlaçlara başladık. Şimdi sizin psikolojik desteğinize ihtiyacımız var. Size kolay gelsin."

Odadan dışarı çıktık. Hayri Hoca'yla birlikte koridorda yürürken, uyuşturucu tedavisi gören diğer hastalar yanımıza geldi. İçlerinden biri, "Hocam," dedi. "Bugün saat kaçta toplanıyoruz?"

Hayri Hoca, "Şimdi hepiniz hazır mısınız?" diye sordu.

Altı erkek, dört kızdan oluşan grup koro halinde bağırdı: "Eveeet... Hepimiz hazırız hocam."

Hayri Hoca, "Tamam öyleyse," dedi. Sonra da bana baktı. "Sen yeni arkadaşlarınla tanıştın mı Onur?"

O sırada gruptaki kızlardan biri lafa atıldı. "Hayır hocam. Henüz hiçbirimiz yeni gelen arkadaşla tanışmadık."

Hayri Hoca güldü. "Yoksa sen yeni gelen arkadaşı çok mu merak ettin? Hadi öyleyse. Hepiniz peşime takılıp gelin bakalım. Aramıza yeni katılan Onur'un kim olduğunu hep birlikte öğrenelim."

Genişçe bir odaya girdik. Yarım ay şeklinde dizilmiş sandalyelere gelişigüzel oturduk. Hayri Hoca, "Hazır mısınız?" diye sordu.

Gruptaki herkes "evet" anlamında başını salladı. "Güzel," dedi Hayri Hoca. "Size bugünkü sorum şu: Siz gençler uyuşturucuya hangi nedenlerle ve nasıl başladınız?"

Bir anda herkes başını önüne eğdi. "Ne o?" dedi Hayri Hoca gülerek. "Yoksa Karadeniz'de gemileriniz mi battı? Benim bir kuralım var. Gruba son katılan ilk sözü alır."

O anda herkes sözleşmişçesine başlarını kaldırıp bana baktılar. "Evet," dedi Hayri Hoca. "Bize uyuşturucuya nasıl başladığını anlat bakalım Onur Efendi?"

Bir anda afalladım. "Bilmem," dedim. "Anlatmaya nereden başlasam acaba?"

"Bir yerinden başla," dedi Hayri Hoca. "Şimdi hepimiz seni dinliyoruz."

Kısa bir süre geçmişe daldım. "Pekâlâ," dedim, sonra da başladım hayat hikâyemi anlatmaya:

***

Hepimiz etten kemikten yaratılmışız. Bu yüzden başka insanların sıcaklığına gereksinim duyarız. Hele hele annelerimizin babalarımızın sıcaklığını yüreğimizde hissetmek isteriz. Ama gelin görün ki ben, annemin babamın sıcaklığını hiçbir zaman yüreğimde hissedemedim. Evet! Bu zamana kadar hissettiğim tek bir şey vardı. Uçurumun üzerinde asılı duran bir ip olduğum! Ve o ip günü geldiğinde koptu arkadaşlar. Hayır, hayır. Yanlış söyledim. O ip aslında günü gelmeden önce koptu. Şu fani dünyadan koptuğumda henüz on üç yaşındaydım. Çocuk sayılacak yaşta, adına hayat şeridi dediğimiz yoldan çıktım. O yaşta ters bir şeride girdim. Akranlarım güle oynaya koşup geleceğe doğru yol alırlarken, bense geriye, karanlığa doğru sürüklenmeye başladım.

Evet! Uyuşturucuyla tam tamına on üç yaşında tanıştım. Yaşıtlarım daha sigaranın bile ne olduğunu bilmezlerken, ben esrar içmeye başladım. O yaştaki bir çocuğun başına gelebilecek en kötü alışkanlık sigarayken, ben o yaşta sigarayla değil esrarla arkadaş oluvermiştim. Daha o yaşta üzerimde asılı duran karanlık bulutları, esrar içerek dağıtmaya çalıştım. Öz annem, öz babam hayatımı bir hırsız gibi benden çalarlarken, içtiğim esrar da, çalınan hayatıma karşılık başka bir dünyanın kapısını bana aralayıveriyordu. Aslında zehirli bir dünyanın kapısını aralarken, annem ve babam bütün olup bitenlerin farkında bile değillerdi.

Şimdi düşünüyorum da nasıl farkında olabilirlerdi ki? İkisi devamlı bir çekişme halindeydiler. Birbirleriyle bitmeyen bir savaşın içindeydiler. Aslında bu savaşı her defasında başlatan babamdan başkası değildi. Adam huzursuzun tekiydi. Sanki annemle kavga etmek için evlenmişti. Zavallı annem de kocasıyla didişmekten beni ve küçük erkek kardeşimi ister istemez boşlamıştı.

Hiç unutmam. Onların bu kavgaları yüzünden konu komşuya rezil rüsva oluyor, evimizi sürekli bir semtten başka bir semte taşıyıp duruyorduk. Ama her gittiğimiz semtte ikisinin kavgaları hiç eksik olmazdı. Bir gün annemle babam ayrıldı. İşte o gün evdeki bu kavgalar son buldu. Evdeki gürültüler patırtılar bitti bitmesine ama ben, o yıl taşındığımız Fatih semtinde geleceğime kara tohumları çoktan ekmiştim bile.

O zamanlar ortaokula gidiyordum. Babam annemden ayrılıp evden gidince okulu bıraktım. Okulu bıraktığımı uzunca bir süre annemden gizledim. Her gün okula gider gibi evden çıkıyor, akşam olunca da eve dönüyordum. O zaman şu gerçeği anladım ki, erkek çocukları annelerinden değil meğerse babalarından korkarlarmış. Babam evden gittikten sonra beni ve kardeşimi hiç arayıp sormayınca, ben de anneme karşı bağımsızlığımı ilan etmiştim. Tam manasıyla bir sokak serserisi olup çıkmıştım. Artık geceleri eve de gelmiyordum. O yıl esrarla tanışmama vesile olan arkadaşım Emre'nin kanatları altına girivermiştim. Emre'nin yaşı benden büyükçeydi. Lise ikinci sınıfta okuyordu. Emre tanışmamızdan kısa bir süre sonra disiplinsiz davranışları yüzünden okuldan atıldı. Aslında Emre de benim gibi talihsiz bir çocuktu. Onun da kara yazgısını üvey babası çizmişti. Üvey babası Karagümrüklüydü. Adamın adı Kenan'dı. Adam hem uyuşturucu bağımlısı, hem de satıcısıydı. Emre'yi küçük yaşta uyuşturucuya alıştırdığı yetmezmiş gibi, onu aynı zamanda kurye olarak da kullanıyordu. Bunun karşılığında da cebine üç-beş kuruş para koyuyordu. Emre bir gün beni üvey babasının yanına götürdü. Adam beni karşısında görür görmez gözlerini kısarak Emre'ye baktı. "Temel Reis'e benzeyen bu çocuk da kim? Bu çocuğu nereden buldun?" diye sordu.

O zamanlar yaşım küçük olmasına rağmen boyum biraz uzuncaydı. İnce yapılı ve kumraldım. Gözlerim açık maviydi. Bu fiziksel özelliklerimi de babamdan almıştım. Babam, Yugoslav göçmeni bir ailenin çocuğuydu. Ben de tip olarak babama çekmişim. Tıpa tıp ona benziyordum. "Okuldan," dedi Emre. "Boyunun uzun, yaşının ufak olmasına bakma sen. Sağlam bir çocuktur."

Adam pis pis sırıttı. "Peki, bu çocuğun ailesi yok mu?"

"Annesiyle babası ayrıldı. Babası bunları hiç arayıp sormaz. Okulu da bıraktı. Sokaklarda yatıp kalkıyor."

Adamın bir anda yüzü aydınlandı. "Ayrılmış çiftlerin çocuklarını severim," dedi, sonra da oturduğu yerden kalkıp yanıma geldi. Elini omzuma attı. "Hele gel otur yanıma," dedi. "Biraz esrar sarıp içelim de keyfimiz yerine gelsin."

O gün Emre'nin üvey babasına hayır demedim. Hayatımda ilk kez o adamın elinden esrar alıp içtim. Esrarın keyif verici etkisi birkaç dakika sonra vücudumu sardı. Yarım saat sonra ise başka bir âlemde yaşıyor gibiydim. Adamın yanından kalkarken başım hâlâ dönüyordu. Cüzdanından para çıkardı. Elime üç-beş kuruş sıkıştırdı. "Yarın yine gel, olur mu?" dedi. "Birlikte esrar sarıp içeriz. Sen iyi bir çocuğa benziyorsun."

Ertesi gün tek başıma Kenan Ağabey'in evine gittim. Emre evde yoktu. Esrar sardı. Birlikte içtik. Kafam yine dünkü gibi hoş olmuştu. "Esrar içmeyi sevdin mi?" diye sordu Kenan Ağabey.

"Evet," dedim. "Hem de çok sevdim. İnsanı bir başka yapıyormuş."

Sinsi sinsi güldü. "Peki, para kazanmak ister misin?" dedi.

"Para mı?" dedim şaşkınlıkla.

"Evet," dedi. "İstersen çok kolay yoldan para kazanabilirsin."

"Neden olmasın? İsterim," dedim heyecanlanan yüreğimle.

"O zaman anlaştık," dedi gülerek. "Öyleyse yarın işe başlıyorsun."

Kenan Ağabey'in yanından kalkıp giderken ona ne iş yapacağımı hiç sormadım. Çünkü ne iş yapacağımı az çok bilecek kadar aklım başımdaydı. Evet! Ben de Emre gibi uyuşturucu kuryeliği yapacaktım. O yaşta kalem tutması gereken minik ellerim artık başkalarına zehir taşıyacaktı. Taşıdığım uyuşturucunun insanlar için öldürücü olduğunu da zaman geçtikçe daha iyi anlayacaktım.

O günden sonra her Allah'ın günü Kenan Ağabey'in yanına gidiyor, ondan uyuşturucu paketlerini alıyor ve o paketleri gerekli yerlere servis ediyordum. Artık evden iyice kopmuştum. Annem eve uğramamama çok üzülüyor, bazen de polislerin zoruyla beni eve getirtiyordu. Ben ise bulduğum ilk fırsatta yine evden kaçıyor, Kenan Ağabey'in yanına gidiyordum. Çoğu zaman da Emre'yle birlikte onun evinde kalıyordum.

Derken günler haftaları, haftalar ayları, aylar yılları kovaladı. Geçen zaman içinde büyüdüm, daha da boy attım. Annemleri arada bir ziyaret ediyor, babamdan ise hiçbir haber alamıyordum. Babam yıllar önce annemi terk ettiğinde, kardeşimle beni de terk etmişti. Sonradan öğrendiğime göre de genç bir kadınla evlenmiş. Üstelik o kadından da bir çocuk yapmış. Aslında babamla ilgili hep şunu merak ederdim: Yeni karısına karşı nasıl bir koca, çocuğuna da nasıl bir baba olmuştu? Her gece annemle beni dövdüğü gibi acaba onları da dövüyor muydu? İçip sarhoş olduğu zamanlar onları da soğuk kış günlerinde sokağa atıyor muydu?

Bu arada, bir şey söylemeyi unuttum size. Geçen yıllar içinde sabıkalı bir suçlu olmuştum. Annem, sabıkalı bir suçluya dönüşmüş olmama çok üzülüyordu. Beni içine düştüğüm bu pis hayattan kurtarmak için bir balık gibi çırpınıp dururken, ona şu sözleri söylemeyi çok isterdim: "Beni artık kendi halime bırak anne. Beni artık kendi pis dünyamın içinde bırak anne. Hayatımı elimden sizler aldınız. Tıpkı oyuncağı elinden alınıp bir kenara fırlatılan çocuklar gibi. Size ihtiyacım olduğu bir dönemde babamla birlikte huzursuz ettiniz beni. İşte bu huzursuzluktur beni bu hayata iten. Beni bu huzursuz dünyamdan uzaklaştırıp pis ve zehirli bir dünyanın içinde huzurlu kılan..."

* * *

Birden gözlerim doldu, sesim çatallaştı, boğazım düğümlendi. Gruptaki herkes nefesini tutmuş beni dinliyordu. Hayri Hoca yanıma geldi. Elini omzuma koydu. "İstersen burada keselim," dedi.

"Hayır," dedim. "Devam etmek istiyorum. Bu zamana kadar hiç kimseye böylesine açık ve samimi konuşmamıştım. Sizlere anlattığım şeyler dikenli bir tel gibi boğazımı yırtabilir; ama şimdi geçmişimle yüzleşince kendimi bir anda arınmış hissettim. Lütfen bundan sonra anlatacağım şeylerin karşısında tuğla ören işçiler gibi durmayın."

Hayri Hoca elini omzumdan çekti. "Pekâlâ," dedi. "Seni dinliyoruz."

"O yıl yirmi yaşına basmıştım," dedim ve sonra da kaldığım yerden başladım anlatmaya...

* * *

Yirmi yaşıma bastığım günün sabahı Kenan Ağabey'e uğradım. Kapı zilini çaldım. Kapıyı açan olmadı. Bu arada Emre'nin annesi Kenan Ağabey'den de ayrılmıştı. Fakat oğlu Emre'yi üçüncü kocası olan Kenan Ağabey'e kaptırmıştı. Kenan Ağabey on üç yaşımdan beri beni karanlık zindanında köle ettiği gibi, Emre'yi de o karanlık zindanın içinde esir almış, onu âdeta ölüme terk etmişti. Emre'yi çoktan eroin bağımlısı yapmıştı. Bense eroin kullanmaktan hep uzak durmuştum. Aslında birkaç kez kullanmaya yeltenmiştim; fakat korkup geri adım atmıştım. Emre, "Sen aptalsın oğlum. O kuru otu içine çekmekten ne zevk alıyorsun? Esas bunu denemelisin," derdi sık sık bana.

Cebimden anahtarımı çıkardım. Kilitli kapıyı açıp içeri girdim. Kenan Ağabey'in ve Emre'nin koltukta cansız yatan bedenleriyle karşılaştım. İkisinin de kolunda kocaman birer şırınga vardı. Şok içindeydim. İçimdeki son bir umut kırıntısıyla seslendim: "Kenan Ağabey... Emre... Siz iyi misiniz?"

İkisinden de, "İyiyiz. Sen bizi merak etme," demelerini bekledim; ama ne yazık ki çoktan ölmüşlerdi. Bedenlerinde taşıdıkları zehirli testi artık kırılmıştı. İkisi de ölmüştü işte. Ölen insanların neden öldüklerini sorgulamak kadar saçma sapan bir şey olabilir miydi? Ölmüşlerdi işte. İkisi de ölmüştü. Oracıkta durup ölümlerini daha fazla sorgulamadım. O sırada duvarda asılı duran aynada, kireç gibi bembeyaz yüzüme baktım. Rengim Kenan Ağabey'in ölü yüzü gibiydi. Rengim Emre'nin ölü yüzü gibiydi. Yüzüm onların cansız yüzleri gibi renksizdi. Odadan dışarı çıktım. Banyoya koştum. Kusmaya başladım. Yere yığılıp kaldım. Hüngür hüngür ağlamaya başladım. Kendime biraz biraz geldiğimde yerde duran siyah bir çanta dikkatimi çekti. Çantanın fermuarı açıktı. İçinde küçük küçük beyaz torbalar vardı. Bu küçük beyaz torbalar eroindi. Yerimden doğruldum. Fermuarı kapattım. Çantayı yanıma aldım. Hemen evi terk ettim. Bir telefon kulübesi buldum. 155 polis imdadı aradım. Polislere, iki kişinin uyuşturucudan öldüğüne dair ihbarı yaptım ve bir daha da o semte hayatım boyunca hiç uğramadım.

Kenan Ağabey ve Emre'nin öldüğü gün, sokaklarda gezinen başıboş köpekler gibi gezinip durdum. Akşam olduğunda Aksaray'a geldim. Kırık dökük bir pansiyona yerleştim. Esrarlı bir sigara sardım. Birkaç şişe de bira içtim. Kenan Ağabey'in ve Emre'nin cansız bedenleri gözümün önünden gitmiyordu. O gece sabaha kadar uyku tutmadı beni. Öğle vakti olduğunda ise eroin dolu çantayı kaptığım gibi kendimi İstiklal Caddesi'nin sokaklarına attım. Gidip bir bara oturdum. Biramdan henüz bir-iki yudum almıştım ki, mekândan içeri Reha girdi. Yuvarlak ve dazlak kafalı, top sakallı, tıknaz bir adamdı. Kenan Ağabey'in de en sıkı müşterilerinden birisiydi. Birkaç kez ona mal götürmüşlüğüm vardı; ama onunla oturup uzun uzadıya hiç muhabbet etmemiştik. Beni görünce yanıma geldi. "Ne haber Onur?" dedi. "Kenan nerede? Telefonlarıma hiç cevap vermiyor. Yoksa polisler mi yakaladı?"

"Hayır," dedim düğümlenen boğazımla. "Kenan Ağabey öldü."

Reha karşımda âdeta çöktü. "Nasıl yani?" dedi. "Asker arkadaşım gerçekten öldü mü? Bu nasıl olur?"

"Altın vuruş yapmışlar. Öldüklerini kendi gözlerimle gördüm. Emre de öldü."

"Bütün bunlar ne zaman oldu?"

"Dün sabah."

Reha neredeyse barın üzerine yığılıp kalacaktı. Güçlükle nefes alıyordu. "Peki, sen kimsin?" dedi bana.

"Hiç kimseyim," dedim biramı yudumlarken. "Ya da herkesim."

Bana tuhaf tuhaf baktı. "Sen mal mı çektin yoksa? Bu ne biçim laf? Benimle dalga mı geçiyorsun?" dedi.

"Biraz esrar çektim. Sakıncası mı var?" dedim diklenerek ona.

"Benim için ne sakıncası olacak?" dedi. "Çektiysen çektin. Kendine çektin. Kenan'la ne zamandan beri tanışıyorsun?"

"Çok uzun yıllardır," dedim. "Neredeyse onun elinde büyüdüm sayılır."

"Başka bir iş yapıyor musun?"

"Hayır. Düzenli bir işim yok benim. Elimden de başka bir iş gelmez zaten."

"Işıkçı olur musun?" dedi ansızın.

"Ne ışığı?" dedim şaşkınlığımı gizlemeyerek.

"Sahne ışıkçısı," dedi. "Özel bir tiyatroda ışık yönetmeniyim. Seni de ışıkçı yapabilirim."

"Olur," dedim. "Ama bana bu iyiliği neden yapıyorsunuz?"

O anda buruk bir tebessüm yüzüne yayıldı. "Kenan'ın hatırı için. Bakma sen! O zamanında çok delikanlı bir adamdı.

45

Sonra bir gün, evli kadının birine gönlünü kaptırdı. O kadın, Kenan'ın hayatını mahvetti. Sonra da gidip bu işlere bulaştı." Yerde duran çantadan eğilip küçük bir torba çıkardım. Hiç kimse görmeden Reha'nın cebine koydum. "Bu da ne?" dedi elini cebine sokup karıştırırken.

"Kenan Ağabey'den," dedim. "Ölmeden önce size küçük bir torba mal bırakmış."

Reha elini cebinden çıkardı. "Allah ondan razı olsun," dedi. "Mekânı cennet olsun! Asker arkadaşım öteki dünyaya giderken bile bana miras bırakmış. Yarın hemen işe başlıyorsun. Ha! Bu arada. Sen de eroin kullanıyor musun?"

"Hayır," dedim. "On üç yaşımdan beri sadece esrar içerim."

"On üç mü?" diye sordu şaşkınlıkla.

"Evet."

"Ailen yok mu? Nerede yaşıyorsun?"

"Yok. Genelde Kenan Ağabey'le birlikte yaşıyordum."

"Öyleyse bana taşın," dedi Reha. "Ben yalnız yaşayan bir adamım. Evim müsait. Çoğu zaman eve gelmem bile. Zaten her gece başka bir kadının koynunda sızıp kalıyorum."

Ertesi gün Reha'nın yanına taşındım. Onunla aynı iş ortamında çalışmaya başladım. Kısa bir zamanda müthiş bir tiyatrocu çevrem oldu. Ne yalan söyleyeyim, sanat camiasının erkekleri bir garip, kadınları ise oldukça rahattı. Neredeyse her gece sanat camiasından bir kadınla seks yapıyordum. Bu kadınların birçoğu ya alkolik ya da esrar bağımlısıydı. Kenan Ağabey'den artık kurtulmuştum kurtulmasına ama bu sefer de diğer Kenanlara yakalanıvermiştim. O zaman şu gerçeği anladım ki, şu koca İstanbul'da meğerse ne kadar çok insan uyuşturucu kullanıyormuş.

Çok kısa bir süre içinde mesleğimde piştim. Bunda Reha'nın hakkını yiyemem. Reha bütün bilgisini benimle paylaşıyor, benim bu meslekte iyi olmam için elinden gelen her şeyi yapıyordu. Bana, "Sen rahmetli Kenancığımdan bana emanetsin," derdi sık sık. Tiyatrocu arkadaşlarım da oyunlarında küçük küçük roller veriyorlardı bana. İlk önce sahnenin ışığını kuruyordum, sonra da bu ışığın altında sahneye çıkıp tiyatrocu arkadaşlarla birlikte oynadığımız oyunu sergiliyordum. Kenan Ağabey öldükten sonra uyuşturucu kuryeliğini tamamen bıraktım. Ondan kalan son eroinleri de eşe dosta küçük paralar karşılığında satmış, kazandığım o paraları da çoktan hiç etmiştim. Yıllardır kötü giden kaderim bir anda yüzüme gülmeye başlamıştı; ama ne vardı ki yüzüme gülen kaderim tam bir yıl sonra bana yine kötü yüzünü göstermekten kaçınmamıştı...

***

O esnada Hayri Hoca'nın sesini duydum. "Onurcuğum," dedi. "Konuşmana perşembe günü kaldığın yerden devam edebilir misin? Bir işim için hastane dışına çıkmam gerekiyor."

Dalıp gittiğim düşüncelerden çıktım. "Olur," dedim. "Perşembe günü kaldığım yerden devam edebilirim."

"Anlayışınız için hepinize teşekkür ederim çocuklar," dedi Hayri Hoca. "Şimdi sizleri baş başa bırakıyorum. Perşembe günü görüşürüz."

TARTIŞMA

11 Nisan 2002, Perşembe

"Çocukken ateisttim. Allah'a hiç inanmazdım. Allah'a inanmamamın nedeni ettiğim duaları kabul etmemesiydi. Her gece minik ellerimi açıp dua ederdim. "Allahım," derdim. "Annemle babam bir daha kavga etmesinler." Ama annemle babam ertesi gün yine kavgaya tutuşurlardı. Babam hem annemi döverdi, hem de beni.

İşte o dönemler Allah'a inanmayı bıraktım, insanlara inanmaya başladım. Ama ya şimdi? Şimdi durum tamamen tersine döndü. Artık Allah'a inanıyordum, insanlara inanmıyordum. İnsanoğluna nasıl inanabilirdim ki? Hayatımı mahveden insanlara nasıl inanabilirdim? Birine inanmak, güvenmek değil midir? Birine inanmak, teslim olmak değil midir? Birine inanmak, huzur bulmak değil midir? Meğerse değilmiş arkadaşlar.

İnsanlara inanmak büyük bir zayıflıkmış. Bir yanılgıymış. Peki, biz insanlar hakkında neden mi böyle düşünüyorum? Düşünüyorum çünkü böyle düşünmem için elimde geçerli sebeplerim var. Birkaç gündür bu hastanede benim gibi uyuşturucu tedavisi gören sizlerle arkadaşlık ediyorum. Kiminiz benim gibi gelir seviyesi düşük ailelerin çocukları, kiminiz de gelir seviyesi çok yüksek ailelerin çocuklarısınız. Ama ekonomik seviyeleri farklı olan bizlerin ortak bir yönü var. Genelde hepimiz sorunlu ailelerin çocuklarıyız."

"Haklısın," dedi Aylin. "Yerden göğe kadar haklısın."

"Şşşt," dedi Hayri Hoca. "Bırakın da Onur konuşsun."

Beni can kulağıyla dinleyen arkadaşlarımın yüzlerine dikkatlice baktım. Bu hastanede bir gerçeği daha öğrenmiştim. Hepimiz eroin bağımlısı olmamıza rağmen birbirimizden oldukça farklı yöntemler kullanıyorduk. En başta biri ben olmak üzere üç kişi "Canki"ydik. Eroini bir şırınga ile bedenimize enjekte ediyorduk. Kimi sigaranın tütünü yarıya kadar boşaltıp, eroini sigaraya doldurarak içiyorlardı. Bu yöntemi kullanan arkadaşlar bunun adına "Corex" diyorlardı. Kimileri küçük bir parça alüminyum folyo kâğıdın üzerine bir tutam eroin döktükten sonra, alüminyum folyoyu ateşle ısıtıyorlardı. Folyonun içinde ısınan eroin, erimiş çikolata kıvamına geliyordu. Dumanını dışarı salıyordu. Huni biçimde büktükleri kâğıt paranın yardımıyla çıkan dumanı içlerine çekiyorlardı. Bu yöntemi kullanan arkadaşlar da bunun adına "Kaydırma" diyorlardı. Kimileri de burna enfiye çeker gibi kullanıyorlardı. Onlar da bu yönteme "Snıff" adını veriyorlardı? Aslında kullandığımız yöntemler birbirimizinkinden oldukça farklı olsa da, bizler eroinmandık. Aynı geminin yolcularıydık. Artık bu gerçeği hiçbirimiz değiştiremezdik. Ama yine de eroin bağımlısı bazı arkadaşlarımız biz Cankilere bambaşka bir gözle bakıyorlardı. Çünkü kullandığımız yöntem en tehlikeli olanıydı. Her gün yaşamla ölüm arasındaki o çok ince çizgide gidip geliyor olmamız, bizleri onların gözünde apayrı bir yere koyuyordu. Onların dünyasında bizler çılgın ve deli insanlardık. Her ne kadar kullandığımız yöntemler birbirimizinkinden farklılık gösterse de, hissettiğimiz duygular aynıydı. Hasta kaldığımız zamanlar çektiğimiz acılar, insana ürküntü veren o yoksunluk halleri hepimizin beynini yiyip bitiriyordu. Ayrıca, ilk başlarda bizlere hoş bir keyif veren, özgürlük duygusu yaşatan eroinin gerçek yüzünün bu olmadığını da iş işten geçtikten sonra anlamıştık. İlk zamanlar insana mutluluk sarhoşluğu yaşatarak tuzağına çeken, sonra da sadece kendi varlığı için yaşamamıza izin veren eroinin ölümcül bir illet olduğunu artık hepimiz çok iyi idrak etmiştik.

Peki öyleyse, bu hastanede gördüğümüz tedaviler bir işe yarayacak mıydı? Bu tedaviler ölümün parmaklığına sıkı sıkı tutunmuş bizlerin kaskatı olmuş buz parmaklarını çözmeye yetecek miydi? Bilmiyorum; ama şimdi bu soruların cevaplarını her nedense kendimce önemsiyorum. Çünkü bu dünyada kendini önemsemeyen ben, sizlerin gencecik çocuklarını önemsiyorum. Benim gittiğim bu yoldan başka genç insanların gelmesini kesinlikle istemiyorum. Şunu bilin ki ey gençler; benim yolum çıkmaz bir yol... Şunu bilin ki ey anne babalar; benim yolum aynı zamanda herkesin yolu...

"Evet," dedi Hayri Hoca. "Seni dinliyoruz Onur."

O an derin düşüncelerden çıktığımda odada bulunan herkes gözlerimin içine bakıyordu. "Pardon," dedim ve sonra da kaldığım yerden başladım anlatmaya..

* * *

Yirmi iki yaşına bastığım sene kötü kaderim yine karşıma çıktı. Bu kötü kaderim karşıma çıkınca da şu yeryüzünde yaşamak için hiçbir nedenim kalmıyordu benim. Yaşamak için nedenler uydurabilen o insanlardan birisi değildim çünkü.

Biliyorum, bugün her şeye yeniden başlayabilecek bir yaştayım henüz, ama hayata yeniden başlamak için gücüm kalmadı. Bir zamanlar en çok korktuğum şey, günü geldiğinde kâbusum oluverdi. Bütün yaşantım onun elinde altüst oldu. Bana ettiği kötülükleri şimdi daha iyi görebiliyorum. Yaşantımı nasıl kökten değiştirdiğini şimdi daha iyi görebiliyorum. Beni buralara kadar sürükleyen o işveli ve kaltak halini şimdi daha iyi görebiliyorum. Artık ona söyleyecek fazla sözüm yok. Bir zamanlar onun yakınında durmama rağmen ondan uzak durmayı becerebilmiştim. Hatta rahmetli Kenan Ağabey bir gün bana onun eşsiz varlığıyla tanışmamı söylemişti.

Evet tanıştım!.. Henüz yirmi iki yaşındayken onun tadına vardım. Onun bana sunduğu tatlı ve hoş şerbeti kana kana içtim; fakat içtiğim şey kanıma karışıp beni zehirledi. Artık ona katlanamayacak kadar yorgun düştü bu bedenim. Kansere yakalanmış bir hasta gibi o kadar çok yorgun düştü ki şu bedenim, bana geçen gün ilk kez yaşattığı acıyı bile birkaç saatliğine de olsa duymaz oldum. O gün yaşadığım krizden sonra artık kabul ediyorum. Ben bir uyuşturucu bağımlısıyım. Ama ne acıdır ki bağımlılığımız ölmüyor. Yaşam gibi devamlı sürüp gidiyor. Bir örümcek gibi usul usul, sinsi sinsi ağlarını örüyor. Şimdi bu dört duvarın arasındayken kendimi ondan ne kadar da uzak hissediyorum. Peki, bu hastaneden taburcu olduğumuzda ne olacak? Onun varlığını şimdi olduğu gibi kendimden uzak hissedebilecek miyim?

Her neyse... O gün arada sırada yaptığım şeyi yaptım. Suna annemi ve kardeşim Kemal'i ziyarete gittim. Annem on üç yaşımdan beri bana küstü. Evden ayrılmam evliliğinin bitmesinden daha acı gelmişti ona. Ayrıca bu yetmezmiş gibi bir-iki defa da hırsızlık yaparken suçüstü yakalanmış, polis karakollarında fişlenmiştim. Bu duruma annem içten içe çok üzülmüştü. Bilmiyorum; acaba sabıkalı bir hırsız olmam mı anneme dokunmuştu, yoksa sabıkalı biri olmama kendisini neden olarak gördüğü için mi kahrolmuştu?

"Nasılsın anne?" dedim.

Durgun gözlerle bana baktı. "Yakında evleniyorum," dedi kısık bir sesle.

Başımdan aşağı kaynar sular döküldü sanki. "Kiminle?" dedim afallayarak.

"Seni ilgilendirmez," dedi ani bir çıkışla.

Oturduğum yerden ayağa kalktım. Önümde duran sehpaya bir tekme savurdum. "Madem beni ilgilendirmiyor," dedim. "Bu evde daha fazla kalmamın hiçbir anlamı yok."

"İyi bir adam," dedi boğuk ses tonuyla.

"Bu yaştan sonra evlenip de ne yapacaksın?" dedim avazım çıktığı kadar bağırarak.

Bana sinirli sinirli baktı. "Bu evden önce baban çekip gitti, arkasından da sen. Benim bir erkeğe ihtiyacım olduğunu hiç düşünmedin mi? Kadın erkeksiz olur mu? Nasıl geçindiğimizi biliyor musun? Ocaktaki tencerenin neyle kaynadığını biliyor musun? Bizi hiç arayıp soruyor musun? Annem aç mıdır, açıkta mıdır diye düşündün mü? Sen bu dünyanın gerçekleriyle ilgili ne biliyorsun? Ancak bu zamana kadar serserilik yapmasını bildin. Elâlemin parasını çalıp çırptın. Kötü yollara düştün sen!"

"Yeter kes artık," dedim bağırarak. "Karşıma dikilip beni suçlama. Suçlanacak biri varsa, o ben değilim. Sizin yüzünüzden kötü yola düştüm. Allah hepinizi kahretsin."

Yüzüme ağır bir tokat indi. "Allah sizi kahretsin," dedi ağlarken annem. "Baban ve sen beni yiyip bitirdiniz. Beni öldürdünüz. Ölmeden toprağa gömdünüz. Hiç utanmadan bir de karşıma geçip vır vır konuşuyorsun. Saçımı sizin için süpürge ettim. Sen ve kardeşin için o adama yıllarca katlandım." Yumruğumu havaya kaldırdım. Dişlerimi sıktım. Sinirimden duvara bir yumruk attım. Kemiklerimin çatırdadığını duydum. "Ben gidiyorum," dedim. "Bundan sonra ne halin varsa gör."

"Dur bir dakika," dedi, sonra da odadan dışarı çıktı. Birkaç saniye sonra elinde bir zarfla karşıma dikildi. "Bu zarf da ne?" dedim. "Yoksa bana evlilik davetiyeni mi veriyorsun?"

"Zarfı aç da kendin bak," dedi sinirli sinirli. "Ne olduğunu kendi gözlerinle görürsün."

Zarfı açtım; ama keşke açmaz olsaydım. Öz babam beni evlatlıktan reddetmek için yıllar sonra mahkemeye başvurmuştu. Sinirimden zarfı yırttım. Kapıya bir tekme attım. Anneme hoşça kal bile demeden evden ayrıldım. Kendi evime geldim. Esrarlı bir sigara sardım. O sırada Reha eve geldi. "Neyin var?" dedi. "Yüzünden düşen bin parça."

"Annem başka bir adamla evleniyormuş."

"Evlenebilir," dedi duygusuz bir sesle.

"Ayrıca babam beni evlatlıktan reddediyormuş."

"İşte orada dur," dedi Reha. "Seni yıllardır görmeyen bir adama ne tür bir kötülüğün dokunmuş olabilir ki?"

"Bilmem," dedim. "Daha fazla üzerime gelme. Şimdi bırak da huzur içinde esrarımı içeyim."

"İç bakalım," dedi. "Şu kuru otta ne bulursunuz anlamam."

Zayıf bir anımda Reha'nın kışkırtıcı bu sözleriyle tuzağa düştüm. Kapana basan bir hayvan gibi can havliyle bağırdım: "Tamam. Deneyeceğim. Benim için de malın var mı?"

"Hiç olmaz mı?" dedi Reha, avını yakalayan bir avcının mutluluğuyla.

Reha beş dakika sonra, elinde tuttuğu bir şırıngayla yanıma geldi. "Aç kolunu," dedi. "Şimdi 1'den 10'a kadar saymayı dene. Sen daha sekiz demeden bütün dünya kafanın içinde altüst olacak."

Gerçekten de sekizden sonra kafamda her şey bir anda altüst oldu. Ayağa kalkınca dizlerim titredi. Kafamın içi ve tüm vücudum o an nasıl da hoş bir sarhoşlukla doluverdi. İşte o gün ilk kez yaşadığım bu hoş duyguların gönüllü elçisi olmaya soyundum. Eroinin baştan çıkartıcı tadına vardıktan sonra, yaşamak denen şeyin bile onsuz ne kadar anlamsız ve boş olduğunu düşündüm. Artık değil onsuz bir hayat yaşamayı, onsuz bir an geçirmeyi bile düşünmek istemiyordum. Onun varlığına yakın durmak için dostlarımı bile yitirmeyi kendimce daha kabul edilebilir buluyordum. O günden sonra da dostlarıma karşı zevklerimde daha cimri, o şeytana karşı ise daha eli açık oldum. Eroini bir kez kullandıktan sonra da başka bir uyuşturucudan zevk almayı tamamen unuttum. Bir süre sonra, yaşamımı devam ettirmek için gerekli olan besinleri bile artık canım çekmez oldu. Klasik yiyeceklerimin yerini, abur cubur yiyecekler aldı.

Şimdi söyleyeceklerime belki katılırsınız, belki de katılmazsınız. Bana öyle geliyor ki, eroinin bir beyni var. Tıpkı biz insanların beyni gibi; ama onun beyni bizim beyin yapımızdan daha güçlü. Kendisini tek bir kez bile deneyen kişinin beynini ele geçirerek girdiği o bedende, kendisinden başka hiçbir duygunun yaşamasına asla izin vermiyor. Kendi varlığının mutluluğu ya da yoksunluğunun büyük acıları dışında hissedebileceği-

54

niz başka bir duyguyu kesinlikle yaşamanıza müsaade etmiyor. İnsanda beslenmek için iştah, güç kullanmak için enerji, sevilmek için sevgi, sevişmek adına istek, özlemek için hatırlama gibi yaşarken hissettiğiniz şeyleri ve ihtiyacınız olan her şeyi yavaş yavaş ağırlaştırarak ellerinizden alıyor. Sonra da içinde yaşadığı bedeninizi tamamen tüketerek sizi yok ediyor.

Evet arkadaşlar... Onun varlığına masumane bir söylem yakıştırarak onu tek bir kez bile olsun kullanamazsınız. Çünkü onu bir kez bile kullandığınız takdirde, onu kullanan kişinin beyninde açacağı o özel etkisiyle kontrol edilemez yeni bir yaşam merkezi açıyor sanki. Gün geçtikçe de daha çok beyninizde beslenerek gelişmek isteyen, her gün kontrol altına aldığı bedeninizi kendi varlığı karşısında çökertiyor. Onu tek bir kez kullandıktan sonra da kullanan kişinin yaşadığı koşullara göre kimi zaman birkaç ay süren pusu döneminden sonra iki veya üç haftada bir kendi yoksunluğunu hissettirmeye başlıyor. Derken iki-üç günde bir, yirmi dört saatte bir, günde üç ya da dört defa olmak üzere ona ihtiyaç duyuyorsunuz. Diğer tüm uyuşturucuların aksine, bu durum sadece eroine özgüydü.

* * *

"Evet Hayri Hocam," dedim. "Pazartesi günü şu soruyu sormuştunuz: "Siz gençler uyuşturucuya hangi nedenlerle ve nasıl başladınız?"

Burada bulunan diğer arkadaşlar adına konuşamam; ama ben uyuşturucuya sevgiden yoksun bir bataklık ortamında başladım. Sözlerime son noktayı koymadan önce size bir soru sormak istiyorum sevgili hocam."

Hayri Hoca buğulu gözlerle bana baktı. "Geleceğe dair karamsarlığın çok üzdü beni," dedi. "Eğer sen canı gönülden istersen yepyeni bir hayata yeniden başlayabilirsin. Unutma! Her şey sende başlar ve sende biter."

Kahkahalarla gülmeye başladım. Hayri Hoca gülmeme bozuldu. "Komik olan ne Onur?" diye sordu. "Neden gülüyorsun?"

"Kusura bakmayın. Sinirimden gülüyorum. Son sözlerinize gülmemek elde değil ki hocam. Beni bağışlayın ama bu hayatta bazı şeyleri ben başlatmadım ki ben bitirivereyim. Her şeyin bende bitmesi için her şeyin bende başlaması gerekmiyor mu? Şimdi isterseniz bütün bu anlamsız şeyleri boş verelim. Size sormak istediğim soruyu hiç kişileştirmeden hemen sorayım. Bu hastanede gördüğümüz tedaviler bir işe yarayacak mı?"

Hayri Hoca ayağa kalktı. Biraz düşünceliydi. Ayrıca yüzünde hoşnutsuzluk vardı. Bir ara başını kaldırıp bizlere tek tek baktı. Gözlerini gözlerime dikti. Bana tebessüm etti. Ama bu tebessüm dudaklarında pek yapmacık durdu. "Pekâlâ," dedi. "Bu soruya cevap vermeden önce ben sana şunu sormak istiyorum: Uyuşturucu bağımlılığından kurtulacağına inanmıyorsan niçin bu hastanedesin?"

Hayri Hoca son derece mantıklı bir soru sormuştu ama sorduğu soruyu mantıksız kılan şeyin ne olduğunu henüz bilmiyordu. Şöyle bir cevap verdim ona: "Beni bu hastaneye arkadaşlarım zorla getirdi."

Dikkatlice yüzüme baktı. Bir soru daha sorsaydı eğer hastaneye geldiğim geceyi de anlatmak zorunda kalacaktım. "Her neyse," dedi. "Benim için önemli olan senin burada bulunman. Şimdi hepinizden ayağa kalkmanızı, sonra da birbirinizin yüzüne dikkatlice bakmanızı istiyorum."

Hepimiz sandalyelerimizi itip ayağa kalktık. Birbirimize baktık, bakarken de gülüştük. Bu sırada Aylin Umut'a laf attı. "Şöyle bir bak bakalım bana alıcı gözüyle," dedi. "Beni oğullarına istemeye gelen olur mu?"

"İşi sulandırmayın," dedi Hayri Hoca. "Şimdi hepiniz yerlerinize oturun lütfen."

Tüm sınıfça sandalyelerimize oturduk. Tok bir sesle, "Değiştim, hem de çok değiştim. Bu hastaneye gelmeden önceki insan değilim artık diye kendi kendinize inançlı bir şekilde bu sözleri tekrarlamanızı istiyorum," dedi Hayri Hoca.

Herkes bir papağan gibi Hayri Hoca'nın sözlerini tekrarlayıp durdu. Bir kişi hariç, ben. "Sen neden tekrarlamıyorsun?" dedi Hayri Hoca.

"Bilmem," dedim. "Ben kendimi henüz değişmiş bulmadım."

Hayri Hoca sınıftakilere bakıp, "Sizlerde mi arkadaşınız gibi değiştiğinize inanmıyorsunuz? Sen ne düşünüyorsun Umut?" diye sordu.

Umut sağ kolunu havaya kaldırıp yumruğunu sıktı. "Onur'u bilmem ama ben çok değiştim hocam. Hem de çok değiştim," dedi, rüzgâr gibi ıslık çalarken.

Umut'un komik davranışları üzerine hepimiz gülmeye başladık. "Pekâlâ," dedi keyfi yerine gelen Hayri Hoca. "Sen ne düşünüyorsun Aylin?"

"Sanırım kendimle ilgili bazı değişimleri sezinliyorum hocam. Bu değişimler olağanüstü şeyler gibi geliyor bana. Evet! Galiba ben de Umut gibi değişenlerdenim."

"Gördünüz mü?" dedi Hayri Hoca kendinden emin bir tavırla. "Aslında hepiniz bu bir haftalık süre içinde çok değiştiniz. Kendinizdeki bu değişiklikleri artık idrak etmeniz bile değiştiğinizin bir kanıtıdır. Kendinize şöyle bir bakın! Zihinleriniz ne kadar da berraklaşmış. Evet Onur Efendi! Bu hastanede gördüğünüz tedaviler işe yarıyor. İşte arkadaşların burada.

Bana inanmıyorsan onlara sor. Bu hastanede nasıl değiştiklerini kendilerine sor."

Omzumu silktim. Kuru bir sesle, "Evet ben de arkadaşlarımın değiştiğini görebiliyorum hocam. Hiçbir zaman üzerlerinden eksik olmayan, âdeta başlarının üzerinde görünmez bir varlığın kapkara gölgesi altında yaşıyormuş gibi görünerek, her daim içinde oldukları o düşkünlük ve kederli boş vermişlik hallerinden kendilerini nasıl kurtarmış olduklarını çok iyi görebiliyorum," dedim.

Hayri Hoca elini omzuma attı. "Sonunda senin de bu gerçekleri görmene sevindim," dedi gülerken bana. "Haydi çocuklar! Şimdi bahçeye çıkıp biraz temiz hava alalım. Size bir bardak çay ısmarlayayım."

KANTİN

✎

14 Nisan 2002, Pazar

Balkona çıktım. Her sabah yaptığım gibi bahçedeki ağaçları seyre daldım. Ağaçların arasında dolaşan bir adamı Yaşar'a benzettim. İçim ürperdi. "Yoksa gerçekten o mu?" diye kendi kendime fısıldadım. Adama bir kez daha dikkatlice baktım; ama gördüğüm adam Yaşar değildi. Sonra, bu hastaneye yattığım o gece Yaşar'ın bana söylediği sözü hatırladım: "Yarın tekrar ziyaretine gelirim."

Bu hastaneye yatışımın üzerinden tam on iki gün geçti. Yaşar bu süre içinde ne beni ziyarete geldi, ne de bana bir telefon etti. Beni arayıp sormayan bir tek Yaşar değildi. Özkan, Nurşin, Ayla ve diğerleri de beni arayıp sormamıştı. Anlaşılan beni dost meclislerinden kovmuşlardı. Allah bilir adımı telefon fihristlerinden bile silmişlerdi. Bu, benim için anlatılması pek güç bir durumdu.

Evet, bugün günlerden pazar. Eylül de ya şimdi uyuyordur ya da ailesiyle birlikte kahvaltı ediyordur. Acaba o gâvur memleketinde beni düşünüyor mudur? Peki, ya ailem? Geçen yıl izlerini kaybettiğim annem ve kardeşim ne yapıyor acaba? Annem o adamla evlenip şimdi mutlu olmuş mudur? Ya kardeşim? Biricik kardeşim Kemal, o nasıldır? Acaba alışabilmiş midir başka bir adamla birlikte yaşamaya? Şimdi düşünüyorum da öz babam bize karşı hiçbir zaman babalık yapmadı. Üvey bir baba kardeşime nasıl babalık yapabilirdi ki? Balkonda durmuş, son bir kez dışarıya baktım. Ağaçların altı insanlarla dolup taşıyordu. Sigara içen ağızlardan çıkan duman, mavi renge bürünmüş havaya karışıyordu.

Sonra içeri girdim. Küçük ahşap masanın başına oturdum. Ajandanın kapağını açtım. "Bu saçma," dedim kendi kendime gülerken. Gösterişli bir cümleyi nasıl olmuş da bu günlüğe yazmışım? Şimdi düşünüyorum da süslü cümleler kurmaya ne gerek var? Ben, biz eroinmanlarla ilgili bazı gerçekleri açığa çıkarmak için günlük tutuyorum. Edebiyatla işim olamaz benim. Her şeyi kalemimin ucuna geldiği gibi yazmalıyım. Su gibi berrak, net cümleler kurarak yaşadıklarımı anlatmalıyım. Şu sözcük iyiymiş, bu sözcük kötüymüş gibi bir derdim olmamalı benim. Belki bir gün bu günlüğü okuyacak eleştirmenler de benim derdim olmamalı. Onlara da bazı tiyatro eleştirmenleri gibi hiçbir zaman saygım olmadı. Neden mi? Nedeni şu: Bu eleştirmenlerin birçoğu kendilerini bir bok sanıyorlar.

Hiç unutmam. Bir gün gündüz matinesinde bir çocuk oyunu sahneye koymuştuk. Oyunun adı, Kâbus Yiyen'di. Oyun, küçük çocukların uyudukları zaman rüyalarına giren ve onları camdan çatalı, kemikten bıçağıyla yemek isteyen küçük ve şirin mi şirin görünüşlü bir yaratıkla, küçük kızını gördüğü bu kötü kâbustan kurtarmaya çalışan iyi kalpli bir kralın öyküsünü anlatıyordu.

Oyun bittiğinde elimi, yüzümü yıkamak için tuvalete girdim. O esnada pisuvarın önünde durmuş, ayakta işeyen iki adamın konuşması ilgimi çekti. Adamlardan biri diğerine dedi ki: "İkimiz de oyunla ilgili aynı eleştirileri yapıp yazmayalım. Farklı bir şeyler bulalım. Ne yazacağımıza dair seni telefonla arayacağım."

Duyduğum sözler karşısında şok oldum. İçim içimi yedi. Daha fazla kendimi tutamayıp adamların yanına gittim. İkisinin de sırtı bana dönüktü. "Pardon," dedim. "Siz tiyatro eleştirmeni misiniz?"

Adamlar, ellerinde tuttukları bamya kadar küçük olan şeylerine bakıp hafiften başlarını bana çevirdiler. İkisi de aynı anda, "Evet," dedi.

"Sizin gibi tiyatro eleştirmenlerine yazıklar olsun," dedim. "Benzer eleştirileri gazete köşelerinizde yazmamak için güzelim oyunu boklayacaksınız, öyle mi? Böyle eleştirmenlik mi olur?"

Adamlar benden böyle bir tepki beklemedikleri için, ellerinde tuttukları küçük şeylerini hemen pantolonlarının içine sokup, fermuarlarını çektiler. Sonra da, "Siz bizi yanlış anladınız," dediler.

"Ben ne anlayacağımı çoktan anladım," dedim. "Bu oyun için kaç haftadır hazırlıklar yaptık. Sahnede günlerce sabahladık. Siz de kalkmış aynı eleştiriyi getirmeyelim diye güzelim oyuna gazetedeki köşelerinizden çamur atacaksınız, öyle mi?"

Adamlardan sıska ve çelimsiz olanı bana baktı. "Siz kimsiniz?" dedi sesini yükselterek bana. "Yaptığımız işin hesabını size mi vereceğiz?"

"O oyunun sahne ışıkçısı, aynı zamanda da oyuncularından birisiyim. Ayrıca, siz eleştirmenlere de asla saygı duymuyorum. Size saygı duyacağıma, bok kanalizasyonunda çalışan bir işçiye daha fazla saygı duyarım. Bunu nedenini bilmek ister misiniz? Çünkü o insanlar tıkanan kanalizasyonun bok yolunu alın terleriyle açıyorlar. Siz eleştirmenler de oturduğunuz yerden her şeyi boklamakla meşgulsünüz. Yapılan bir şeyi de beğenin be kardeşim."

Onlara söyleyecek sözüm bitmişti. Arkamı döndüm, oradan uzaklaştım. Kapıdan çıkarken, ikisi de pisuvarın önünde bir heykel gibi dikilmiş, bembeyaz suratlarıyla birbirlerine bakıyorlardı.

Her neyse... Beni asıl düşündüren şey dünkü konuşmalarımız oldu. Arkadaşlarla kantinde oturmuş, laflıyorduk. O anda yanımızda Hayri Hoca'nın olmasını kesinlikle istemezdim. Çünkü konuşmalarımızın içeriğini duysaydı maazallah kalp krizi geçirip ölebilirdi.

Eroinman grubumuzun en renkli siması Aylin'di. Aylin kısa boylu, zayıf sayılabilecek bir kiloda, saçları siyah ve dümdüzdü. Aylin birden oturduğu plastik sandalyeden ayağa kalktı, Umut'a baktı. Daha sonra da sağ kolunu havaya kaldırıp yumruğunu sıktı. Umut'un bozuk aksanını taklit ederek, "Onur'u bilmem ama ben çok değiştim hocam. Hem de çok değiştim," dedi. Arkasından da ekledi: "Seni pis yalancı! Yoksa bir daha eroin kullanmamaya üç günde tövbe mi ettin?"

Aylin hepimizi gülmekten kırıp geçirdi. Umut'un yüzü kıpkırmızı oldu. Umut Belçika'da işçilik yapan Türk bir ailenin çocuğuydu. Gurbetçiydi. Orta boylu, orta kilolu, ela gözlüydü. Belçika'da büyüdüğü için de konuşması aksanlıydı. Umut'un altta kalmaya hiç niyeti yoktu. "Sanırım kendimle ilgili bazı

62

değişimleri sezinliyorum hocam. Bu değişimler olağanüstü şeyler gibi geliyor bana. Evet! Galiba ben de Umut gibi değişenlerdenim," dedi Umut gülerek, Aylin'in perşembe günü söylediği bu sözleri birebir taklit ederken. Sonra da arkasından ekledi: "Seni pis yalancı! Yoksa sende mi tövbe ettin?"

Bu sefer Aylin'in yüzünde narçiçeği açmıştı sanki. Yüzü pembemsi bir kızıllığa büründü. "Durun bir dakika arkadaşlar," dedim. "O gün yoksa ikiniz de söylediklerinizde samimi değil miydiniz?"

Umut güldü. "Sen ne zannettin?" dedi. Sonra da Aylin'le birbirlerine bakıp kahkaha attılar. Aylin bana baktı. "Oğlum," dedi. "Konuşurken güzel laflar ediyorsun ama sazanın tekisin vallahi. Yoksa o gün söylediklerimize inandın mı sen?"

"Ne yalan söyleyeyim, inandım."

"İnanma," dedi Aylin. "Hepimiz bu hastanede geçici bir süreliğine de olsa yalancı şefkatler görüyoruz. Buranın sakin, huzurlu, insana güven veren atmosferini dışarıda bizleri bekleyen ailelerimiz mi bizlere verecek? İşin doğrusu artık bu hastaneye de katlanamıyorum. Bu hastanede yirmi gün değil, on gün kalacaksın."

Burak, "O nedenmiş?" diye sordu Aylin'e.

"Bu benim fikrim. Böyle düşünüyorum işte."

"Daha açık olsana," dedi Burak.

"Tamam. Sizlere karşı açık olacağım. Ama siz de şimdi bana bir söz verin."

"Ne sözü?" dedi Selin.

"Şimdi söyleyeceğim şeye katılanlar konuşmam bittikten sonra el kaldırsın."

Hepimiz bir ağızdan, "Tamam," dedik.

"Bakın arkadaşlar," dedi Aylin. "Bu hastaneye geldiğim ilk üç günü saymazsak, ondan sonraki günler zihnim bayağı berraklaşmıştı. Fakat buradaki onuncu günümden sonra kendimde bir şeyler fark ettim. Bana verilen avuç dolusu ilaçların âdeti eksildikçe üzerimde bir baskı oluşmaya başladı. Bu hastanedeki ilk günden bu zamana kadar geçen süre zarfında eroin yoksunluğunun beynimde açtığı tahribata asla karşı koyamıyorum. Adım gibi biliyorum ki, bu hastaneden taburcu olduğum gün gidip eroin satın alacağım. Bizden kestikleri ilaçları cuma günü doktorumdan tekrar istedim; ama o kaltak ilaçları bana vermedi. Neymiş efendim? İlaç da bir uyuşturucuymuş. Yok ya? Sanki ben bilmiyorum uyuşturucu olduğunu. Bizi bir maddeden soğuturlarken, diğer bir maddeye alıştırmak istemiyorlarmış. Benim eroine karşı topyekûn savaş açmam gerekiyormuş. Bunun için de irade göstermem lazımmış. Ne yani? Şimdi ben yediğim bu haltı, işlediğim bu büyük günahı bir daha tekrarlamayacağıma dair kendime ya da çevremdeki insanlara söz verdiğimde, beni zehirleyen bu şeytandan kolayca kurtulacağım, öyle mi? Yok ya? Komik olmayın arkadaşlar. Eroinle mücadelenin tek bir yöntemi var: Hiç başlamamak. Hepimize geçmiş olsun! Bu şeytan canımızı almadan bizim peşimizi asla bırakmayacak."

Aylin'in sesi, bakışları gibi buğulandı. Derin düşüncelerin arasında kaybolup gitti. O sırada biz de ellerimizi havaya kaldırdık. Aylin ayağa fırladı. "Hepiniz s.ktirin gidin başımdan," dedi, hızlı adımlarla yanımızdan koşarken.

Umut, Aylin'in peşinden gitmek için hemen ayağa fırladı. Kolundan tuttum. "Şimdi olmaz," dedim. "Bırak biraz yalnız kalsın."

Umut, tekrar sandalyeye oturdu. "Bu kıza ne oldu?" dedi Teoman. "Sabahtan beri gayet neşeliydi."

"Şimdi boş verin onu," dedim. "Birazdan kendine gelir. Az önce söylediği şeylere hepiniz katılıyor musunuz?"

Masada on kişiydik. Onumuz da Aylin'in az önce söylediği sözlerin altına hiç düşünmeden imzalarımızı atardık. İçime bir ürperti girdi. Tuttuğum bu günlüğe ilk yazdığım cümleyi hatırladım: Tohumlarını toprağa atmış bir çiftçi gibi bekliyordum ölümü...

Meğerse tohumlarını toprağa atmış ölümü bekleyen sadece ben değilmişim. Şimdilik benim bildiğim on kişi daha, ölümün zehrini damlatan zifiri karanlık bulutun altında benim gibi çaresiz bir şekilde ölümü bekliyorlardı.

DOKTOR MÜGE

15 Nisan 2002, Pazartesi

Saat sabahın dokuz buçuğuydu. Ahşap masanın üstünde güneşten bir halka vardı. Halkanın içinde miskin miskin bir at sineği dolanıyor, güneşin camdan süzülen parlak ışığıyla ısınıyor, ön ayaklarını birbirine sürtüp kanatlarını çırpıyordu. Onu ezeyim de bu dünyanın zahmetinden kurtulsun diye düşünürken, kapı açıldı.

"Günaydın," dedi Doktor Müge.

"Günaydın."

"Sabah sabah masanın başına oturmuş ne yapıyorsunuz?"

"At sineğini öldürecektim."

Doktor Müge bana bakarak güldü. "At sineği mi?"

"Evet. Bakın şimdi duvara kondu. Onu öldürüp bu dünyanın eziyetinden kurtaracaktım."

"Size at sineğinin bu dünyada eziyet çektiğini kim söyledi? Yoksa sabah sabah bir at sineğiyle mi konuştunuz?"

"Var olmak için hiçbir nedeni yok bence."

"Bence yanılıyorsunuz. Bu dünyada yaşamak için herkesin iyi kötü bir nedeni vardır. Bence hayat yaşamaya değer. Bu kadar da kötümser olmanın anlamı yok."

"Bu sizin düşünceniz. Bense bu dünyada bir düş kırıklığı yaşıyorum. Hele hele bu hastanede hayal kırıklığı yaşıyorum."

"Bu dünyada yaşadığınız düş kırıklığını bir nebze olsun anlayabilirim; ama bu hastanede neden hayal kırıklığı yaşadığınızı anlayamadım. Yoksa hizmette kusur mu ettik?"

"Ne düşünüyorum biliyor musunuz? Değerli varlığımızı sürdürmek için burada toplanmış, sadece iyileşmek için boş yere zamanı tüketiyoruz. Aslında var olmamız için hiçbir neden yok."

Doktor Müge hafifçe dudağını büktükten sonra karşımdaki sandalyeye oturdu. "Size çok açık bir soru soracağım. Biz doktorlardan ne istiyorsunuz?"

Odanın içinde eşyaları şöyle bir gözden geçirdim. Sonra da, "Kendimizi durduk yerde aldatmaya gerek yok," dedim. "İlaçlarımızı geri vermenizi istiyoruz."

"Hangi ilaçları?"

"Bu hastaneye yattığımız gün bize verdiğiniz avuç dolusu ilaçlardan söz ediyorum."

"Peki, bu ilaçları başka kimler istiyor?"

"Aslında hepimiz istiyoruz."

"Hepimiz dediğin insanlar kimler?"

"Burada tedavi gören tüm arkadaşlarımdan bahsediyorum."

"İlaçları neden istediğinizi sorabilir miyim? Fazladan ilaç yutmak hoşunuza mı gidiyor?"

67

"Biz madde bağımlılarını anlamak istemiyorsunuz. Kendinizi bizim yerimize koymuyor, şu anda olduğunuz gibi karşımızda konumlandırıyorsunuz."

"Büyük bir ilgiyle sizi dinliyorum. Lütfen konuşmanıza devam edin," dedi Doktor Müge.

"Tamam," dedim. "Bu hastanede tedavi gören bütün arkadaşlarım gibi ben de kendimi eroinden arınmış hissetmiyorum."

"Dur bir dakika! Sen diğer arkadaşlarının adına ne söylediğinin farkında mısın? Onlarla konuştuğumuzda bizlere eroini kesinlikle bıraktıklarını söylüyorlar."

Doktor Müge'nin mavi gözlerine baktım. "Müsaadenizle söyleyeceklerimi bitirebilir miyim?" dedim.

Belli ki az önce duyduğu sözler karşısında düş kırıklığı yaşıyordu. Sesi boğuk boğuk çıktı: "Sizi dinliyorum," dedi.

"Hafta sonu kantinde arkadaşlarla bir araya geldik. Hepsi de son derece mutsuz ve umutsuzdu. Sizinle konuşmam için beni sözcü olarak seçtiler. Lütfen siz de bu isteklerimizi hastane yönetimine iletiniz."

"Bundan emin olabilirsiniz. Hemen bugün hastane yöneticileriyle görüşeceğim. Söz veriyorum sana ve senin nezdinde de tüm arkadaşlarına."

Bir an durup yutkundum. "Pekâlâ," dedim. "Eroinden yoksun kalacağımız şu dönemlerde artık bizlere vermediğiniz ilaçları sizlerden talep ediyoruz. Ruhsal ve fiziksel olarak bizlere çok büyük acılar yaşatan yoksunluk halinin beynimizde açtığı boşluk duygusunu, ancak bu şekilde giderebiliriz. Eroinin bizlere neler çektirdiğini yine en iyi biz biliriz. Ondan kurtulmak için başka bir maddenin kölesi bile olmak, bizler için kurtuluş demektir."

Sıkılgan bir tavırla, "Gerçekten hepiniz böyle mi düşünüyorsunuz?" diye sordu Doktor Müge.

"Evet! Hepimiz aynen böyle düşünüyoruz. Çünkü diğer uyuşturucu maddelerden kaçıp kurtulmak, eroine göre çok daha kolay. Diğer uyuşturucuların iyi kötü bir alternatifi var; ama eroinin yok. Sizler bilim adamları olarak artık bu gerçeği görün. Ayrıca, bir eroinman için şöyle bir gerçek daha var: Eroin yoksunluğunu gidermek için hiçbir şey onun yerini tutamaz. Çünkü eroinin bizlerde yarattığı etkiyi hiçbir uyuşturucu maddesi yaratamaz. Diğer uyuşturucu maddeleri bizlere çok adi ve kalitesiz geliyor. Size nasıl anlatsam? Eroin bizler için âdeta bir kraliçe gibi. Esrar ve diğer belli başlı uyuşturucu maddeler onun yanında bir sürtük gibi duruyorlar. Bence eroin bizler için damak zevkimizin en üst noktası. Onun tatlı ve aynı zamanda yalancı zevkine kanan insanlar olarak, ondan kolay kolay vazgeçemeyiz. Onun sinsi varlığı şu anda bile peşimizi bırakmış değil. Bir gölge gibi peşimizden sırıtarak geliyor. Bizlerle dalga geçiyor."

Doktor Müge üzüntülü bir şekilde bana baktı. "Sizlere ne söyleyeceğimi bilemiyorum. Onun varlığı hiç mi aklınızdan çıkmaz?"

"Adım gibi eminim ki bu sözlerimle sizi üzdüm ama hepimiz onun esiri olmuşuz. Bizleri kendisine bir gemici düğümüyle bağlamış. Acaba onun elinden kaçıp nerelere gitsek? Acaba onun elinden kurtulan var mıdır? Kendi sohbetlerimizde onun adını anmamaya çalışırken, bizlere düşüncelerimizin içinden gülüyor, sesleniyordu. Televizyon izlerken, kendi aramızda satranç ya da dama tarzı oyunlar oynarken, bizleri ne yapıp edip kendinden bahsettiriyordu. İlk günler kendi aramızda onun adını anmamaya çalıştık fakat verdiğiniz ilaçları bir

bir kesince onun adını ağzımıza sık sık almaya başladık. Hatta bazen onu görür gibi olduk. Televizyonda izlediğimiz bir filmin sahnesinde, hemşirenin elinde tuttuğu enjektörde onu görüyorduk. Belki bana inanmayacaksınız ama, birbirimize bakarken onun varlığını sanki gözlerimizin içinde görüyoruz."

"Yapma be Onur," dedi Doktor Müge, mavi gözlerinden birkaç damla yaş süzülürken yanağına.

Kendimi tutamadım. Hayatımda ilk kez bir kadının gözlerinin içine bakarak hüngür hüngür ağlamaya başladım. "Ben bir şey yapmıyorum," dedim burnumu silerken. "O kahrolası şeytan bütün bunları bize yaptırıyor. Kaç kez ondan kurtulmayı denedim; ama kurtulamadım. Artık hayata yeniden başlayacak yaşta görmüyorum kendimi."

"Ama daha yirmi üç yaşındasın."

"Siz bakmayın kimlik yaşıma. İçim bambaşka biri. Düşüncelerim sanki bedenimden önce yaşlandı. Kendimi kızgın güneşin altında kavrulan bir çölün ortasında, susuzluktan çıldıran bir zavallının âdeta kendi gölgesine sığınmaya çalışan içler acısı durumunda görüyorum."

Doktor Müge titreyen ellerini, ellerimin üzerine koydu. "Mutlaka yapılacak bir şeyler vardır," dedi. "Şimdi diğer hocalarla konuşmaya gidiyorum."

"Onlarla bir an önce konuşun," dedim, olduğum yere yığılıp kalırken.

Önlüğünün cebinden bir kâğıt parçası çıkardı. Bana uzattı. "Bu nedir?" dedim yorgun bakışlarımla.

"Babanın telefon numarası," dedi.

"Babamın mı?"

"Evet. Babanın adı Rasim, değil mi?"

70

"Ama," dedim şaşkınlıkla. "Nasıl buldunuz onu? İsmini bile daha size söylememişken."

"Babam emniyet müdürü. Ondan rica etmiştim. Sağ olsun beni kırmadı."

Parmaklarımla kâğıdı buruşturup odanın bir köşesine attım. "Beni evlatlıktan reddeden bir adamı kesinlikle görmek istemiyorum."

"Biliyorum senin için zor bir durum ama ben senin yerinde olsam onu arardım. Hatta belki de ondan annene ve erkek kardeşine ulaşabilirsin. Bu söylediklerimi bir düşün istersen."

Doktor Müge sessizce odadan dışarı çıkarken, ben de başımı ellerimin arasına almış hüngür hüngür ağlıyordum.

***

O gün öğle üzeriydi. Hayri Hoca soluk soluğa içeri girdi. Bağırarak, "Seni budala herif! Başımıza ne işler açtın böyle?" dedi.

Hayri Hoca'yı ilk kez bu kadar sinirli görüyordum. Çıkardığı gürültü bildiğim gürültülerden değildi. Âdeta kulakları sağır edercesine konuşuyordu. Saatlerdir ağlamaktan kan çanağına dönmüş gözlerimi korkuyla açıp baktım. Düşüncelerimi toparlamak için sağlam bir dayanak aradım ama bulamadım. Hayri Hoca'nın kireç gibi olmuş yüzüne baktım. O anda nedenini bilmiyorum ama bir anda gülme krizine girdim. Dudakları ve tombul yanakları titriyordu. "Karşıma geçmiş ne gülüyorsun?" dedi sinirli sinirli.

Gülerek saçmaladığımın farkındaydım. "Kendini bir an önce toparla," diye kendi kendime fısıldadım. Sonra da Hayri Hoca'ya bakıp, "Sinirimden gülüyorum. Kusura bakmayın hocam," dedim.

"Bugün Doktor Müge'ye neler söylediğinin farkında mısın sen?"

Şu fani dünyada yitirecek hiçbir şeyi olmayan bir adamdım ben. Bütün cesaretimi toparladım. "Evet," dedim. "Kendi eksiklerini görmezden gelen siz bilim adamlarının bizlerin üzerinde başarısız olduğunuzu söyledim. Ben sizlerin yerinde olsam bu hastanenin kapısına hemen kilit vurup giderdim."

"Kabalaşma," dedi Hayri Hoca. "Bizi terapi sınıfında bekliyorlar. Söyleyeceklerini oraya sakla. Sonra seninle özel olarak görüşeceğim."

Hayri Hoca'yla birlikte terapi sınıfına girdiğimde arkadaşlarımın ve neredeyse doktorların tamamına yakını oradaydı. "Şöyle geç otur," dedi adını bilmediğim bir doktor bana.

Bir sandalye çekip oturdum. Arkadaşlarla göz ucuyla bakıştım. Hepimiz üç aşağı beş yukarı neler olup bittiğini tahmin edebiliyorduk. "Benim adım Aydın Turan," dedi, az önce benden geçip yerime oturmamı isteyen doktor. "Bu hastanenin başhekimiyim. Bu sabah Doktor Müge Hanım birtakım şikâyetleriniz olduğunu bana iletti. Doktor hanımla da arkadaşınız..."

Başhekim o anda ismimi unutmuştu. Elinde tuttuğu not defterinde ismimi arıyor, fakat bir türlü bulamıyordu. "Onur," dedim oturduğum yerden seslenerek. "Bu sabah Doktor Müge Hanım'la ben konuştum."

Başhekim not defterini kapattı. "Evet," dedi. "Bu sabah Onur arkadaşınız hem kendi adına, hem de sizlerin adına birtakım isteklerde bulunmuş. Arkadaşınızın söylediği şeyler doğru mu?"

O anda herkes başını hafifçe öne eğdi. Âdeta görünmez oldular. Nefes alışverişleri bile duyulmuyordu sanki. Başhekim

72

bu sefer bağırarak ve kaşlarını çatarak, "Size soruyorum," dedi. "Onur arkadaşınızın söyledikleri doğru mu?"

Başhekimin gür sesi ve çatık kaşları karşısında herkes biraz daha küçülmüştü sanki. Bedenin korkudan içine çekildiğine o gün ilk kez tanık oldum. O anda birden bir düş görüverdim. Sandalyenin üzerinde oturan arkadaşlarım tek tek pinpon topuna dönüşüveriyorlardı. Kocaman sandalyenin üzerinde bembeyaz küçük pinpon topları vardı sanki. Pinpon toplarını görünmez bir el sivri bir bıçağın ucuyla patlatıyordu. Patlayan her topun içinden çevreye beyaz bir toz bulutu yayılıyordu. Ve ben o toz bulutlarının içinde kalmış, nefes alamıyordum. Bağırarak, "Seni pis yalancı," dedi başhekim.

Başhekimin bağırmasıyla gördüğüm düşten uyandım. Doktor Müge'yle göz göze geldik. Deniz mavisi gözlerine baktım. Gözlerinin feri çoktan sönmüştü. O da benim gibi büyük bir utanç içerisindeydi. Ben arkadaşlarıma inandığım için, o da bana inandığı için yapayalnız kalmıştı. "Sizlere yalvarıyorum arkadaşlar!" dedim. "Şimdi delikanlı bir insan gibi davranıp, hafta sonu bana söylediğiniz sözlerinize sadık kalın."

Yalvarmam bile onları kıpırdatmaya yetmedi. Başhekim yanıma geldi. "Şimdi benimle geliyorsun," dedi.

Başhekimin bakışları içimi parçaladı. Bir sümüklü böceğin üstüne basan bir ayak gibi üstüme basıp ezmişti beni. Sınıfa arkasını döndü. Diğer doktorlar da hemen arkalarını döndüler. Başhekim tam odadan çıkmak üzereydi ki, "Bir dakika bekleyin," dedi bir ses çığlık çığlığa.

Herkes aynı anda durdu. Doktorlar sağa sola kaçıştı. Başhekim, doktorların açtığı koridorun başında göründü. "Kim o?" dedi.

"Benim," dedi Aylin tok bir sesle. "Hiç kimse bizleri gür sesiyle ve çatık kaşlarıyla sindiremez. Hiç kimse bizlerin içinde kopan fırtınaları baskıyla dindiremez. Hiç kimse arkadaşımıza pis yalancı diyemez. Ey baş bey size sesleniyorum: Şimdi hepimizin karşısına geçip bizleri dinlemenizi istiyorum."

Aylin'in bu ani çıkışı karşısında odada bulunan bütün doktorlar âdeta buz kesilirken, üzerlerine ölü toprağı atılan arkadaşlarım ise çoktan silkinip kendilerine gelmeye başlamıştı. "Ben bir başhekimim," dedi incinmiş bir şekilde başhekim. "Sizin söylediğiniz gibi başbey değilim."

"Kim olursanız olun," dedi Aylin sert bir ses tonuyla. "Beni ilgilendirmez. Bu hastaneye geldiğimiz ilk günler bizlere verdiğiniz ilaçları istiyoruz."

"Bütün bu saçmalıkları aklınızdan çıkarın," dedi başhekim, bu sefer yumuşak bir ses tonuyla. "O ilaçları aklınızdan çıkarın. O maddeyi aklınızdan çıkarın. Onu unutmaya çalışın. Onun varlığını size hatırlatacak olan her şeyden ve her sözden uzak durun. Ona karşı dirençli olun."

Aylin, başhekimin bu sözleri üzerine katıla katıla gülmeye başladı. "Bütün bu söyledikleriniz saçma. Bu hastanede sizleri her gün karşımızda görürken, eroini nasıl unutabiliriz ki? Onun varlığını aklımızdan nasıl çıkarabiliriz ki? Bu hastanede eroinden kurtulmak için tedavi görürken, buraya geliş nedenlerimizi kendimize nasıl açıklayacağız ki? Bu hastanede neden yatıyorsun diye soranlara, keyfimizden mi yatıyoruz diyeceğiz? Burada bulunma nedenlerimizi nasıl unutacağız? Bütün bunları kolay mı sanıyorsunuz? Sizler bu hastanenin adını size soranlara, çalıştığım hastanenin adını unuttum diyebilir misiniz? Şayet siz çalıştığınız bu hastanenin adını unutursanız, söz veriyorum sizlere, ben de eroinin varlığını tamamen unutacağım."

Başhekim, Aylin'in peş peşe gelen soruları karşısında ne diyeceğini bir an için kestiremedi. Hayri Hoca bu durumu çoktan sezmiş olacak ki hemen söze girdi. "Bakın çocuklar," dedi. "Başhekimimiz haklı! O maddeyi ne kadar çok hatırlarsanız, o kadar çok yoksunluk duyarsınız. Onun yoksunluğunu hissettiğiniz müddetçe de ondan kurtulmanız imkânsız. Birkaç gün sonra taburcu olup evlerinize döneceksiniz. Artık temiz bir bedene ve temiz bir zihne kavuştunuz. Dışarı çıktığınızda o maddeyi bulduğunuz mekânlardan ve onu kullanan arkadaşlarınızdan uzak durun. Hatta o maddeyi satan adamları polislere ihbar edin. Şimdi anlaştık mı çocuklar?"

"Hayır, anlaşamadık," dedi Aylin. "Bu hastanede gördüğümüz tedaviler sonucu kanımız eroinden arınmış olabilir; ama zihinlerimiz hâlâ onun esiri. Bu yüzden de sizlerden o ilaçları tekrar istiyoruz."

Hayri Hoca çaresizce başhekime baktı. "Ya da," dedi Umut, oturduğu yerden kalkarken. "Şayet sizlerden istediğimiz ilaçları bizlere vermiyorsanız, Methadone verin."

Hayri Hoca şaşkın ve üzgün bakışlarıyla Umut'a baktı. "Hani sen eroini bırakmıştın Umut?" dedi. "Yoksa o gün sen de mi bana yalan söyledin?"

Umut, Hayri Hoca'ya baktı. "Biliyorum hocam," dedi. "Çevremizdeki herkese ben eroinden arındım, artık ondan temizlendim diyoruz. Bir daha onu kullanmayacağımıza dair insanlara boş sözler verip duruyoruz. Bence insanlara verdiğimiz bu boş sözlerle kendimizi gülünç durumlara düşürüyoruz. Ama başka ne yapabiliriz ki? Bizi seven insanların üzülmesini istemiyoruz. Bu yüzden de onlara devamlı yalanlar söylüyoruz. Eğer sizler eroinle mücadele etmek istiyorsanız, ilk önce toplumdaki insanları bilinçlendirmekle işe başlayın. İlk önce annelerimize babalarımıza akıl fikir verin ki, onlar da birbirleriyle iyi geçinip bizleri uyuşturucu kullanımına yöneltmesinler. Ha! Artık bu yaşamın yanlış istasyonunda oturmuş, kurtuluş treninin asla gelmeyeceğini bilen bizlere de Methadone'u verin gitsin."

Hepimiz, yarım yamalak Türkçesiyle konuşan Umut'a hayretler içinde bakakaldık. Umut'un tam olarak ne anlatmak istediğini ilk önce kavrayamadık. Bizleri bu durumdan doktorun birisi uyandırdı. "Evet," dedi, Umut'un gözlerinin içine manalı manalı bakarak. "Söylediğin ilacın şimdiki konumuzla bir alakası yok. O ilacın ne olduğunu bizler de biliyoruz. O ilaç ülkemizde yasak. İstersen konuyu hemen kapatalım."

Umut hepimizin beynine bir kurt soktu. Bakışlarımızı Umut'tan bir an için bile alamıyorduk. Methadone adlı ilaç da acaba neyin nesiydi? Bu zamana kadar adını neden hiç duymamıştık? O doktor bu ilacın üzerini neden örtmeye çalışmıştı? "Tamam," dedi başhekim, bizlere seslenerek. "Doktor arkadaşlarla bir toplantı yapacağız. Sizlerin isteğini kendi aramızda değerlendireceğiz. En yakın zamanda sizlere cevabımızı ileteceğiz."

Doktorların hepsi odadan çıktı. Hepimiz meraktan çatlamak üzereydik. Umut'u hemen aramıza aldık. "Şimdi bizlere anlat," dedim. "Methadone adlı ilaç da neyin nesi?"

Umut bizlere şaşkın şaşkın baktı. "Gerçekten aranızda hiçbiriniz daha önce bu ilacın adını duymadı mı?"

"Hayır," dedi Aylin. "Methadone'un adını ilk kez senden duyuyoruz."

"Ama nasıl olur? Methadone bütün Avrupa ülkelerinde yaygın olarak kullanılan bir ilaç. Küçük şişelerde ya da tablet şeklinde satılıyor. Hatta şurup gibi olanı da varmış, ama ben şurubunu hiç içmedim."

"Peki, bu ilaç her tarafta satılıyor mu?" dedi Zehra.

"Evet," dedi Umut. "Methadone'u eroin bağımlısı insanlar kullanıyor. Bu ilacı kullanan hemen hemen herkeste olumlu sonuçlar görülmüş. Bu ilacı ben de ilk defa kullandığım zaman uzun bir süre eroine ihtiyaç duymadım. Hatta krizlerimi bile çok rahatlıkla atlattım diyebilirim."

Burak, "Mademki bu ilacın tedavi edici faydası vardı da, o zaman neden bu hastanedesin?" diye sordu alaycı bir tavırla.

Umut, Burak'ın yüzüne sert sert baktı. "Bu hastanede olmam benim kendi seçimim, anlaşıldı mı?" dedi. "Sırf kendi aptallığım yüzünden gidip tekrar eroine başladım. Yoksa krize mrize girdiğim yoktu. Bu ilacı kullanmaya başladığım günden sonra bir daha krize girmedim. Hatta geceleri çok rahat uyuduğumu bile söyleyebilirim sizlere. Yemeklerimi düzenli olarak yiyordum. Karnımda ve dizlerimde oluşan o acı verici ağrıları artık hissetmiyordum. Sık sık hapşırmıyor, esnemiyordum. Benim için en önemlisi de, aynı anda terleyip aynı anda üşümüyordum. Derimizin altında sanki karıncalar dolaşıyormuş gibi hissettiğimiz o çıldırtıcı acıları da artık hiç duymuyordum."

"Pekâlâ," dedim. "Bu ilacın senin üzerinde hiç mi yan etkisi olmadı?"

Umut güldü. "Hiç olmaz olur mu?" dedi. "Bu ilacın bana yaptığı en büyük kötülük biraz daha fazla sigara içmeme neden oldu. Hani eroin aldıktan sonra sigara içme isteği duyuyoruz ya, işte öyle. Ama o kadarcık kusur kadı kızında bile olurmuş?"

"Bu ilacı herkes satın alabiliyor mu?" dedi Aylin.

"Bütün eczanelerde serbestçe satılıyor. Bu ilacı isteyen herkes rahatlıkla alabilir. Bir kutusu bir ay yetiyor."

O gün hepimiz Methadone'un varlığını tesadüfen öğrenmiştik ama anlamadığım şey şuydu: Bu ilaç Türkiye'de neden satılmıyordu? Bizler her geçen gün giderek artan azaplar içinde kıvranıp duruyorken, bu ilacın ülkemizde satışına neden izin vermiyorlardı? Acaba çok pahalı bir ilaç mıydı? Doğrusu, bu ilacın pahalı olduğunu hiç sanmıyordum. Kaldı ki bu ilaç pahalı bile olsa bizler için ne fark ederdi ki? Eroinmanlar için bir kutu ilacın fiyatı pahalı olmasa gerek. O ilaca vereceğimiz paranın bin mislini her gün eroine harcıyorduk.

Tabii ya! Benim gibi bir şapşal oturmuş bu olayların nedenlerini sorguluyor. Durduk yerde devletin sistemini kurcalayıp mıncıklıyor. Tabii ki bu ilacın sınırlarımızdan içeri sokulmasını devlet babamız istememiştir. Avrupa diye anılan ve gün batısı tarafındaki uzak bir kıtada yaşayan küffar ehlinden bir ecnebinin buluşu olan Methadon adlı bu şeytan icadı nesnenin mutlaka bir boku vardır ki, devletlû sağlık bakanlığımız bu ilacın ülkemize girişine izin vermemiştir. Doğrusu, aklıma da bundan başka bir neden gelmiyor.

EYLÜL

꩜

21 Nisan 2002, Pazar

Dün benim için büyük bir gündü. Beni evlatlıktan redde-
den babamla yıllar sonra telefonda görüştüm. Ses tonundan
anladığım kadarıyla heyecanlıydı. Sanki bir tek heyecanlı olan
o muydu? Benim de yüreğim boğazımda atıyordu. Hayatımda
yıllardır onun boşluğunu doldurmaya çalışmaktan vazgeçmiş-
tim ama içimde hâlâ çocuksu kırıntılar vardı. Bir ailenin özle-
mine bir çöl gülü gibi susamıştım. Bizi birbirimizden ayıran
nedenleri düşündüm. Bir anda tüylerim diken diken oldu.
İçimdeki ürpertiyi bastırdım. Telefonda onunla konuşurken
güç bulmaya çalıştım. Aman Allahım! Bu yaşadığım nasıl bir
duyguydu? Bir evladın öz babasıyla konuşurken güç bulmaya
çalıştığı nerede görülmüştür? Ben güç bulmaya çalıştım işte. O
an ona, beni evlatlıktan neden reddettiğini sormayı çok iste-

dim ama soramadım. Bunu soracak gücü kendimde bulamadım. Aramızda yeni yeşeren ilişkiyi tekrar koparmak istemediğimden miydi acaba? Hiç sanmıyorum. Galiba böyle zayıf bir anımda birilerinden şefkat bekliyordum. Çünkü o andaki varlığım bir taşın, bir bitkinin, bir mikrobun varlığından farksız değildi. Yaşantım hemen hemen her alanda kâbus gibiydi.

Evet! Bugün babamla yüz yüze görüşeceğim. Sarı saçlı, gür ve çatık kaşlı babamla... Acaba sarı saçlarına ak düşmüş müdür? Yıllardır karayollarında işçi olarak çalışıyordu. Acaba şimdi emekli olmuş mudur? Bütün bu soruların cevaplarını bilmiyorum; ama kendimle ilgili bildiğim bir şey var. Bugün hem heyecanlıyım hem de yaralı bir kuş gibi ürkeğim.

Bugün, başımdan geçen her şeyi babama anlatacağım. Ona bir daha böyle işlere bulaşmayacağıma dair söz vereceğim. Ve eğer kabul ederse, yanlarında kalmak istediğimi söyleyeceğim. Görmediğim kardeşlerimi çok özlediğimi söyleyeceğim. Bundan sonra kardeşlerimin yanında kalarak uyuşturucudan uzak kalacağımı söyleyeceğim. Ayrıca öz annemi görmeyi çok istediğimi de söyleyeceğim. Annemden de bana çocukken sarıldığı gibi sarılmasını isteyeceğim. Yüreğim onların bu sevgisiyle dolup taşınca uyuşturucuyu dünyamdan çıkarıp bir kenara atabilirim.

Ailemin yanında yaşayacağım bütün bu güzel duyguların yanında, Yaşar'a, Özkan'a, Nurşin'e ve Ayla'ya da nankörlük etmemem lazım. Çünkü onlar benim için az fedakârlıkta bulunmamışlardı. Dün babamı telefonla aradığımda, "Olur, yarın yattığın hastaneye gelirim," demişti bana. İşte bugün, o gün. Şimdi bu odanın içinde oturmuş babamı bekliyordum. Her an odanın kapısı çalabilirdi. Babam şu kapıdan içeri girebilirdi.

Tam da o sırada odanın kapısı çaldı. Elimdeki kalemi masanın üzerine fırlattım. Dimdik ayağa kalktım. "Buyurun," dedim büyük bir heyecanla.

Kapı açıldı. İçeri Eylül girdi. Âdeta donup kaldım. Buz gibi bakışlarımla ona baktım. Karşımda durmuş hüngür hüngür ağlıyordu. Titremeye başladı. Öğrendiği gerçeğin doğru olup olmadığını anlamaya çalışıyordu. Bense donuk, ifadesiz bir halde ona bakıyordum. Buz tutmuş bedenim onun karşısında bir türlü çözülüp iki lafı bir araya getiremiyordu. Küçük adımlarla yanıma geldi. "Kendine ne yaptın sen? Aşkımıza ne yaptın?" dedi Eylül, sonra da olduğu yere yığılıp kaldı.

O an gözlerimden buz gibi bir damla yaş akıp yüreğimi deldi. Aşkımızın başladığı o sonbahar mevsimini yüreğim kan ağlayarak hatırladım...

***

O gece yüksek volümlü techno müziğin tek düze ritmiyle ortalığı kırıp geçirdiği, 2019 adlı marjinal kulübün kapısından içeri girdim. İçeride eğlenen kalabalığın üzerinde titreyip duran uzun şeritler halindeki kırmızı renkli lazerler, mekânın dört bir köşesini hızlıca tarıyordu. Birkaç dakika sonra müziğin yüksek volümü, renkli ışıkların yoğunluğuna karışınca bütün duygularım bir an için sağırlaşarak altüst oldu. Duygularımın altüst olmasının nedeni sadece o çılgın atmosfer değildi.

Her hafta sonu olduğu gibi, o gün de yalnız başıma evde takılıp biraz müzik dinlemiş, sonra da bir iğnelik eroini kendime çakarak ufak çapta tedavi olmuştum. Ayrıca bununla da yetinmeyip, tek kâğıtlı esrarlı sigara sarıp içmiştim. Dilim, damağım kuruyunca da bir bardak soğuk gazozu, bolca limon eşliğinde birkaç bardak tekilayla mideye yuvarlamıştım. Ve sonra da

2019'da arsızca dans eden o kızlı erkekli çılgın kalabalığın içinde kendimi buluvermiştim. Kalabalığı yararak kendime kuytu bir yer bulmaya çalıştım. Barın bulunduğu köşeye doğru ilerlerken tam o esnada onu gördüm. Barın etrafına dizilmiş insan kalabalığından sıkılmış olacaktı ki, uzun bar tezgâhının duvar tarafında kalan köşesinde, oturduğu yüksek taburedan ayaklarını aşağıya doğru sarkıtmış, tek başına içkisini içiyordu.

Açık kumral ve kısa kesilmiş düz saçları, güzel ve ince yüzünün solgun aydınlığı, arada sırada çevresine gülümseyen o tatlı bakışlarıyla karanlık mekânın içinde bir yıldız gibi parlıyordu. Onun olduğu yöne doğru kalabalığı yararak ilerlerken, iki genç kızın dudak dudağa öpüşürken aldıkları keyfi kaçırmamaya özen gösterdim. Lezbiyenlerin dikkatlerini dağıtmadan ilerlemeyi başarmışken, bu sefer de dans eden iki gayin arasında kaldım. Kıvrak bir hareketle onlardan kurtulmayı başardım ama ateş gibi yanan vücuduyla dans eden başka bir genç kızın gövdesine yapışıverdim. İç gıcıklayıcı kokular salan genç kızın ılık bedeninden bedenimi güçlükle çekerek, barın bulunduğu yere zar zor kendimi atabildim.

Barın yanına geldiğimde nedenini bilmediğim tuhaf bir duyguya kapıldım. Ona kaçamak bakışlar atmaktan kendimi alamıyordum. Sonra da her attığım adımla ona doğru biraz daha yaklaşıyor, onun büyüleyici güzelliğini daha net görebiliyordum.

O anda yüzünde var olan esrarlı güzelliğiyle orada, bar ışıklarının loşluğu altında çevresine gülümseyerek öylece otururken, ince bedeninde oluşan daha derin bir gizemin göz alıcı cazibesi, mekânın o koyu ışıklarının renkli karanlığında mavi bir alev gibi tutuşarak parıldıyordu.

Zarif bedeniyle ve anlaşılmaz bir gizemin buğulandırdığı güzel gözleriyle, alacakaranlığa bulanmış bir yabancı gibi orada öylece oturuyor olsa da, ancak doğru hislerle görülebilen, üzerindeki o asaletin yakıcı pırıltısı karanlığın içinde ışıyıp duygularıma yansıyordu.

Orada onu görür görmez tuhaf bir hisse kapılmıştım. Ne yapacağımı ve ona karşı nasıl bir adım atacağımı kestiremiyordum. Barmenden bol buzlu bir viski istedim. Viskiden bir yudum aldım. Bir sigara yaktım. Birkaç dakika sonra epeyce bir rahatlamıştım ama yine de ona karşı içimde uyanan hisleri frenleyemiyordum. Ona dönüp tekrar tekrar bakıyordum. İşte o anlardan birinde göz göze geldik. İkimiz de kaçamak bakışlarımızla o ana kadar birbirimizi gizlice izlemek isterken, bir anda birbirimize karşı suçüstü yakalanınca, biraz mahcup bir şekilde gülümsedik. En sonunda da bütün cesaretimi toparlayıp yanına gittim. Elimi ona uzattım. O da elini uzatarak, titreyen elimi sıktı. "İyi akşamlar," dedim.

Yüzünü buruşturdu. Güldü. Elini kulağının arkasına götürüp, "Seni gürültüden duyamıyorum," dedi.

Hafiften eğilip dudaklarımı kulağına yanaştırdım. "İyi akşamlar," dedim yüksek sesle. "Benim adım Onur."

Elini göğsüme koydu. Beni usulca geriye doğru itti. Alev gibi parıldayan gözleriyle manalı manalı baktı bana. O anda gözlerinden yüzüne sıcak bir gülümseme yayıldı. "Memnun oldum," dedi. "Benim ismim de Eylül."

"Benimle dans eder misiniz?" dedim heyecanlı bir şekilde.

"Neden olmasın," dedi. "Bütün gece boyunca oturmaktan sıkıldım."

O gece saatlerce birlikte dans edip eğlendik. Yüksek müziğin elverdiği ölçüde birbirimizle sohbet ettik. Zamanın nasıl geçtiğini ikimiz de anlayamadık. Kız arkadaşları yanımıza geldi. İçlerinden biri, "Haydi Eylül! Gidiyoruz artık," dedi.

Gece kulübünden hep birlikte dışarı çıktık. Kız arkadaşları bir ara bizi baş başa bırakıp birkaç adım ilerimize doğru gidip durdular. Birbirimize baktık. Aynı anda gülüştük. "Seni tekrar görebilecek miyim?" dedim heyecanla.

"Haftaya yine aynı gün bu mekâna gel. O gece yine burada olacağım," dedi, sonra da yanağıma bir öpücük kondurup karanlıkta bir yıldız gibi kayboldu.

O bir hafta benim için çok zor geçti. Her gün onu düşündüm durdum. Âdeta geçmek bilmeyen uzun saatlerin ardından, bitmez tükenmez günlerin ardından nihayet bir sonraki hafta sonu gelip çattı. Yüreğim ağzımda 2019'a erkenden gidip onu beklemeye koyuldum. Evet, sonunda çıkageldi. Hem de benim gibi erken bir vakitte. O akşam bir karar aldık. Bir solukta çabucak tükenen hafta sonunun dışında da sık sık görüşecektik artık. İlk görüşmemizi de ertesi gün akşama doğru gerçekleştirecektik.

O gün sözleştiğimiz yerde -Taksim'deki Atatürk Kültür Merkezi'nin önünde- onu beklemeye koyuldum. Kırmızı renkli Mini Cooper arabasıyla önümde durdu. Arabanın kornasına bastı. Yarıya kadar indirdiği pencereden eğilip bana, "Haydi atla," dedi.

Onu bir anda görünce heyecanlandım. Hemen arabaya bindim. Sağ yanağını bana uzattı. Yanağını öptüm. Gözünü kısa bir süreliğine yoldan ayırdı. Bana baktı. "Nasılsın?" dedi.

"Seni görünce daha iyi oldum," dedim hınzırca gülerek.

O da güldü. "Karnın aç mı?"

"Evet."

"Ben de açım. Öyleyse hoş bir mekâna gidelim. Birlikte güzel bir akşam yemeği yiyelim, ne dersin?"

"Olur," dedim. "Benim için hiçbir sakıncası yok."

Bebek sahiline gitmek için yola koyulduk. Beşiktaş'a geldiğimizde polisler yola barikat kurmuş, çevirme yapıyorlardı. "Bu saatte ne çevirmesi?" diye sordu Eylül.

"Bilmem," dedim gülerek. "Ay sonu olduğu için herhalde parasız kalmışlardır."

Ela gözleriyle bakıp güldü bana. "Bence yanılıyorsun," dedi. "Nedenmiş o?"

"Çünkü çevirme yapanlar trafik polisleri değil. Asayiş kontrolü yapıyorlar."

Çevirme yapan polislere bir kez daha baktım. Eylül haklıydı. Bunlar trafik polisleri değildi. "İhbar olabilir," dedi Eylül. "Şayet bir ihbar almışlarsa bu yüzden çevirme yapıyor olabilirler. Kimliğin yanında mı?"

Elimi kot pantolonumun arka cebine attım. Cüzdanımı çıkarıp içine baktım. "Evet," dedim. "Kimliğim yanımda."

Polislerden biri elini havaya kaldırıp arabayı kenara çekmemizi işaret etti. Eylül arabayı sağa çekti. Polis pencereden kafasını içeri uzatıp bize dikkatlice baktı. "Kimlikleriniz lütfen," dedi.

Kimliğimi polise uzattım. "Sizin de kimliğinizi görebilir miyim hanımefendi?" dedi polis.

Eylül, polise ters ters baktı. Sonra da oflayıp puflayarak çantasından kırmızı renkli pasaportunu çıkarıp polise uzattı. Kırmızı pasaportu gören polis neredeyse hazır ol vaziyetine geçti. Sadece pasaporttaki fotoğrafa baktıktan sonra, "İyi akşamlar hanımefendi. Bu da sizin kimliğiniz beyefendi. Gidebilirsiniz," dedi.

Eylül, bagajları polisler tarafından didik didik aranan arabaların arasından çıkıp yola koyulurken, ona sordum: "Senin pasaportunun rengi neden kırmızı?"

"Babam diplomat," dedi.

"Baban nerede görevli?"

"İngiltere'de. Türkiye'nin Londra Büyükelçisi."

"Peki, o zaman senin ne işin var burada?"

Güldü. "Artık İstanbul'da yaşıyorum. Burada çalışıyorum. Ayrıca ağabeyimle birlikte kalıyorum. Bir de çok sıkılmıştım."

"Neden sıkılmıştın?"

"Yurtdışında yaşamaktan. Görmediğim ülke kalmadı. Artık bir yere kök salmak istiyorum."

Bu sefer de ben güldüm. "Yoksa evlenip çoluk çocuğa mı karışmak istiyorsun?"

Sağ eliyle bana vurdu. "Hıı, hıı," diye bir ses çıkardı. "Emin ol ki böyle bir düşüncem olsaydı kesinlikle seninle çıkmazdım."

Gözünü kısa bir süreliğine yoldan ayırarak bana baktı. "Neden bu kadar çok şaşırdın anlamadım?" dedi. "Yüzün kıpkırmızı olmuş."

"Şimdi seninle ben sevgili miyiz?" dedim, alev alev yanan yanaklarımla.

"Yoksa değil miyiz?"

"Tabii ki sevgiliyiz."

"O zaman bu sözlerime neden şaşırdın?"

"Bilmem," dedim. "Sen bir anda ilişkimizin adını koyunca, buna şaşırdım. Senin sevgilin olduğum için mutluyum ben."

Elini, elimin üzerine koydu. Usulca sıktı. "Bende öyle," dedi. "O bir hafta boyunca hep seni düşündüm. Zaman geçmek bilmedi sanki. O gece sana telefon numaramı vermediğim için kendime kızıp durdum."

Eğilip yanağından öptüm. "İnan ki o hafta benim için de zaman geçmedi. O gece seni görür görmez âşık oldum."

"O zaman senden bir ricam var Onur."

"Ne?"

"Daha doğrusu bana bir söz vermeni istiyorum."

"Ne sözü?"

"Önce söz ver bana."

"Söz veriyorum sana."

"Bu ilişkide birlikte yaşayabileceğimiz her şeyin en güzelini yaşamaya çalışalım, olur mu?"

"Tamam," dedim.

"Benim için bu söz yeterli değil."

Güldüm. "Sana söz veriyorum. Her şeyin en güzelini yaşatacağım sana. Ancak, az önce kafama bir şey takıldı."

"Kafana ne takıldı?"

"Şayet birisiyle evlenme gibi bir düşüncen olsaydı, benimle çıkmaz mıydın?"

"Bu yaşıma kadar hiç kimseye yalan söylememeye çalıştım. Hele sevgililerime karşı asla. Bu yüzden de hep kaybeden taraf ben oldum; ama olsun. Sana da asla yalan söylemeyeceğim. Evlenme gibi bir düşüncem olsaydı seninle çıkmazdım."

Bir boksörün sıkı bir yumrukla sendelemesi gibi sendeledim. "Nedenmiş o?" dedim boğuk bir sesle.

Sağ kolunu boynuma dolayıp kendine doğru çekti beni. Alnımdan öptü. "Sen daha yirmi iki yaşındasın, bense yirmi sekiz. Aramızda altı yaş fark var. Belki bu fark senin için önemli olmayabilir, ama benim için önemli."

"Peki, birkaç ay sonra sana evlenme teklifinde bulunursam, o zaman ne yapacaksın?"

Kulakları sağır edercesine bir kahkaha attı. "Doğrusu bunu hiç düşünmemiştim," dedi.

"İstersen düşün," dedim ciddi bir ses tonuyla.

"Hııım," dedi ve sonra da dönüp manalı manalı gözlerime baktı. "O zaman seni kendi ellerimle biraz büyütmem gerekecek."

Güldüm. Yanağına bir öpücük kondurdum. "İşte geldik," dedi.

"Burası mı?" dedim.

"Evet. Bu mekânın adı Kafes Garden. Buraya daha önce hiç gelmiş miydin?"

"Hayır."

"Sen esas yazın buranın terasını görmelisin. Çınar ağaçlarının altından bakınca boğaz manzarası bir harika görünüyor."

"İnşallah yazın da buraya geliriz."

"İnşallah canım. O günleri iple çekeceğim. Hadi şimdi daha fazla oyalanmayalım da içeri girelim."

O akşam yemeğinde saatlerce konuşup durduk. Birbirimizi yakından tanımaya çalıştık. Daha doğrusu ben onu tanımaya çalıştım. Bir anda âşık olduğum kadına karşı kendimi ve kirli geçmişimi elimden geldiğince sakladım. Bu durum benim için ıstıraptan başka bir şey değildi ama onu henüz bulmuşken kaybetmeyi her nedense göze alamadım.

Eylül, babasının mesleğinden dolayı hep yurtdışında hayatını geçirmişti. Bu ülkelerin seçkin okullarında iyi eğitimler almış, sular seller gibi İngilizce ve Fransızca konuşuyordu. Türkiye'ye dönüş yaptığında ise bir reklâm firmasında metin yazarı olarak çalışmaya başlamıştı. Ayrıca boş zamanlarında da özel Fransızca dersleri veriyordu. O akşam özellikle Eylül'e dikkat ettim. Baştan aşağı marka giyinmişti. Üzerine giydiği kot pantolonu Diesel'di. Çantası, Louis Vuitton'du. Koluna taktığı saat Gucci'ydi. "Sen deminden beri neye bakıyorsun öyle?" dedi Eylül.

Onu baştan aşağı süzdüğümü anlamıştı. "Hiç," dedim yalandan. "Saatine baktım. Saat epeyce ilerlemiş. Zamanın nasıl geçtiğini anlamadım. Bu akşam senden ayrılmak istemiyorum. Sabaha kadar senin yanında olmak istiyorum," dedim deli cesaretiyle.

"Bu gece sana gelirdim ama ne yazık ki gelemiyorum," dedi.

"Neden? Yoksa ağabeyin mi kızar?"

Güldü. "Mesele ağabeyim değil, senin yalnız yaşamaman. Ev arkadaşının adı neydi?"

"Yaşar."

"Bu gece Yaşar'dan dolayı gelemiyorum sana. Kendimi onun yanında rahat hissedemem. Belki onunla tanıştıktan sonra gelebilirim."

"Yaşar'ı merak etme sen," dedim. "Bu gece istersen bana gelebilirsin. Yaşar bir haftalığına şehir dışına çıktı. Senin anlayacağın bu aralar evde yalnız takılıyorum."

"O zaman," dedi Eylül neşeyle, "Şimdi durum değişti. Öyleyse bu gece sendeyim."

Mekândan kalktık. Arabamıza bindik. Dışarıda serin bir sonbahar yağmurunun, koca bir şehri sırılsıklam bıraktığı o tenha gecenin karanlığında evimize doğru yol aldık. Yol boyunca birbirimize bakıp güldük. Kimi zaman kolumuzu boynumuza doladık. Kimi zaman da birbirimizi dudaklarımızdan öptük. Kapıyı açıp eve girdiğimizde de, yaşadığım evin bana ait olan odasında yanan dikey köşe lambasının yumuşak aydınlığı altında, yerdeki büyük minderlerin üzerinde kendimizi sevişirken bulduk.

O sırada müzik setinden mistik bir ezginin ağır başlı melodileri yağmurun sesine karışarak, odanın içinde yükseliyordu. Sanki çağlar ötesi bir zamandan bize sesleniyor gibi, derin bir akustik içinde çalan o soylu müziğin uzun arp solosunun çağıltısını, dışarıda yağan yağmurun sesi eşliğinde dinleyip sevişirken, tüm kapılarımızı dış dünyaya kapatmış ve o gece, o odada sadece ikimize ait olan bambaşka bir dünyanın keyfini sürüyorduk.

O geceden sonra da bir daha hiç ayrılmayacakmışız gibi birbirimize büyük bir tutkuyla bağlanmış, birbirimizin hayatlarını çalmıştık. Hal böyle olunca da, haftanın neredeyse hemen her gecesi birlikte olmaya başlamıştık. Sabahları birlikte uyanıp kahvaltımızı yapıyor, evden birlikte çıkıyorduk. Eylül'ün iş yeri de benimki gibi Taksim'deydi. Çoğu zaman öğle yemeklerinde bile buluşuyorduk. O zamanlar bizi birbirimizden ayıran tek şey, Eylül'ün ailesini görmek için ayda bir yurtdışına çıkmasıydı.

Şimdi ne yalan söyleyeyim! Yaşar da Eylül'ü çok sevmişti. Bizimle birlikte evde kalmasına hiç ses çıkarmamıştı. Eylül yurtdışından her dönüşünde bana ve Yaşar'a mutlaka küçük küçük hediyeler getirir, kendince sürprizler yapardı bize. Ben de onu havaalanında çiçeklerle karşılar, eve gelince de ona kendi ellerimle özel yemekler hazırlardım. Hatta bir pazar sabahı evde derin bir uyku çekerken rüya gördüğümü sandım. Biri beni sürekli öpüyordu. Uykulu gözlerimi zar zor açtığımda, başucumda Eylül'ü gördüm. O anda şaşkınlığım büsbütün artmıştı. "Bu saatte senin ne işin var burada? Sen yurtdışından ne zaman döndün?" dedim.

Soyunup koynuma girdi. "Şimdi seviş benimle," dedi. "Sana dönüş saatimi yalan söyledim. Uçağım akşam değil sabah kalkıyordu. Sana sürpriz yapmak istedim."

O sabah birbirimizle deliler gibi sevişip özlem giderdik. Sonra da kahvaltıya oturduk. "Bugün sana başka bir sürprizim daha var," dedi Eylül.

Dudağından öptüm. "Benim için en güzel sürprizi az önce yaptın," dedim.

Apar topar masadan kalktı. "Hadi şimdi hemen hazırlan," dedi. "Seni çok sevdiğim bir yere götüreceğim."

"Bir yere gitmektense, seninle baş başa evde kalmayı tercih ederim," dedim.

"İtiraz istemiyorum. Hemen üzerini sıkı bir şekilde giyinip benimle geliyorsun. Emin ol ki gittiğimiz yerde de baş başa kalacağız."

Ona daha fazla direnmedim. Üzerimi giyindikten sonra dışarı çıktık. Arabaya binip yola koyulduk. "Nereye gidiyoruz?" dedim meraklı bir şekilde.

"Çok soru sorma bana. Gidince görürsün. Sürpriz olsun sana."

"Pekâlâ," dedim. "Bugün her şey istediğin gibi olsun."

Kıyıköy'e geldiğimizde vakit öğle üzerini geçmişti. Bir marketin önüne arabayı çekip durdurdu. "Gidip yiyecek bir şeyler ve birkaç şişe de şarap alalım," dedi Eylül.

Marketten alışverişimizi yaptıktan sonra tekrar yola koyulduk. Kasabanın içinden yavaş yavaş geçtik. Sonra da ormanlık bir yola girdik. Bir süre ormanlık alanda yol aldık. Ormanlık alanın bitmesiyle birlikte bir anda önümüzde açılan uçsuz bucaksız bir maviliğin deniz kıyısına arabayı park ettik. Uzanıp yanağımdan öptü. "Ne düşünüyorsun?" dedi. "Burasını beğendin mi?"

Kilometrelerce uzunluktaki ıssız kumsala baktım. "Burasını da nereden buldun?" diye sordum. "Gerçekten de çok güzel bir yermiş."

"Ben bulurum," dedi gülerek. "Aldığımız şu yiyeceklerden çıkar da bir şeyler atıştıralım. Çok acıktım."

Arabanın içinde bir şeyler atıştırdıktan sonra, iki şişe şarabımızı yanımıza alıp dışarı çıktık. Mevsimlerden kış olduğu için hava soğuktu. Arada sırada da inceden inceye yağmur çiseliyordu. Birbirimize sarmaş dolaş sarılmış, ıslak kumların üzerinde yürüyorduk. Yürürken de evsiz barksız ayyaş serseriler gibi şarabımızı içiyorduk. Kumsalda yürürken Eylül ağlamaya başladı. "Ne oldu aşkım?" dedim. "Ailenle ilgili bir sorun mu var? Neden ağlıyorsun?"

"Hiç," dedi gözyaşlarını silerken. "Bir şey yok."

"Bir insan durduk yerde ağlar mı? Ne olur ölümü gör. Hadi çabuk söyle bana, ne oldu?"

Kollarını boynuma doladı. "Mesele ailem değil, sensin."

"Ben mi?" dedi şaşkınlıkla.

"Evet sen."

"Ne oldu ki bana?"

"Sana kör kütük âşık oldum."

Onun bu haline güldüm. İnce belini gövdeme bastırdım. Dudağından öptüm. "Ne var ki bunda? Ne güzel işte. Ben de sana âşığım."

"Sen beni anlamıyorsun Onur," dedi kollarımdan kurtulurken. "Bütün mesele de bu işte."

Bir anda düşüncelerim altüst oldu. "Öyleyse," dedim. "Seni daha iyi anlayacağım bir şekilde açık konuş benimle."

"Pekâlâ," dedi. "Esrar kullanmandan artık rahatsızım."

"Ama bu konuyu daha önce seninle konuşmuştuk. Aşırıya kaçmamak kaydıyla içmeme izin veriyordun. Şimdi esrar içmemden neden rahatsızsın?"

Benden birkaç adım uzaklaştı. Elindeki şarap şişesini kafasına dikti. "Son zamanlarda aynada kendine hiç baktın mı? Birkaç aydır gözlerimin önünde mum gibi eriyorsun. Ayrıca anlamadığım başka şeyler de var."

"Mesela ne?"

Gözlerinden akan yaşı elinin tersiyle sildi. "Seni anlamıyorum," dedi. "Seni anlamadığım için de beni ne olursun bağışla. Nasıl oluyor da esrar içtiğin zamanlar başka bir insana dönüşüveriyorsun? Nasıl oluyor da bir anda kendinden geçip uçuveriyorsun? Sana daha önce söylemiştim. Ben de Afrika'da bulunduğum sıralarda arkadaşlarımla marihuana içerdik. O otun nasıl kafa yaptığını az çok biliyorum. Ama sen esrar içtiğin zaman, o ot sende başka bir kafa yapıyor. Bu durumu bana anlayacağım bir şekilde açıkla. Sana yalvarıyorum."

Eylül karşımda dimdik ayakta durmuş, başını hafifçe yana atmıştı. Meraklı gözlerle bana bakıyor, az önce sorduğu sorulara yanıt vermemi istiyordu. Ona ne söyleyeceğimi hiç bilemeden ruhsuz ve boş gözlerle bakıp duruyordum. İçinden çıkılmaz bu sorulara karşılık o anda bir vazgeçmişlik içindeydim. "Hadi cevap ver bana," dedi. "Karşımda öylece susup çıldırtma beni."

İçim sızladı. "Gerçekleri anlatıp seni incitmek istemiyorum. Bu konuda daha fazla üzerime gelme," dedim çatallaşan sesimle.

"Susma!" dedi bağırarak. "Bugün incineceğimi bilsem de karşımda susma öyle. Senden gerçekleri duymak istiyorum."

"Beni boş versek," dedim umursamaz bir tavırla. "Nasıl olsa birlikte olduğumuz süre boyunca her şeyi yaşayacağız. Bir gün aramızdaki her şey bitince de, nasıl olsa ayrılacağız."

İncecik parmaklarıyla yüzüme bir tokat attı. Şoka girdim. Ona şaşkın şaşkın baktım. Gözlerinde şimşek gibi çakan kızgın ışığı gördüm. Yüzüne yayılan hayal kırıklığının durgun yazgısını gördüm. Güçlü bir fırtınanın karşısında dalları sağa sola yatan bir ağaç gibi, ince gövdesinin sarsıldığını gördüm.

Kaderimizi gördüm. Yüzünde, bizi birbirimizden ayıran ölümün soğukluğunu gördüm. "Sen ne söylediğinin farkında mısın?" dedi hıçkıra hıçkıra ağlayarak. "Sen aşkı hesap kitap işi mi sanıyorsun? Yüreklerimizden çılgınca boşalan bazı duygularımızın önüne set çekebileceğimizi mi söylemeye çalışıyorsun bana? İkimizin yaşadığı ilişkiyi yüzeysel mi sanıyorsun? Sence bu kadar kolay mı onca yaşanan şeyi bir solukta bitirivermek? Birbirimize karşı duyduğumuz çok özel hisleri hiç yaşanmamışçasına unutup, sonra da bu birlikteliğe hemen buracıkta bir son vermeyi erkeklik mi sanıyorsun? Yürekten duyulan böylesine güçlü bir aşkı hiç acımadan katletmeyi büyüklük mü sanıyorsun?"

Sustum. Her zamanki gibi yine sustum. Çünkü bu tür sorular karşısında susmak benim için gerçek bir kaçış, âdeta bir çıkış yolu gibiydi. Hepimizin içinde saklı kalmış öyle çok sır var ki, her şeyi bir çırpıda anlatıp kurtulamıyorsunuz. Kollarımda her gün gittikçe çoğalan iğne izlerini hangi sözlerle Eylül'e açıklayabilirdim ki? İnce bedenini sağ elimle kavradım. Onu kendime doğru çektim. Yanaklarına düşen gözyaşlarını tek tek elimle toplarken, "Az önceki kaba sözlerim için senden özür dilerim," dedim. "Seni bilerek kırmak istemedim."

Ağzını açıp tek kelime bile etmedi bana. Yorgun düşmüşlüğün ifadesi her halinden okunuyordu. İkinci şarap şişemizi açtım. "Haydi biraz yürüyelim," dedim.

Uslu bir çocuk gibiydi. İncecik parmaklarını bana doğru uzattı, elimden tuttu. Önümüzde yığılı duran kum tepeciklerine kadar birlikte yürüdük. Kum tepeciklerinin ötesinde berisindeki küçük kuytuluklardan birine girip oturduk. Bu arada gökyüzünde beliren koyu gri bulutlara, hırçınlaşan denizin öfkeyle sahili döven köpüklü dalgaları eşlik ediyordu.

Eylül'ün ağlamaktan kan çanağına dönmüş ela gözlerine bakınca içim cız etti. Açık kumral saçlarından tutup kendime doğru hafifçe çektim. Dudağımı dudağına yapıştırdım. Deliler gibi öpüşmeye başladık. Artık ikimiz de iyiden iyiye kontrolümüzü kaybetmiştik. Alev alev yanan ince parmaklarını, belime taktığım kemerin tokasında hissettim. Bir çırpıda kemerimi çözdü. Oral seks yapmaya başladı. Sonra da eteğini hafifçe kaldırıp kucağıma oturdu. İçine girdim. Tam da o sırada başlayan ılık bir yağmurun çisentisi altında, deliler gibi sevişmeye başladık. O anda ağzımızdan çıkan iniltiler, üzerimize tatlı tatlı yağan ince yağmurun sesine, biraz ötemizde öfkeli dalgaların sahili döven sesine ve havada çığlık çığlığa öten martıların çıkardığı sese çoktan karışmıştı...

Onunla oracıkta sevişirken geçen zamanı hatırlamıyorum. O ıssız sahile çoktan akşamın karanlığı düşmüştü bile. İnce parmaklarını bir süre dalgalı saçlarımın arasında gezdirdi. "Seni çok seviyorum," dedim bütün içtenliğimle.

Bu sözü söylerken, vücudumdaki bütün tüylerin diken diken olması beni şaşırtmıştı. Hayatımda ilk defa bir kadına böylesine içten dolu bir söz sarf ediyordum. O anda yüzüme çarpan yağmur damlalarının arasındaki tek bir farklı damla, yanağımda sıcacık tuzlu bir iz bırakarak yavaşça aşağıya doğru süzülüp, gökyüzünden toprağa düşen milyonlarca yağmur damlasının arasına karışıp kayboldu. "Ben de seni çok seviyorum aşkım," dedi Eylül, ince kollarını boynuma dolarken.

Bir süre birbirimize hiçbir şey söylemeden, bizi ıslatan yağmurun altında, o akşam karanlığının içinde, tek bir bedenin içine sığmışçasına öylece oturup durduk. Hayatımda ilk kez bir kadına söylediğim o gizemli sözü, bütün içtenliğimle bir kez daha kulağına fısıldarken, âdeta kulakları sağır edercesine bir gürültü koptu. Sanki bu sözlerime inat olsun diye, denizin karanlık gökyüzüyle birleştiği ufuk çizgisinin olduğu yerde, birden bir şimşek çaktı. Gökyüzünden denize doğru upuzun uzanan çatallı bir ışık aniden kırılarak, olanca aydınlığıyla kulaklarımızı çınlatırcasına şavkıdı. Gökyüzünün bir bölümünü, kısa bir an için derin bir havagazı mavisine bulayan şimşeğin göz alıcı ışıltısının hemen ardından kopan büyük bir gümbürtüyle, sanki gökyüzü ağır ağır yere doğru çöküyordu. Tüm içtenliğimle bir kez daha Eylül'ün kulağına bu sözleri fısıldarken, sözlerim o gürültünün arasında kaybolup gitti. Tıpkı az önce yanağımda sıcacık tuzlu bir iz bırakarak yavaşça aşağıya doğru süzülen, gökyüzünden toprağa düşen milyonlarca yağmur damlasının arasına karışan o bir damla gözyaşım gibi...

***

O günden sonra fırsat bulduğum vakitlerde Reha'nın evine gidip tedavimi oluyordum. Yalnız eskisi gibi iğne kullanmaktan kaçınıyordum. Eroin kullandığım günler canlı, neşeli ve hayata oldukça iyimser bakıyordum. Fakat onun yoksunluğunu duyduğum anlarda yorgun, keyifsiz, düşünceli ve hayattan bıkmış bir halde ortalıkta dolaşıp duruyordum.

Eylül, bu dengesizliğime doğal olarak ayak uyduramıyordu. Bu yüzden de son zamanlarda onunla sık sık kavga ediyorduk. Daha doğrusu, bana karşı duyduğu aşkın, benim içinde bulunduğum vurdumduymazlık nedeniyle bitmesinden çok korkuyordu. Bu dengesiz tavırlarım yüzünden her gün gittikçe bocalıyor, ben de bu durumu değiştirmek adına hiçbir şey yapmıyordum. Daha doğrusu yapamıyordum. Çünkü içime giren ölümcül şeytana, Eylül'den daha çok bağlıydım. Onun varlığı yüzünden de Eylül'ü mutlu edebilecek bir sevgili olamıyordum.

Evet, düşüncelerim artık karmakarışıktı. Şu dünyada çoğu erkek, iki kadın arasında sıkışıp kalıyorken ben, iki 'E'nin arasında sıkışıp kalmıştım. O erkekler birlikte oldukları iki kadından da vazgeçemiyorlarken, ben o erkekler gibi olamayıp, hayatıma giren E'nin birinden diğer E'm için çok kolaylıkla vazgeçebiliyordum. Müptelası olduğum eroini, âşık olduğum Eylül'üme tercih ediyordum.

Peki öyleyse, neden hâlâ onunla birlikteydim? Yoksa kiralık bir sevgili miydim? Her gittiğimiz restoranda kredi kartıyla hesapları o öderken, boğazımdan geçen beleş yiyeceklere, içeceklere kâr gözüyle bakan bir asalak mıydım? Yoksa çevremdeki insanlara yalancı mutluluklar satarken, kendi acınacak halimi kamufle etmeye çalışarak, biraz daha fazla yaşamak için uğraşan bir soytarı mıydım? Ya da ait olduğu sınıfı çoktan unutup okumuş insanlarla oturup kalkarken, haddini hiç bilmeden sağda solda ukalalık taslayan bir sahtekâr mıydım? Zamanında boğazıma kadar içine battığım her türlü pisliğe ve uyuşturucuya bulanmış bedenimle, bir kenar mahallenin karanlık arka sokaklarından çıkıp gelerek takıldığım o barlarda, hasbelkader tanıştığım saygın insanların arasına karışarak, onlardan göz ucuyla sevgi kırıntıları dilenen bir serseri miydim? Kalabalık bar tezgâhlarında alkol duvarını aşarak, kendi ailesinden yana terk edilmişliğini, yüzündeki fırlama gülümseyişlerle unutmaya çalışırken, en sonunda da içine düştüğü uçurumun derinliğini fark edemeyecek kadar sarhoş olan bir zavallı mıydım yoksa? Kendini uyuşturma çabaları sonucunda artık yaşamın son çizgisine kadar gelip dayanan ve o ince çizgiyi aşma cesaretini bile kendinde bulamayıp, yüreğini zehirleyerek uyuşturan zavallı bir korkak mıydım? Aslında kimdim ben? Acaba aynaya bakınca karşımda hangi beni görüyordum?

Yerini hiçbir şeyin dolduramadığı eroin yoksunluğunun bana yaşattığı bu umutsuzluk duygusu içinde, çoğu zaman oturmuş bu sorulara kendimce geçerli cevaplar arıyordum ama ne yazık ki bir sonuca ulaşamıyordum. Bunca sorunlarla boğuşurken, bir taraftan da ölmek istiyordum. İntihar edip her şeyden kurtulmak istiyordum. Bilmiyorum, belki de benim için en kestirme yol buydu. Aslında intihar etmek için sağlam sebeplerim yok değildi. Hem ayrıca, kokuşmuş bir çöplüğe benzeyen bu yaşamdan kopup giderek, ötelerin ötesine açılan o ilahi kapıdan geçtikten sonra, kim bilir belki de ailemi bir kez daha görebilirdim. Doğrusu merak etmiyor değildim. Acaba her gece rüyamda onları gördüğüm gibi onlar da rüyalarında beni görüyorlar mıydı? Oysaki rüyalarımda annemin ve kardeşimin yüzü öyle insafsız bir uzaklıktan görünüyordu ki bana. Onların kederli yüzlerini; simsiyah, kalın bir tül perdenin arkasından güç bela seçerek görebiliyordum ancak. Kim bilir belki de gecenin tenha vakitlerinin birinde mışıl mışıl uyuyan annemin uykusunda, derin bir iç çekişle gördüğü karmaşık düşlerinin herhangi bir aralığında, koyu karanlığın kıyısında durmuş ona ellerimi uzatırken, çocukluk sesimle ona adını söyleyerek gülümsüyorumdur, kim bilir...

***

O an ince bir kol belime sarıldı. Beni daldığım düşten uyandırdı. "Kendine ne yaptın sen? Aşkımıza ne yaptın sen?" dedi Eylül, gözyaşlarını omzuma akıtırken.

Gözlerimden buz gibi bir damla yaş akıp yüreğimi deldi. Belimi sıkı sıkı saran incecik kolları çözdüm. "Bu ilişki burada biter. Hayatımda artık sana yer yok Eylül," dedim bir çırpıda.

Titreyen bedeniyle karşımda durmuş, öylece sallanıp duruyordu. Kalbi sanki boğazında atıyordu. Alt çenesi, üst çenesine takır takır vuruyordu. "Sen ne söylediğini bilmiyorsun," dedi güçlükle.

Sesimi kalınlaştırıp, "Ben sana şu anda ne söylediğimi çok iyi biliyorum ama sen benim söylediğim şeyleri ne yazık ki bir türlü anlamak istemiyorsun," dedim.

Soluğunu tuttu. Karşımda büzülüp dertop oldu. Kısık sesle, "İnsanın başına her şey gelebilir. Biz ikimiz... Eğer istersen bunun üstesinden birlikte gelebiliriz," dedi.

Acı acı güldüm. "Bak bana," dedim sinirli sinirli. "Senin bilmek istemeyeceğin bir yığın karmaşık mesele var hayatımda. Sen bunlarla baş edemezsin. Bana bir baksana. Bir cesetle birlikte olmayı isteyemezsin. Ben bile yenildim işte. Üstelik sana hep yalan söyledim."

"Hangi konuda?" dedi kırık dökük bir sesle.

"Sana nasıl söyleyeceğimi bilemiyorum ama ben eroin bağımlısıyım. Bu gerçeği senden sakladım. On üç yaşımdan beri de esrar içicisiyim."

Gece karanlığının havaya çöktüğü gibi, Eylül de o an karşımda çöktü. Cızırdayan plak gibi bir ses çıkardı. Can sıkıcı bir düş görür gibi oldu. Yanakları bir ölünün yanağı gibi bembeyazdı. Ruhu bedeninden sanki çoktan çekilmişti. "Sen bana ne söylediğinin farkında mısın?" dedi ağlamaklı bir şekilde.

Gözlerimi gözlerinden kaçırdım. Onun karşısında âdeta ölü bir beden gibi hızla çürüyordum. Sesim sanki yok olmuştu. "Sana inanmıyorum," dedi. "Benim gibi açık sözlü birine karşı nasıl yalan söyleyebildin?"

Sustum. "Bari bu sefer susma," dedi bağırarak. "Allah'ın belası herif! Bari bu sefer susma. Korkma. Susunca yalanların pul pul dökülmez. Bugün buraya senin yanında olduğumu söylemeye gelmiştim. Son sözlerinle bana ne yazık ki başka bir şans bırakmadın. Meğerse buraya seninle vedalaşmaya gelmişim. Ne olursa olsun bana yalan söylemeyecektin Onur. Bilirsin, yalancılardan hep nefret etmişimdir."

Gözlerimden akan birkaç damla ılık yaş yanaklarımdan aşağı süzüldü. Eylül bana söyleyecek bir sözünün kalmadığını anlayınca arkasını döndü. Kapıya yöneldi. Tam da o sırada kapı açıldı. İçeri yıllardır görmediğim babam girdi. Eylül babamın yanından usulca geçerek açık kapıdan dışarı çıktı. Bir daha benimle görüşmemek üzere hayatımdan çekip gidiverdi.

O anda güneş gibi batıp karanlık gökyüzünde milyonlarca yıldızların arasında sönük bir yıldız olmak istedim. Gözlerden uzakta, gönüllerden ırakta bir başıma yaşamak istedim. Bunu istedim çünkü kendime ait bazı şeyleri artık taşımaktan yorgun düştüm. İçimde taşıdığım pek çok şey foseptik çukuruna benziyordu. Tiksindirici, kaygan ve pis kokulu...

İşte, bir zamanlar yüreğimde yalın ve güçlü arzular duyduğum kadınımı artık kaybetmiştim. Şu anda karşımda duran babamı tıpkı yıllar önce kaybettiğim gibi. Bugün ne var ki hiçbir arzum yok benim. Bugün bütün arzum olsa olsa susmak, bir köşede oturup hıçkıra hıçkıra ağlamaktan ibaret. Bir an ellerime baktım. Ellerim titriyordu. Sonra başımı kaldırıp babama baktım. Saçları kırlaşmış, geniş omuzları çökmüştü. Oldukça yaşlanmıştı. Yüzünde yılların yorgunluğu vardı. Birbirimize öylece bakıp durduk. Aramızdaki bu sessizlik dayanılacak gibi değildi. Sessizliği ben bozdum. "Seni gördüğüme memnun oldum," dedim anlamsız bir şekilde.

"Öyle mi?" dedi soğuk bir tavırla.

İçerisini tekrar bir sessizlik kapladı. Kara giysilerinin içinde hiç yokmuş gibi duran bedeniyle öylece dikilmiş bana bakıyordu. Sanki bana söyleyeceği hiçbir sözü yok gibiydi. O halde ne diye buraya gelmişti? Düşüncelerim allak bullaktı. Bir taraftan az önce hayatımdan çekip giden Eylül'ü düşünüyordum, bir taraftan da yıllar sonra gördüğüm babama ne söyleyeceğimi kafamın içinde tartıp duruyordum. Bir an kendimi toparlamaya çalıştım. "Oturmaz mısın?" dedim.

"Bir saniye," dedi babam, sonra da kapıya doğru yöneldi. İçeri bir kadınla birlikte girdi. Kadın sarışın ve babamın yaşına göre oldukça daha genç birisiydi. Bana ürkek ürkek baktı. Ardından odanın içini yine bir sessizlik kapladı. Babama baktım. O da bana baktı. "Seni eşim Aysel'le tanıştırayım," dedi. O anda annem gözümün önünde belirdi. Esmer güzeli annemi içim kan ağlayarak hatırladım. Garibim kadının bu iğrenç adamdan dayak yediği günleri düşündüm. Bir anda tüylerim diken diken oldu. "Ya," dedim soğuk bir sesle. "Demek babamın eşisiniz?"

Kadın huzursuz bir kedi gibiydi. "Evet," dedi. "Rasim Bey'in karısıyım."

Dikkat ettim. Her nedense karısıyım sözünü bastırarak söylemişti. "Memnun oldum tanıştığımıza. Ben de en büyük oğlu Onur'um."

Kadın bana cevap vermedi. Babam karısına baktı. "Şöyle geç otur canım," dedi.

Babama acıyarak baktım. En sonunda o da bir kadının kölesi oluvermişti, ama bu kadın her nedense öz annem olmamıştı. "Çay içer misiniz?" diye sordum istemeye istemeye.

Babam karısına baktı. "Hayır," dedi kadın. "Teşekkür ederiz. Fazla zamanımız yok. Ayaküstü öylesine bir uğramıştık."

101

Kendimi bir tuhaf hissettim. Babam karısıyla benim yanıma ayaküstü uğramıştı, öyle mi? Babama baktım. "Seninle baş başa görüşmek istiyorum," dedim.

Kadın hemen lafa atıldı. "Benden çekinmenize gerek yok. Benim yanımda, istediğin şeyleri rahat rahat konuşabilirsin." Babama tekrar baktım. Gözlerini gözlerimden kaçırdı. "Bana bakar mısın baba?" dedim.

Başını kaldırıp bana baktı. "Bundan sonra seninle birlikte yaşamak istiyorum. Annem ve kardeşimle yeniden birlikte olmak istiyorum. Onları da çok özledim. Uyuşturucudan ancak sizin sevginizle kurtulabilirim."

"Uyuşturucuya başlamanızı babanız mı istedi?" dedi kadın, arsız bir şekilde araya girerek.

"Sizinle değil, babamla konuşuyorum," dedim sert bir ses tonuyla.

Kadın güldü. "Şimdi babanızla konuşuyor olabilirsiniz ama gelecekte onunla asla yaşayamazsınız. Çünkü babanızın yaşadığı ev benim evim. Babanız ancak beni boşarsa birlikte yaşayabilirsiniz. Bizim zaten evde bir çocuğumuz var. İkincisini istemiyoruz."

Tam bir bozguna uğramıştım. Konuşmamızın nereye gittiğini artık kestiremiyordum. Sıkıntılı bir yürekle boyuna terleyip duruyordum. Ne yapmalıydım? Nasıl davranmalıydım? Nereye gitmeliydim? Küt küt çarpan yüreğimin acısını nasıl dindirmeliydim? Oracıkta bir gerçeği gayet iyi anladım. Babam çocuklarının karşısında asla adam olamamıştı. "Senin söyleyecek bir sözün yok mu baba?" dedim.

"Hadi konuşsana," dedi kadın babama. "Ona, seni yanımızda istemiyoruz de."

Babam beni görmüyormuş gibi bakıyordu bana. Maskesine uygun bir söylevi kafasında tartıp biçiyordu. O an tek bir cümle döküldü ağzından: "Ben de bilmiyorum nasıl yaşadığımı."

Ses tonu yüzüne taktığı maskeye hiç uymamıştı. Kendisine acıklı bir hal vermek istemişti ama görüntüsü korkunçtu. Ona acımamı bekledi. Hâlbuki acınacak halde olan o değil, ben olmalıydım. Sinirimden gülmeye başladım. "Yıllar sonra karşıma dikildiğinde bana söyleyecek sözün bu mu baba?" dedim.

"Evet," dedi. "Sana daha başka şeyler de söylemek isterdim ama burası yeri değil. Bundan sonra aklını başına al, düzgün bir iş bulup çalış. Gerekirse işportacılık yap. Gerekirse pazarlarda limon sat. Gerekirse bir köşe başında simit sat. Sonra da bir kız bulup evlen. Yuvanı kur. Çoluk çocuğa karış. Böylece bana ihtiyacın kalmaz. Ben bile kendimi zar zor geçindiriyorum. Cebimde bir bardak çay parası bile yok."

Babam gözüme bir hamamböceği gibi göründü. Üstüne basıp onu ezmek istedim ama kendimi zor da olsa engelledim. Meğerse babam hiç değişmemiş. Çocukken bize sahnelediği oyun tarzında en ufak bir değişiklik yapmamış. Bugün onu anlamam için özel bir çaba sarf etmeme gerek yok. Küçük bir çocuk bile onun kafasından geçen düşünceleri çok kolaylıkla anlayabilir. Babam yine her zaman yaptığı şeyi yaptı. İlk önce çok sıkıntı içindeymiş gibi asabi bir havaya büründü, sonra da maddi durumunun çok kötü olduğundan dem vurup önümü kesti. Bu adamı bildim bileli kendi sorunlarından hep abartıyla bahseder ve bu sorunlardan öylesine bunalmış gibi bir havaya bürünürdü ki, hani insan neredeyse bütün elindeki avucundakini çıkarıp ona vermek isterdi.

Babam karşımda durmuş boş boş konuşmaya devam ettikçe, yüreğimde genişleyerek büyüyen koyu bir karanlığın orta-

103

sında yapayalnız kaldığımı daha iyi anlıyordum. O anda içine sürüklendiğim dehşetli yalnızlık duygusunun acı veren o buruk tadını, göğsümün içinde yudum yudum içiyordum sanki. Babamın bana çektiği nasihati dinlerken, ondan yardım dilenmekle ne kadar büyük bir hata yaptığımı içim acıyarak fark ettim. Ama iş işten geçmiş, ok yaydan çıkmıştı bir kere.

Aman Allahım! Bu adamı yıllar sonra arayarak nasıl bir yanılgıya düşmüştüm? Şimdi karşımda duran bu adam gerçekten öz babam mıydı?

Evet! Ne yazık ki öz babamdı. Keşke hiç olmasaydı. İşte o zaman çok az üzülüp, çok az acı çekerdim. "Anladın mı beni?" diye sordu babam, daldığım düşten uyanırken.

Gözlerimi kıstım. Islık çalacak gibi hafif bir ses çıkardım: "Anladım seni baba," dedim. "Hem de çok iyi anladım. Sen bize karşı asla babalık yapmadın. Bundan sonra da yapamazsın. Çünkü senin mayanda babalık yok. Senin mayanda öz evlatlarına karşı insanlık yok. Sana bu çokbilmiş karınla mutluluklar dilerim. Şimdi ikiniz de odamdan defolun."

Babama oracıkta son kez baktığımda gözyaşlarımı güçlükle engellemeye çalıştım ama genzimden aşağıya, ta içime damlayan tuzlu bir sıcaklığın acı tadına o anda karşı koyamadım.

YAŞAR

22 Nisan 2002, Pazartesi

Gece hiç uyumadım. Sabaha kadar kâbuslar gördüm. Bir bataklığın içine düşmüş, nefes almaya çalışıyordum. İnsan boyunu aşan sazlar, bataklığın içine hapis olmuş dev sarmaşıkların üzerinde arsızca vıraklayan kurbağalar, etrafta kıvrılarak gezinen yılanlar... Kafamı gökyüzüne kaldırıyordum. Yere doğru alçalmış beyaz bulutları görüyordum. Beyaz bulutlara elimi uzatıp dokunuyordum. Beyaz bulutlar o anda kan kırmızısına dönüşüveriyordu. Gökyüzünden bir anda kırmızı yağmur damlaları yağmaya başlıyordu. Kırmızı çamurlara bata çıka, sendeleyerek oradan kaçmaya çalışıyordum. Kaçmaya çalışırken de kırmızı kana bulanıyordum. Arkamdan aç kurt sürülerinin ulumaları geliyordu. Kan kokumun izini sürüyorlardı sanki. Uluma sesleri giderek yakınlaşıyor, kulaklarımda çınlıyordu. Umutsuzluk içinde başımı göğe kaldırıp düştüğüm duruma lanetler okuyordum. O anda kırmızı bulutların arasından mavi bir halat uzandı. Halata tutundum. Kendimi yukarı doğru çekmeye çalışırken tekrar bataklığın içine düştüm. Düşmenin etkisiyle kan ter içinde uyandım. Başucumda duran sürahiye uzandım. Bir bardağa su doldurup kana kana içtim. Sonra da oturup hüngür hüngür ağladım.

Az önce bir karabasanın derinliklerinden kurtuldum kurtulmasına ama bu sefer de kendimi yine taştan örülmüş soğuk bir dünyanın içinde buldum. Tekrar gözlerimi kapadım, açtım, kapadım ve tekrar açtım. Aynı yerde, aynı gerçeğin içinde buldum kendimi. Başımı yukarı kaldırıp Allah'a sitem dolu sözler ettim.

Bu taştan dünyanın içinde bir şeylere tutunup ayakta kalmaya çalışırken, nasıl oluyordu da hâlâ düşüyordum? Beni ayakta tutacak olan şey acaba bana küsmüş müydü? Taştan örülmüş soğuk dünyanın içinde sarılabileceğim, tırnaklarımla olsun tutunup tırmanabileceğim bir ailem yok muydu?

Yoktu. Her zamanki gibi yine titrek ve yitik bir gövdeyle baş başa kalmıştım. Bu gerçeğimi görünce de ister istemez canım acıyordu. Dün Eylül'ümü kaybettim. Onun arkasından da yıllardır görmediğim babamı tekrar kaybettim. Bu hayatta neden hep ben kaybediyordum? Kırbaçlana kırbaçlana kan içinde kalmış yaşamım artık bu ağır yükü daha fazla taşıyamıyordu. İleriye doğru tek bir adım atamıyordum. Zamanı değiştirip yeni bir başlangıç yapamıyordum. Bu taş dünyanın içinde kararıyordum. Âdeta taşlaşıyordum. Sivri bir kemiğin ucu gibi kendime batıyordum. Geceleri uykusuz, bitkin ve avurtları çökmüş bir halde yaşamaya çalışıyordum ama bu yaşamdan artık korkmuyordum. Artık biliyorum ki acının bir başlangıcı olduğu gibi, bir de sonu vardı. İnsan sonsuza kadar hep acı çekecek değil ya. Eninde sonunda bu acılar bir gün dinecek. Gecenin arkasından şafak sökecek. İşte o zaman kapı yüzüme doğru açılıp beni sonsuz boşluğuna alacak ve bütün acılarımı dindirecek. Ondan sonra da benim için göklerin, göklerdeki çöllerin geçit töreni başlayacak. O ana dek bu taş dünyanın içinde, burada, tekmelerle savrulmuş, ezilmiş, çökmüş, uykunun açlığını çekmiş, sevginin açlığını çekmiş ben, başımı dizlerimin arasına almış sıranın bana gelmesini bekleyeceğim. Beni çoktan unutmuş ölümün bana gelmesini bekleyeceğim.

O sırada kapı açıldı. İçeri hemşire girdi. "Günaydın," dedi gülerek.

Sustum. Ona cevap vermedim. Hemşire suskunluğuma bozulmuştu. "İyi misiniz?" dedi.

O anda ağlamak istedim. "Değilim. Bu sabah hiç iyi değilim."

Hemşire elinde tuttuğu ilacı bana uzattı. "Bu sabah kendinizi neden kötü hissediyorsunuz? Bakın! Büyük ihtimalle yarın taburcu oluyorsunuz. Sevdiklerinize kavuşuyorsunuz. Bu kötü günleri artık geride bırakıyorsunuz."

Boğazıma kadar tıka basa acıyla dolu olan ağzımı açıp o an çok şey söylemek istiyordum hemşireye. Ama sustum. Bu sabah, uğultulu fırtına gecesinin kıyıya savurduğu bir enkaz gibiydim. Sessizliğim karşısında bozguna uğrayan hemşire sessizce odadan dışarı çıktı. Kapıdan içeri Doktor Müge girdi. "Günaydın," dedi. "Bugün nasılız?"

"Günaydın," dedim boğuk bir sesle. "Yarın taburcu mu oluyorum?"

Doktor Müge güldü. "Hayrola," dedi. "Bu ne acele? Yoksa bir an önce bizden kaçıp kurtulmak mı istiyorsunuz?"

"Bu hastanede olmaktan sıkıldım," dedim. "Artık kafesinden salıverilmiş bir kuş gibi özgürce dışarıda dolaşmak istiyorum."

"Ne güzel böyle düşünmeniz. Bence bu sözler sizi hayata bağlayan sözler."

Doktor Müge beni yine anlamamıştı. İçimde kopan fırtınaların sesini duymamıştı bile. Oysaki dışarıda ne yeni bir başlangıç bekliyordu beni, ne de hayata yeniden baştan başlamak için bulabileceğim bir teselli vardı. "Haklısınız," dedim yine de, laf olsun diye.

"Beni yanlış anlamazsanız size bir şey sorabilir miyim?" dedi Doktor Müge.

Doktor Müge'ye baktım. "Tabii ki," dedim.

"Babanızı hiç aradınız mı?"

Dikkat ettim. Bu hastaneye geldiğim günden beri Doktor Müge'yle aramızda hep sizli bizli konuşmuştuk. Acaba ikimiz de birbirimize karşı neden böyle davranmıştık? Doktor Müge'ye tekrar baktım. "Hayır," dedim yalandan. "Onu hiç aramadım."

"Keşke arasaydınız. İçimdeki bir ses her şeyin daha iyi olacağını söylüyordu bana."

"Belki haklı olabilirsiniz ama elim telefona bir türlü gitmedi. Onu arayamadım işte. "

"Bence bir kez daha düşünün. Ben yerinizde olsaydım onu arardım. Aramakla ne kaybedersiniz ki?"

O anda karar verdim. Doktor Müge ya çok saftı ya da çok salaktı. Hayatın gerçeklerini bir türlü göremiyordu. Hayatın gerçeğini kendi öz yaşamından ibaret sanıyordu. "Söylediklerinizi düşüneceğim," dedim içim kan ağlayarak. "Onu arayıp aramamayı bir kez daha düşüneceğim."

"Güzel," dedi Doktor Müge. "Düşünecek olmanıza sevindim. Şimdi gelelim az önce bana sorduğunuz soruya. Hastaneden çarşamba günü taburcu oluyorsunuz."

"Yarın neden taburcu olmuyorum?"

"Yarın 23 Nisan olduğu için resmi tatil günü. Yarın bu hastanede bir Allah'ın kulunu bulamazsınız. Ayrıca bir şey daha var.

"Ne?"

"Başhekim haber gönderdi. İstekleriniz hastane yönetimi tarafından kabul edilmemiş. Yani sizin anlayacağınız fazladan ilaç yok. Üzgünüm."

"Canı cehenneme o başhekimin," dedim sinirli sinirli. "İlaçlarını alsın başına çalsın. Artık o ilaçlara ihtiyacım yok benim."

Doktor Müge sararıp solan yüzüyle bana baktı. "Böyle konuşmayın lütfen. Bu sözler ağzınıza yakışmıyor," dedi.

Sustum. Arkamı dönüp balkona çıktım. Doktor Müge'yi bu odanın içinde son kez gördüğümde, başı ağırlaşmışçasına öne düşmüştü. Benden yana büyük bir hayal kırıklığı yaşadığı her halinden belliydi. Tekrar içeri girdiğimde Doktor Müge bana hoşça kal bile demeden çoktan çekip gitmişti.

Sandalyeyi çekip küçük ahşap masanın başına oturdum. Ajandayı açtım. Bir şeyler karalamaya başlamıştım ki, içeri Aylin girdi. "Neredesin oğlum?" dedi. "Az sonra taburcu oluyorum. Beni yolcu etmeyecek misin?"

Oturduğum yerden kalktım. Aylin'in boynuna sımsıkı sarıldım. "Şu yeryüzünde kendimi çok yalnız hissediyorum," dedim hüngür hüngür ağlarken. "Bu hastaneden dışarı çıkmaya korkuyorum artık."

Aylin bir süre öylece kalakaldı. "Geç otur istersen," dedi kollarımı boynundan çözerken. "Biraz dertleşelim seninle. Belki açılırsın. Neyin var? Şimdi anlat bakalım bana."

"Neyim yok ki Aylin," dedim. "Bu hafta sonu her şey üst üste geldi. İlk önce sevgilimden ayrıldım. Sonra yıllardır görmediğim babamın karşısına geçip ondan sevgi dilendim ama o bana her zamanki gibi yine başka kapıları adres gösterdi. Kendi kapısını yüzüme bir kez daha kapattı. Doktor Müge'nin aklına uyup, onu aramakla çok büyük bir hata yaptım. İnsanlar değişmiyor Aylin. Belki değişmiştir diye onu aradım ama babam yine bildiğim o babaydı. Hiç değişmemişti. Hâlbuki onu ilk kez aradığımda, geçmişte bize yaşattığı kötü anılara sünger çekmiştim. Babalar evlatlarını severdi de, döverdi de. Hem ben de, hanım evladı gibi yetişmemiştim ki. Her şeye rağmen o yine de benim babamdı. Evlatlıktan reddetmiş olsa da benim babamdı. Onlarla tekrar bir araya gelerek kendimi uyuşturucudan uzak tutabilirim diye düşündüm. Babamı o gün sırf bu yüzden aradım. Yüreğim belki onların sevgisiyle dolup taşarsa, başka avuntulara ihtiyacım kalmaz diye düşündüm. Ama böyle düşünmekle yanılmışım."

"Peki, şimdi ne yapacaksın?" dedi Aylin buğulu bir sesle.

Aylin'e baktım. "Ölümü bekleyeceğim," dedim. "Beni kurtuluş gününe götürecek olan ölümü dört gözle bekleyeceğim. Artık ölümsüz bir hayat benim için renksiz bir hayat olur. Nedenlerle, çünkülerle, keşkelerle baştan sona kaplı şu dünyada, bizi de içine alabilecek bir cümle, bir denklem, bir eşitlik henüz kurulmadı Aylin. Peki, bugünden sonra sen ne yapacaksın?"

"Bilmiyorum. Ya hayata bir şekilde tutunup kalacağım, ya da senin gibi ölümü bekleyeceğim."

"Ailen ne diyor?"

Bana baktı ve acı acı güldü. "Bari bu soruyu sen sorma Onur," dedi. "Başımızda iyi bir ailemiz olsaydı bizler bu hallere düşer miydik? Ailem ne diyecek bana? Annem başka bir adamla evli, babam başka bir kadınla. Ben de ne annemle birlikteyim, ne de babamla. İkisi de beni yanlarında istemediler. Pinpon topu gibi gidip geldim ikisinin arasında. Ne babamın dünyasına girebildim, ne de annemin. Her zamanki gibi anneannemin yanında kalacağım. "

"Merak ediyorum. Buradan çıktığında uyuşturucuya yeniden başlayacak mısın?"

Dudaklarını dişledi. Derin düşüncelere daldı. O sırada kapı açıldı. Hemşire hanım kapının önünde belirdi. "Size telefon var."

"Sen otur. Hemen geliyorum," dedim, sonra da zıpkın gibi odadan dışarı fırladım.

Ahizeyi kulağıma dayadım. "Alo," dedim.

"Nasılsın?"

Telefondaki sesi hemen tanımıştım. "Daha iyiyim," dedim buruk bir ses tonuyla. "Daha iyiyim."

"Kusura bakma," dedi Yaşar. "Seni ziyarete gelemedim."

"Hiç önemi yok. Beni buraya yatırmanız bile büyük bir incelikti. Hastaneye gelemediğiniz için size kırgın değilim."

"Yarın mı taburcu oluyorsun? Seni almaya geleceğim."

"Hayır. Yarın 23 Nisan. Resmi tatil. Çarşamba günü taburcu olacağım. Ayrıca senin beni almana gerek yok. Nasıl olsa çarşamba günü evde görüşeceğiz."

Uzunca bir sessizlik oldu. "Alo, alo," dedim. "Beni duyuyor musun?"

"Seni duyuyorum," dedi Yaşar kısık bir sesle. "Sana nasıl söyleyeceğimi bilemiyorum ama ben evi boşalttım."

Sanki yer yarılıp ayağımın altından kaydı. Duvara tutunmasam belki de yere devrilecektim. Yazgımın talihsizliği bir kez daha sahneye çıkmış, bana kötü bir oyununu sahneliyordu. "Sen ne söylediğinin farkında mısın Yaşar?" dedim umutsuz bir şekilde. "Evi boşalttığından neden benim haberim yok?"

111

"Sana haber vermeye gerek duymadım. Çünkü ev benim evimdi. Kendi eşyalarımı ailemin yanına gönderdim. Seninkileri de toparlayıp bir valize koydum. Valizi de stüdyodaki malzeme deposuna kaldırdım."

Kötü kaderimden bir tokat daha yemiştim. Eylül gitti. Babam gitti. Ve şimdi de yaşadığım ev bir kuş gibi elimden uçup gitti. Artık başımı sokacak bir yerim de yoktu. Üstelikte cebimde beş kuruş param da kalmamıştı. "Bunu bana nasıl yaparsın Yaşar?" dedim sert bir ses tonuyla. "Batağa düşmüş birine bir tekme de sen nasıl atarsın?"

Sustu. Kısa süren suskunluğun arkasından da ekledi: "Bu kararı tek başıma almadım. Özkan'la birlikte aldık."

Bu sefer de ben sustum. Telefonu usulca kapattım. Ilık iki damla gözyaşım, sarı çamurlu akan bir ırmak gibi izler bırakarak yanaklarımdan aşağıya doğru süzüldü. Odaya geri döndüm. "Hayrola," dedi Aylin, oturduğu yerden ayağa kalkarken. "Bir şey mi oldu? Neden ağlıyorsun?"

"Bilmiyorum Aylin," dedim. "Bu hayata katlanmak çok zor bir şey! Bu hayat insanı sarhoş ediyor. Hayatın bilinmezliği insanı sarhoş ediyor."

"Ne oldu?"

"Evden de oldum."

"Ne evi?"

"Yaşadığım ev. Arkadaşım evi boşaltmış. Bundan sonra başımı sokacağım bir evim bile yok. Şimdi ben ne yapacağım? Artık işe de gidemem. O insanların arasına bir daha dönemem. Allah kahretsin! Her şeyimi kaybettim."

"Canını sıkma. Sokakta kalacak değilsin ya? Kalacak bir yer bulursun."

Nefes almakta güçlük çekiyordum. Güçten kesilen ayaklarım bedenimi taşıyamıyordu. O anda içimde bir çığlık kopuyor, iniltiye dönüşüyordu. Yaşadığım hayata bir türlü rest çekemiyordum. Rest çekemediğim için de hayatın elinde bir bez bebek gibiydim.

"Şimdi canım ne çekti biliyor musun Aylin?" dedim.

"Ne çekti?"

"Onu."

"Vallahi benim de," dedi Aylin. "Bu hastaneden giderayak bir kez daha anladım ki, onsuz bir yaşama katlanmak bizleri deli eder. Sorunlarımız başımızın ucunda bir cellâdın kılıcı gibi asılı duruyorken, onu nasıl bırakabiliriz ki? Ya da o bizi nasıl bırakabilir?"

ANTALYA

❧✿❧

21 Temmuz 2002, Pazar

Tam üç ay sonra...

Kalemi elime aldım, yeniden yazmaya başladım. Geçmişimle, yaşadığım anla ve bu dünyayla ilgili ne varsa, parmaklarımın arasında tuttuğum kan kırmızısı kalemin mürekkebiyle yazmaya başladım. Şimdi bugünlerde tek bir şey istiyordum; - sessiz sedasız bir şekilde günlüğü tamamlamayı...

Başımı kaldırıp göz ucuyla şöyle bir baktım içinde bulunduğum odaya. Birden bire içime büyük bir sıkıntı doldu. Kuru mürekkep izindeki taze pırıltı gibi içimdeki heyecan da o anda kaybolup gitti. Yaşayan etten bedenim, çürük tenime acı vermeye başladı.

Evet! Artık çürümüş adi bir adamım. Bu yaz sıcağında, bu odanın içinde üşüyorum. Masadan kalkıp bir adım atıyorum.

Yine üşüyorum. Bir adım daha atıyorum. Yine üşüyorum. Bu sefer odanın içinde geri geri yürüyorum. Yine üşüyorum. Geri geri yürürken ileriye doğru adım attığımı düşünüyorum. Böyle düşünürken de, "Deli miyim ben?" sorusunu kendime sık sık soruyorum. Ölümden korkmayan ben âdeta delirmekten korkuyorum.

Her neyse... Üç aydır içimde birikmiş şeylerin sesini duyuyorum şimdi. Düşüncelerimden bana fısıldayıp, "Sadede gel! Yaşanmışlıkları bir an önce kelimelere dök," diyorlar.

Her zamanki gibi yine ağzımda o bakır tadı var. Gelişi güzel başımı sallıyorum. Fısıltılara cevap veriyorum. "Emriniz olur," diyorum, sonra da yaşanmışlıklarımı tek tek kelimelere döküyorum...

* * *

İstanbul Rum Hastanesi'nden taburcu olduğum gün, ilk iş olarak Yaşar'ı arayıp buldum. Karşısında beni görür görmez yüzü limon gibi ekşidi. "Nasılsın?" dedi.

"Sence nasıl olabilirim? Bok gibiyim," dedim sinirli sinirli.

"Biraz sakinleş. Çay ister misin?" diye sordu.

"Hayır," dedim. "Arkadaşlar n'apıyor?"

"Hepsi iyi. Kendi aralarında hep seni konuşuyorlardı."

"Beni mi?"

"Evet seni. Böyle bir şeyi kendine nasıl yaptığını konuşup durdular."

Sinirlenmiştim. "O ibneler kendilerine dönüp baksın. Sonra da beni yargılasınlar," dedim, kızgın bir boğa gibi burnumdan soluyarak.

Yaşar'ın rengi attı. Bendeyse sonradan jeton düştü. İbne kelimesine bozulmuştu. "Kendi aralarında bir karar aldılar," dedi Yaşar bir çırpıda.

"Kim aldı?"

"Tiyatrodakiler."

"Kimin hakkında?"

"Senin."

"Benim mi? Şimdi söyle bakalım, benimle ilgili ne karar aldılar?"

"Bundan sonra oynayacakları oyunda artık sana rol vermeyeceklermiş."

Duyduğum sözler karşısında âdeta buz kestim. "Ne?" dedim şaşkınlıkla.

"Hiç kimse seni tiyatroda istemiyor."

"Ya sen?" dedim acıklı acıklı.

Gözlerini gözlerimden kaçırdı. "Bilmiyorum," dedi kaygılı bir şekilde.

Sinirimden güldüm. "O esrarkeş tiyatro ekibinin içinde eroinmana yer yok ama ibnelere yer var, öyle mi?"

Yaşar'ın bir kez daha rengi soldu. "Lütfen sözlerine dikkat et," dedi.

Sinirle ayağa kalktım. "Hepinizin canı cehenneme," dedim, sonra da Yaşar'ın yanından hemen uzaklaştım.

Beş dakika sonra İstiklal Caddesi'nde ağır ağır savrularak yürüyordum. Ne yapacağıma çoktan karar vermiştim. Reha'yı bulup onun evinde bir an önce tedavi olacaktım. Galatasaray Lisesi'nin önüne geldiğimde Erdoğan'la karşılaştım. Simsiyah gözleriyle bana bakıyordu. "Hayrola Onur?" dedi. "Uzun zamandır ortalıkta gözükmüyorsun. Nerelerdesin?"

116

Erdoğan torbacıydı. Eroin, esrar, hap ne bulursa satardı. Birkaç kez ondan eroin satın almıştım. Ayrıca bana bir de manevi borcu vardı. Bir gece vakti tinerci çocukların saldırısına uğramıştı. O gece, o tinerci çocukların elinden Erdoğan'ı zar zor da olsa kurtarabilmiştim. Erdoğan'ı tinercilerin elinden kurtarırken de, sağ bacağıma bıçak darbesi almıştım.

Erdoğan'a baktım. "İstanbul dışındaydım. Bugün döndüm," dedim.

"Mala ihtiyacın var mı?" diye sordu ansızın.

"Evet," dedim. "Hem mala, hem de başımı sokacak bir yere ihtiyacım var. Ben İstanbul dışındayken, ev arkadaşım bana haber vermeden evi boşaltmış. Şimdi kalacak bir yer arıyorum."

Erdoğan beni baştan aşağı süzdü. "Haydi bana gidelim," dedi. "Tedavini bende olursun. İstersen bir ev bulana kadar da bende kalabilirsin. Zamanında bana yaptığın iyiliği unutamam. Böylece ödeşmiş oluruz."

"Hâlâ Dolapdere'de mi yaşıyorsun?"

"Hayır," dedi. "Galata'ya taşındım. Güney Afrikalı siyahlar Dolapdere'yi mesken tuttuktan sonra, polisler baskınları sıklaştırdı. Şüphelendikleri kişileri yolda çeviriyorlar, üst baş araması yapıyorlar. Mecbur kaldım oradaki evi satmaya. Galata'daki eve kiraya çıktım."

Erdoğan'ın evi Galata Kulesi'nin hemen yanındaydı. Mermer taşlı merdivenlerden dördüncü kata çıktık. Erdoğan kapıyı açtı. Eve girdik. Salona geçtiğimizde uçsuz bucaksız deniz ve tarihi yarımadanın o eşsiz görüntüsü gözlerimi kamaştırdı. "Keyfine bak," dedi Erdoğan. "Ben hemen geliyorum."

Erdoğan bir-iki dakika sonra yanıma geldiğinde, elinde tuttuğu malzemelerle birlikte malı bana verdi. "Şimdi yaşayaca-

117

ğın anın keyfini çıkar," dedi. "Ben dışarı çıkıyorum. Bankada biraz işlerim var. Sana hayırlı uçuşlar."

***

Odanın kapısı açıldı. Sena elinde tuttuğu şarap şişesiyle içeri girdi. Her zamanki gibi yine çakırkeyifti. "Ne yazıyorsun?" dedi. "Bana aşk mektubu mu?"

Sena'ya baktım. Derin düşüncelere daldım. Sena kimdi gerçekten? Sevgilim miydi? Bir arkadaşım mıydı? Yoksa benim gibi sadece çılgın bir insan mıydı? Henüz yirmi yaşındaydı. Kendine punkçı diyordu. Komik saç renkleri vardı. Saçlarını kırmızıya, mora ve maviye boyamıştı.

Onunla bir akşam vakti konserde tanışmıştım. Sonra da onun aklına uyup buraya, yani Antalya'ya kuzeni Selen'in yanına gelmiştik. Aslında buraya gelmeyi en çok da ben istemiştim. Güya uyuşturucuyu burada tamamen bırakacaktım. Sena kot pantolonunu indirdi. "Bırak şimdi aşk mektupları yazmayı," dedi. "Benimle sevişmeni istiyorum."

Dizlerini kırıp yere oturdu. Şortumu çekip çıkardı. Cinsel organımı ağzına aldı. Oral seks yapmaya başladı. Sonra da kucağıma gelip oturdu. Cinsel organını cinsel organımla birleştirdiği sırada iki bacağının arasına boşaldım. O anda gözlerimde bir şimşek çaktı. Var gücüyle yüzüme tokat attı. "Seni aşağılık piç kurusu," dedi. "Bir yere mi yetişmeye çalışıyorsun? Bu ne acele?"

Sena'yı kucağımdan ittim. Yere düştü. Yerde, yanı başında duran şarap şişesini eline aldı. Ağzına götürdü. Şaraptan birkaç yudum içti. Sonra da şarap şişesini usulca cinsel organına soktu. "Sen beni beceremiyorsan, ben de kendi kendimi bu şişeyle beceririm," dedi odanın içine iniltilerini salarak.

118

Sena'ya manasız manasız baktım. Onun asilik saçan tavırlarından artık sıkılmaya başlamıştım. Simsiyah bulutlar nasıl yağmur yüklüyse, Sena da hep isyan yüklüydü. Bu davranışlarına hele bir de ağzından çıkan küfürler eklenince, ele avuca sığmaz serseri biri olup çıkıyordu. Aslına bakarsanız, ona böylesi bir davranışı çok görmemek gerekiyordu. Öyle ya! O, ne de olsa sıkı bir punkçı değil miydi?

Sena o anda yere uzanmış kendi kendine mastürbasyon yaparken, ben de balkona çıkmak için yerimden doğruldum. "Ne o?" dedi. "Yoksa gördüğün şey hoşuna gitmedi mi?"

"Hayır," dedim bağırarak. "Hoşuma gitmedi."

"O zaman erkek ol da beni becer. Kulak memesi kıvamına gelmiş erkeklik organını dikleştir. Artık bu şişe kadar bile sert olamıyorsun," dedi alaycı bir tavırla.

Kızgın bir boğa gibi burnumdan soluyordum. Sinirle dolabı açtım. Malzemelerimi çıkardım. Eroini hazırlamaya koyuldum. O sırada da bu şehre nasıl geldiğimi lanetle anarak hatırladım...

* * *

Erdoğan o gün bankadaki işlerini halledip eve döndüğünde, yedek anahtarlar yaptırıp bana getirmişti. "Al," dedi. "Bu anahtarlar senin. Ayrıca senden bir ricam olacak. Burada kaldığın süre içinde herhangi bir taşkınlık istemiyorum. Yoksa bu evden gidersin."

Evin patronu Erdoğan'dı. İlk günden kuralları koymuştu. Bu kurallara uymaktan başka bir çarem yoktu. Başımı salladım. "Patron sensin," dedim. "Seni asla mahcup etmem."

"Ben sana baştan söyleyeyim de, sonra aramız açılmasın," dedi Erdoğan, sonra da tekrar evden çıkıp gitti.

119

Erdoğan'ın arkasından hemen ben de dışarı çıktım. Kaç gündür İstiklal Caddesi'nde yürümeyi özlemiştim. Az önceki tedavim sonrası her ne kadar uyuşmuş olsam da, o yaz gününün sıcaklığından ve güneşin yakıcı aydınlığından bunalmaya başlamıştım.

Bu arada, İstiklal Caddesi'nde yürürken dükkânların vitrin camlarına yansıyan ve her geçen gün giderek daha bir yılgınlık saçan görüntümü de bir türlü kabullenmek istemiyordum. Ayrıca işsiz kalışım da bana acı veriyordu. Sanki o anda sokakta değil de, kör bir belirsizlikle etrafımı kuşatan ve yüksek duvarlar içinde kaybolmuş olduğum bir lâbirentin karanlık koridorlarında, kendim için bir çıkış yolu arıyordum. Artık şu gerçeği yine çok iyi biliyordum ki, eğer şansım yaver gitmezse asla iyi bir iş bulamayacaktım.

Aman Allahım! Bugünüm, gelecek günlerimin kötü geçeceğinin bir habercisi gibiydi. Hayatımda o kahrolası sonların hiç sonu gelmez huzursuzluğu içinde, bir başıma yine kalakalmıştım. Erdoğan'da daha ne kadar kalabilirdim ki? Erdoğan bana daha ne kadar bedava mal verebilirdi ki? Haliyle cebimde beş kuruş para yokken, tedavi olmak için mal da alamayacaktım. Birkaç gün sonra İstiklal Caddesi'nde salya sümük bir halde, karın ağrısı krampları içinde, bedenim iki büklüm bir vaziyette ve cılız bedenimi taşımakta bile zorlanan dizlerimin sızısıyla baş başa kalacaktım.

Allah kahretsin! Her şey dediğim gibi çıktı. Tam bir aydır sokaklarda aylak aylak dolaşıyordum. Çalışabileceğim bir iş bulamıyordum. Tipimi görenler beni işe almıyorlardı. Bir aydan beri de sağ olsun Aylinciğimin maddi desteğiyle ayakta kalmaya çalışıyordum. Aylin de İstanbul Rum Hastanesi'nden çıktıktan hemen bir gün sonra, yeniden uyuşturucuya başlamıştı. O da uyuşturucuyu bırakamamıştı.

Bir öğle vakti evde tedavimi olmuş, balkonda sigara içiyordum. Erdoğan evde yoktu. Telefon çaldı. Ahizeyi kaldırıp kulağıma dayadım. "Alo," dedim.

Arayan Aylin'di. "Bu akşam müsait misin?" diye sordu. "Hayrola," dedim. "Evde parti mi veriyorsun?" Güldü. "Hayır," dedi. "Evde parti vermiyorum ama seni Kilyos'ta düzenlenen punkçıların konserine davet ediyorum." Kısa bir süre düşündüm. "Teşekkür ederim," dedim. "Beni oralara kadar hiç yorma istersen. Hem yol bayağı bir uzak, hem de punkçıların dinledikleri müziklerden nefret ederim." "Ne olur," dedi. "Beni kırmayıp bu akşam geliyorsun. Ben de punkçıların dinledikleri müziklerden hoşlanmıyorum ama arkadaşım Sena'ya bir kere söz verdim. Beni orada yalnız bırakma. Biz seninle bir köşeye çekilip tedavimizi oluruz. Dünden aldığım mal hâlâ zulamda duruyor."

Eroinin ismini duyunca gözlerim fal taşı gibi açıldı. "Pekâlâ," dedim. "Saat kaçta ve oraya nasıl geleceğimi söyle bana?"

"Saat dokuz gibi orada ol," dedi Aylin. "Atatürk Kültür Merkezi'nin önünden özel otobüsler kalkıyor."

Saat tam sekizde Kilyos'daydım. Hayatım boyunca görmediğim ilginç tipleri burada, konser alanında gördüm. Dikkatimi çeken ilk şey, genç oğlanların ve genç kızların saç kesimleriyle, saç renkleriydi. Saçları sanki gökkuşağı gibiydi: Yeşil, mor, mavi, kırmızı, sarı...

O anda dikkatimi başka bir şey daha çekti. Hemen hemen herkesin elinde ya bir bira ya da bir şarap şişesi vardı. Karşımdaki büfeden soğuk bir bira aldım. Biramı içerken, Aylin'i beklemeye koyuldum.

Akşamın karanlığı havaya ağır ağır çökmeye başlamıştı. Aylin'in geçen hafta bana hediye ettiği eski püskü Nokia cep telefonum çaldı. "Alo," dedim.

"Biz geldik. Neredesin?"

Başımı kaldırıp çevreme bakındım. Bulunduğum noktayı Aylin'e tarif ettim. Beş dakika sonra Aylin ve kız arkadaşı çıkageldi. "Selam," dedi Aylin bana sarılırken.

"Selam," dedim yanağından öperken.

"Seni Sena'yla tanıştırayım. Sena çok eski bir arkadaşımdır."

Kıza baktım. Gülmeye başladım. Kızcağız gülmeme bozuldu. "Bana niçin gülüyorsun?" dedi.

"Yok, bir şey," dedim hâlâ gülerken.

Aylin bana baktı. "Çabuk neye güldüğünü söyle?" dedi.

"Punkçı arkadaşlara gülüyorum," dedim. "Acaba hepsi de aynı berbere mi gidiyorlar diye merak ettim de."

Aylin ilk önce Sena'nın, sonra da başını çevirip diğer punkçıların saçlarına baktı. O da kahkahalarla gülmeye başladı. "Hiç kusura bakma Sena," dedi. "Onur haklı. Hepinizin saç modeli ve rengi sanki aynı berberin elinden çıkmış gibi."

Sena, Aylin'e baktı. "Siz ikiniz ne anlarsınız ki punkçıların ruhundan?" dedi gülerek, sonra da arkasından ekledi: "Bira almaya gidiyorum. Siz de içer misiniz?"

Aylin bana baktı. "Benim hemen tedavi olmam gerekiyor. Bir an önce kuytu bir yer bulsak iyi olacak."

"Bana da esrarlı bir sigara sarsanıza," dedi Sena.

"Sen eroin kullanmıyor musun?" diye sordum Sena'ya.

Güldü. "Hayır," dedi. "Ben otçuyum, bokçu değil."

Aylin güldü. "Sen ona bakma Onur," dedi. "O alkoliğin tekidir. İçki içmekten eroin kullanmaya zaman bulamıyor. Ha! Bir de hapçıdır. Devamlı haplanıyor."

"Sen kendine bak," dedi Sena Aylin'e. "Bir gün kolunda o enjektörle öleceksin."

122

"Aman," dedi Aylin. "Atın ölümü arpadan olsun."

Sena bize arkasını dönüp bira almaya giderken kahkaha attı. "Benim ölümüm de biradan olsun," dedi.

Aylin'e baktım. "Bu kız kaç yaşında?"

"Henüz yirmisinde."

"Ailesi yok mu?"

"Bizimki gibi. Var da yok."

Sena elinde bir poşetle yanımıza geldi. "Size de aldım," dedi. "Belki o boktan sonra canınız çeker."

"Haydi bir an önce gidelim," dedi Aylin. "Kuytu bir yer bulalım. Orada tedavimizi olalım. Sonra da sabaha kadar dans edip eğlenelim."

PARADOKS

25 Temmuz 2002, Perşembe

Saat gecenin üçüydü. Masanın başında oturmuş tuttuğum günlüğü karıştırıyordum. Saatin takvimine baktım. Antalya'ya tam bir hafta önce gelmiştik. Bu süre içinde pek de bir şey yaptığımız söylenemezdi. Bütün gün evde takılıyor, akşamları da dışarı çıkıp aylak aylak dolaşıyorduk. Ya sahildeki birkaç içkili mekâna takılıyor ya da falezlere yakın bir amfide oturup vakit geçiriyorduk.

Bu arada, Selen ve arkadaşları zulamda sakladığım tüm esrarı tüketmek üzereydiler. Eroine gelince, değil evde onun konusunu açmak, adını bile kimse telaffuz etmiyordu. Ben de tedavi olduğum saatlerde ya tuvalete kapanıyordum ya da odama çekiliyordum. Mümkün olduğunca eroinman olduğumu onlardan saklıyordum. Çünkü hiç kimsenin o andaki zavallı halime tanıklık etmesini istemiyordum. Bunu onlardan nasıl isteyebilirdim ki? Kollarımda damar ararken, enjektörün iğnesini defalarca etime batırıp çekerken, kollarımdan iplik iplik sızan kanı görmelerini onlardan nasıl isteyebilirdim ki? Onları böyle bir şeye tanık etmek, kendimi onların gözünde küçültmez miydi? Benden tiksinmezler miydi? Tabii ki tiksinirlerdi. Artık ben bile kendimden tiksiniyorken, onların benden tiksinmemelerini beklemek saflık olmaz mıydı?

Her neyse... Bugün düşüncelerim yine karman çorman. Hangi sözcüklerle saptamalı içinde yaşadığım zamanı? Bilmiyorum; ama bildiğim bir gerçek var. Artık asosyal bir insan olup çıktım. Burada da fark ettim ki, herkesten bir öcü gibi kaçıyorum. Kimseyle tek kelime bile konuşmak istemiyorum. Sadece günlük iğnelerimi yapıp tedavi oluyorum, sonra da kendimi bu odanın içine kapatıyorum. Kimi zaman ya bu odanın içinde sakince oturuyorum ya da balkonda eski bir koltuğun üzerinde saatlerce düşüncelere dalıp gidiyorum. Bu düşüncelere dalarken de bazen esrar sarıp içiyorum.

Bir gün yine evin balkonunda yalnız takıldığım sıcak gecelerin birinde yüzümü çevirip gökyüzünün karanlık sonsuzluğunun derinliklerine saçılmış, ışık kırıntıları gibi titreşerek yanıp sönen yıldızlara bakıyor, gecenin sakin karanlığı içinde ta uzaklara dalıp gidiyordum. Kendimi böyle düşünmeye bıraktığım zamanlarda, içinde bulunduğum bu duruma beni sürükleyen nedenleri ve o nedenlerle bocaladığım süreçleri hep yeniden hatırlıyordum. Esrarla yeni tanıştığım çocukluk dönemlerimi hatırlıyordum. O çocuk yaşımda beni birtakım sorunlarımdan uzaklaştırıp arındıran, sonra da bir boşluk anımda beni eroin kullanmaya yönlendirip bir bataklığın kenarına bağlayan uyuşturucunun bana yaptığı kötülükleri şimdi bir kez daha fark ediyordum. Bu gerçeği fark edişim içimi yakıyordu yakmasına ama, iş işten çoktan geçmişti. Eroinin ilk zamanlar beynimde salgıladığı huzurlu, sakin ve insanı hafifletici o tatlı yanları zaman içinde yok olmuş, bana şimdiki bu kötü yaşantımı miras bırakmıştı.

Geçen bu zaman içinde kimleri de kaybetmemiştim ki? Geçen bu zaman içinde hangi dostlarımı hayatımdan kaçırmamıştım ki? Geldiğim bu şehirde, bu gerçekleri şimdi bir kez daha fark ediyordum.

Meğerse birkaç saatlik yalancı düşler uğruna herkesi bozuk para gibi harcamıştım. İlk zamanlar güzel bir kadın kılığına girip beni ayartan o düşsel anların, o tatlı hazların, o yalancı mutlulukların aslında beni göklere çıkarmak yerine yerin derinliklerindeki daracık bir mezara nasıl diri diri gömdüğünü bu şehirde şimdi bir kez daha fark ediyordum.

Aman Allahım! Şimdi bir bilsen nasıl korkunç bir durumdayım. Beni nasıl olur da kabir hayatına mahkûm eder o şeytan? Bu dünyada artık ne ölüp yok olabiliyordum, ne de var olup yaşayabiliyordum. Öyleyse ben kimim? Bir ölü müyüm, yoksa yaşayan bir diri mi? Ben kimim? Bütün bu gerçekleri burada şimdi bir kez daha fark ediyordum.

Durun! Daha bitmedi. Geldiğim bu şehirde bir tek bunları mı fark ettiğimi sanıyorsunuz? Hayır! Burada bir tek bunları fark etmedim. Son günlerde hislerimden kaynaklanan acı verici bir paranoyanın ruhumu kuşatan yapışkan kolları arasında çırpınıp duruyordum ayrıca. Bütün insanlardan çok çok uzaklarda yaşamaya çalıştığım bir çeşit diriler mezarlığında âdeta gecenin karanlığını yaşıyordum. Ruhumun tenha boşluklarında gezinen garip bir yaratık gibi, ben de kendi boşluğumda dolaşıp durduğumu fark ediyordum.

Evet! Bir şeyi daha fark ediyordum: Yakalandığım bu hastalığı şayet kendi kendime tedavi edemezsem, bir dahaki sefere deneyeceğim altın vuruşun dozunu çok daha iyi ayarlamam gerekiyordu. Ölümü bir çıkış, bir kurtuluş yolu olarak görmeye başladığım şu ana kadar ise Allah bilir daha kaç kez ölüp dirilmem, kaç kez de dirilip ölmem gerekiyordu? Bu süre içinde de daha ben kimleri, kimler beni terk ediyor olacaktı? En sonunda da katlanılmaz bir hal alan yaşantım, nerde ve nasıl bir sonla bitiverecekti? Ya da üzerime çöken bu karanlık kâbusun dağılıp gitmesi için masalsı bir mucizeye mi ihtiyacım olacaktı?

İşte tam da o sırada gökyüzüne bakarken, karanlıklar içinde parıldayan bir yıldıza gözüm ister istemez takıldı. Masalsı mucizemin bu yıldız olabileceğini bir an için düşündüm. Gökyüzünün karanlığı içinde titreyip duran parlak ışıltısı daha da şiddetlenip artacak, sonra da o şiddetli titreyişleriyle içinde kaybolduğum gecenin alacakaranlığını aydınlığa dönüştürecekti. Gecenin karanlığını aydınlığa dönüştürürken de, gökyüzü bir anda şiddetli bir şekilde sarsılacak, âdeta kulakları sağır edecek büyük bir çatlayışla gökyüzü boydan boya yarılacaktı. Ve gökyüzünün derinliklerinde bir anda aralanan o göz kamaştırıcı geçitten, şimdiki mevcut duyularımızla algılayamadığımız bir varlık, ışıklar arasından çıkagelerek ellerimden tutacak, yaşadığım bu âlemden beni çekip kurtaracaktı. Artık bilemiyorum. Beni o anda bu âlemden dışarıya mı çekip çıkaracaktı, yoksa başka bir âlemin kapısından içeriye mi sokacaktı?

"Bu akşam bizimle dışarıya gelmemekle eline kına yaktın mı?" dedi tanıdığım o ses bana.

O anda dalıp gittiğim düşüncelerim bir kâğıt parçası gibi yırtıldı. "Bu akşam kendimi iyi hissetmiyordum," dedim Sena'ya. "Bu yüzden sizinle gelmedim."

"Sen iyi misin?" dedi Sena. "Rengin kaçmış. Yüzün kireç gibi bembeyaz."

"Bir an önce buradan gidelim," dedim, Sena'nın beline sarılıp bir çocuk gibi ağlarken.

"Tamam da nereye gideceğiz?"

"Bilmem. Kaş'a gidelim. Orada bir iş bulup çalışırız. Burada daha fazla kalamayız. Zulamda en fazla bir-iki günlük malım kaldı. O da bittiğinde artık yanıp kavrulurum ben."

"Peki, onsuz Kaş'ta ne yapacaksın?"

"Bir iş bulup çalışırsak belki üstesinden gelebilirim. Kafamı onunla değil, işle meşgul ederim."

"Tamam," dedi Sena. "Bir miktar para bekliyorum. O elimize geçer geçmez hemen buradan gidiyoruz."

"Söz mü?"

"Söz," dedi. "İstanbul'u bu yüzden terk etmedik mi seninle?"

O gece vakti Sena soyunup yatağa girerken, ben de İstanbul'u terk etmekle iyi mi yoksa kötü mü yaptığımızı sabaha kadar düşündüm durdum...

AYLİN

꘎꘎

28 Temmuz 2002, Pazar

İstanbul Rum Hastanesi'nden taburcu olduktan sonra günler haftaları, haftalar ayları kovaladı. Ben hâlâ bir iş bulamamıştım. Bu arada Erdoğan, evden ne zaman ayrılacağımı son günlerde bana sık sık soruyordu. Ona kaçamak cevaplar verip duruyordum. Haftaya ayrılacağımı ona söylüyordum. O hafta gelip çattığında ise önümüzdeki hafta kesin olarak evi boşaltacağımı ona yineleyip duruyordum. Ama her nedense o gelecek haftaların sonu bir türlü gelip çatmıyordu. Aslında gidecek hiçbir yerim yoktu. Erdoğan da bu gerçeği çok iyi biliyordu. Belki de beni hemen kapının önüne koymayışı bu yüzdendi. Erdoğan beni sokağa atana kadar onun evinde yaşamak zorundaydım. Moralim çok bozuktu. Gelecek günlerin güzel geçeceğini muştulayan en ufak bir umut kırıntısını, yerlerde yiyecek arayan güvercinler gibi arayıp duruyordum.

O öğle vakti hava çok sıcaktı. Bir gün önce Aylin telefonla aramış, yaşadığı eve beni ilk kez davet etmişti. O gün yine her zamanki gibi tedavimi olmuş, evde bir başıma pinekliyordum. Pineklerken de akşamın olmasını bekliyordum. Akşamüzeri Karaköy'den vapura atladığım gibi Üsküdar'a geçip, oradan da Salacak'a gidecektim.

Gün batımında vapurla karşıya geçtim. Herkes işten çıkmış, evlerine doğru koşuşturuyordu. O anda sokakta yürüyen bir aile dikkatimi çekti. Baba küçük oğlunu kucağında taşıyor, onu şapır şupur öpüyordu. Çocuk, yanağını elinin tersiyle siliyor, anneyse, kocasına ve oğluna bakıp gülüyordu. Bir anda karşımda bu mutlu aile tablosunu görünce, yanağıma iki damla yaş düştü. Yıllar sonra İstanbul Rum Hastanesi'nde karşılaştığım babam aklıma geldi. Tüylerim diken diken oldu. Bana yıllar sonra bir kez daha attığı kazığı hâlâ içime sindirememiştim. O gün, o hastanede bana karşı davranışlarındaki çiğliği görünce, benden bir umudumu daha alıp koparmıştı. İçimde bir çiçeğin tohumları gibi patlamaya hazır olan umutlarımı tekrar söndürüvermişti.

O gün babamın bana karşı sergilediği o davranıştan sonra, ne annemin ne de erkek kardeşimin telefon numaralarını isteyebilmiştim. Doğrusu korkmuştum. Babamı tekrar aramakla yaptığım yanlışı, onları arayarak da yapamazdım. Ya anne bildiğim o güzel kadın da beni yanında istemezse, o zaman ben ne yapardım? İşte bu korkularım yüzünden onların telefon numaralarını isteyemedim. Babam tarafından bir kez daha başıma yıkılan dünyanın toz bulutları içinde âdeta nefes almaya çalışıyorken, ne onların telefon numaralarını ne de adreslerini isteyebilmiştim. O sırada gömleğin cebine koyduğum cep telefonu çaldı. "Alo," dedim.

"Geldin mi?" dedi Aylin

"Şimdi vapurdan indim. Oraya nasıl geleceğim?"

"Kız Kulesi'ne doğru yürü. Seni oradan alacağım."

Kız Kulesi'nin tam hizasına geldiğimde durdum. O anda kalabalığın arasından bir ses duydum: "Onur, Onur... Buradayım."

Başımı sesin geldiği yöne doğru çevirdim. Aylin boynuma sarıldı. "Canım arkadaşım," dedi, yüzünü göğsümün üzerine bastırırken. "Hoş geldin."

"Hoş bulduk canım," dedim yanağına bir öpücük kondururken. "Görüşmeyeli sen nasılsın?"

"Çok iyiyim. Ya sen?"

"Eh işte," dedim. "Öyle böyle."

"Hiçbir şeyi kafana takma," dedi. "Haydi şimdi bir an önce eve gidelim. Daha âlem yapacağız."

"Gidelim," dedim. "İkimizden başka kimseler de olacak mı?"

"Tabii ki olacak. Kırk yılın başında bir fırsat yakaladım. Anneannemi Antalya'da yaşayan kızının yanına anca gönderebildim. Kadın beni yalnız bırakıp hiçbir yere gitmiyor. İlla her yere benimle gidecekmiş. Yok ya? Ben de genç bir kızım. Biraz yalnız başına kalmak benim de hakkım değil mi?"

Güldüm. "Gülme öyle," dedi omzuma vururken. "Antalya'ya giderken bana ne söyledi biliyor musun?"

"Anneannen mi?"

"Kim olacak şaşkın? Tabii ki o."

"Ne söyledi?"

"Bak kızım," dedi sesini kalınlaştırarak. "Şimdi ben gidiyorum. Ama bu eve o zibidi arkadaşlarından birini bile aldığını duyarsam seni lime lime doğrarım."

Tekrar güldüm. "Şimdi o zibidi arkadaşın ben mi oluyorum?" Aylin de güldü. "Merak etme. Bu akşam evde başka zibidiler de olacak."

"Hele şükür," dedim. "Yoksa kendimi çok kötü hissedecektim."

"Sen anneannemi tanımıyorsun Onur. Bu kadın tıpkı Sürahi Hanım gibi. Bana bir an olsun bile nefes aldırmıyor."

"Neden onunla birlikte yaşıyorsun ki? Sen de ayrı bir eve çıksana."

Ne kadar adi bir insanım. Aslında bu soruyu daha çok kendim için sormuştum. Şayet Aylin tek başına bir evde yaşıyor olsaydı belki ben de onun yanında kalabilirdim. "Olmaz," dedi Aylin, umutlarımı yıkarken. "Babam ve annem tek bir şartla bana para veriyorlar."

"Ne şartı?"

"Anneannemle birlikte yaşamam karşılığında her ay bana para gönderiyorlar. Bir ay babam para gönderiyor, bir ay da annem."

"Ya bir gün bu evden ayrılırsan o zaman ne olur?"

"Ne olacağını hemen sana söyleyeyim. Anneannemin yanından ayrıldığımı duyunca bana öfkelenirler. Gönderdikleri parayı keserler. O günden sonra da para bulmak için çalışmam gerekecek. Benim gibi bir eroinmanı yanına alıp kim çalıştırır ki?"

Aylin doğruları söylüyordu. Aylardır benim gibi bir eroinmana da hiç kimseler iş vermemişti. "Şimdilik bu düzeni devam ettirmeye mecburum," dedi Aylin. "Sen ne yapıyorsun? Hâlâ bir iş bulamadın değil mi?"

Sesim çatallaştı. O anda bana dokunsa ağlayacak gibiydim. "Biliyorsun durumumu Aylin," dedim. "Hâlâ bir iş bulamadım. Senin de az önce söylediğin gibi bizlere hiç kimseler bir iş vermiyor. Çünkü bedenlerimizden yayılan asit kokularımızın sayesinde insanlar bizden kaçıp uzaklaşıyorlar. Artık şu gerçeği kabul ediyorum: Biz ölü gibi kokuyoruz. Her gün yedi ayrı hamamda kırk tas su dökünsek de bu kokuyu bedenimizden çıkaramıyoruz. Artık bir iş bulma umudumu yitirdim. Umudumu yitirirken de âdeta tükendim."

Aylin bana bakıp güldü. "Ben henüz kokmaya başlamadım," dedi. "Bedenim bir gün kokmaya başladığında seninle birlikte ortalıkta kokarca gibi dolaşır, anneannemi evden temelli kaçırırız artık, ne dersin?"

Güldüm. "Vallahi âlem kızsın. Keşke seni daha önce tanısaydım."

"Geldik," dedi Aylin, işaret parmağıyla evi gösterirken. "İşte şu ev."

"Ne çabuk geldik? Kız Kulesi'ne bu kadar yakın mıydı?"

"Yakın," dedi Aylin.

Başımı kaldırıp eve baktım. Ev griye boyanmış yüksek duvarlarla çevriliydi. Aylin çantasından anahtarı çıkarıp bahçe kapısını açtı. Bahçeye girdiğimizde âdeta cennetin kapısı yüzüme açılır gibi oldu. İsmini bilmediğim envai çeşit çiçeğin kokusu havaya karışmıştı. Tarihi ahşap bina ise çiçeklerin arasında salınarak gezen cilveli bir kadın gibi, tüm ihtişamıyla öylece karşımda duruyordu. Aylin'e baktım. "Ne kadar güzel bir ev," dedim.

"Ya," dedi Aylin umursamaz bir tavırla. "Ne demezsin?"

"Neden böyle düşünüyorsun? Valla insanın bu evde ömrü uzar."

Aylin, ahşap merdivenin basamaklarını ağır adımlarla çıktı. Ahşap basamaklar, kağnı arabalarının gıcırdayarak dönen tekerlekleri gibi ses çıkardı. "Bu sesi duyuyor musun Onur?"

"Evet," dedim, ayağımızın altında gıcırdayan basamakların çıkardığı sese kulak kabartırken.

"Bu evin dıştan görünüşü asla seni yanıltmasın. Bu ev de tıpkı senin gibi, tıpkı benim gibi hayat yorgunu. Bak! Bak da kendi gözlerinle gör! Ayağını bastığın her yerden ses geliyor. Bu ev miadını çoktan doldurmuş. Ayakta duruyor durmasına ama içine çoktan kurt girmiş. Tahtaları her gün kurtlar kemirip toza dönüştürüyor. Tıpkı senin her gün kanına karışan o toz gibi. Tıpkı benim her gün kanıma karışan o toz gibi. Bu evde yaşamaktan nefret ediyorum. Bu eve bakınca beni, seni, diğer cankileri hatırlatıyor. Yalnızlığımı hatırlatıyor. Bu gösterişli evin içinde her gün yapayalnızım."

"Yapayalnız mı? Anneannen var ya?" dedim şaşkınlıkla.

Aylin acı acı güldü. "Bari bu sözü sen söyleme Onur. Bizim gibi eroin bağımlılarının istediği tek bir şey yok mu?"

Kısa bir süre düşündüm. "Haklısın," dedim. "Tek istediğimiz şey tedavi olmak."

Aylin elini kaldırdı. Yanağıma hafifçe vurdu. "Seni şapşal. Ben sana ondan bahsetmiyorum."

"Peki, sen neden bahsediyorsun?"

"Sen beni anlamıyorsun," dedi Aylin, evin kapısını aralarken. "Biliyor musun? İnsan en eski bilmeceymiş. Hâlâ da bu bilmeceyi çözen olmamış. Bir zamanlar birini sevdim. Bana, güzel bakan o gözlerini bırakıp giderken, bana meğerse bir şey daha bırakmış: Özlemi! Onu her geçen gün daha fazla özlerken, hiç istemeden bir şeyin daha sahibi olmuştum: Yalnızlığımın! Ondan ayrıldıktan sonra geçmiş güzel günlerimizi eşelerken bulmuştum yalnızlığımı. O zamana kadar hiç kimse bana, 'Bir an gelir herkes kendi yalnızlığına âşık olur,' dememişti ki. Ama şimdi daha iyi anlıyorum. Sen ve ben yalnızlığın mayasından yaratılmışız. Sen ve ben artık yalnızlığımıza âşık olmuş iki insanız. Bizim bu yalnız dünyamızda şafak atmaz, gün doğmaz. Gergin, donuk, yamyassı dünyamızda katılaşıp kaldık bir kristal taşı gibi. Çığlık çığlığa bir gecenin içinde, ikiye ayrılmış karanlık bir gökyüzünde, kan içindeki bir şırınganın ucunda, sahipsiz bir gölge olmuş ve hiç kimsenin istemediği yürek karası düşlerin kanatlanmış ölüleri gibiyiz ikimiz. Sen ve ben... İkimiz... Yapayalnızız bu dünyada. Artık güzel mekânların bizim dünyamızda yeri yok Onur. Ancak boş bir odanın bizim dünyamızda yeri var. O boş odaya bir başımıza çekilip tedavimizi olacağız. Sonra da insan şeklinden çıkmaya başlayan bedenlerimizi bu boş odalarda kamufle edip, bir başımıza öleceğiz. Evet, Onur. Ben de hayat yorgunu milyonlarca insan gibi yalnızlığıma âşık oldum. Şimdi beni daha iyi anlıyor musun?"

Midem bulandı. Kirli cam nasıl ki varlığının görüntüsünü yansıtır. Aylin de bir çırpıda içinde bulunduğum durumun görüntüsünü ayna olup bana yansıtmıştı. Aylin'in az önceki sözleri bir karabulut gibi üzerime çöktü. İçimde kıymık kadar kalmış yaşama sevincini benden alıp götürdü. O anda ölümün sisli halesi belirdi gözlerimin önünde. Yalnızlığımın kuru çığlığı kulaklarımda yankılandı. Çamurlu suya atılmış bir sünger gibi ağır ağır batıyordum. Aylin haklıydı. Bizim gibi hayat yorgunları bu dünyada eninde sonunda yalnız kalabilecekleri bir yer arıyordu. Bunun için de yalnızlığa âşık olup, yalnız kalmanın düşlerini kuruyorduk. Ben de kaç zamandır bir odanın içinde yalnız kalmaktan ve o boş odada yalnız yaşamaktan başka ne yapıyordum ki? İnsan içine mi çıkabiliyordum? Eski dostlarıma uğrayıp onların hal hatırını mı soruyordum? Hayır! Tanıdığım herkesten fellik fellik kaçıyordum. Onlardan kaçıyordum çünkü bu halimle onlara gözükmek istemiyordum. Ama bir şeyi vardı ki, işte onu çok istiyordum: İçinde saplanıp kaldığım bu illetten sonsuza dek kurtulmak.

Evet! Yanlış okumadınız. İçine saplanıp kaldığım bu illetten ebediyen kurtulmak istiyordum. Artık böyle yaşamaktan yoruldum. Bu bağımlılıktan kurtulup insanca yaşamak istiyordum. Beni yok etmek ister gibi etrafımda dönüp duran, her geçen gün biraz daha dibe doğru kayıp gittiğimi anladığım bu yaşantıdan kurtulmak istiyordum. Hayat sandığım bu ölüm uykusundan bir şekilde uyandırılmak istiyordum. Dünyaya yeni gelmiş bir bebek gibi gözlerimi açarak, her ayrıntının farkında olan yetişkin bir insan gibi çevreme bakarak yaşamak istiyordum. Kendimi hiç uyuşturmadan, görerek, hissederek, dokunarak yaşamak istiyordum. Bu dünyada karşıma çıkan tüm zorluklarla soyluca mücadele ederek, hayatın acı yanlarını kendi içimde dindirerek yaşamak istiyordum. Tıpkı eski günlerimde olduğu gibi, kendime güven duyarak sokaklarda dimdik yürümek istiyordum. Zamanında yüz yüze konuştuğum dostlarımın gözlerinin içine tekrar bakarak onlara gülümsemeyi istiyordum. Çok özlediğim ev yemeklerinin tadına bakmayı istiyordum. Bir kadına âşık olup, o yürek sarsıcı hazları yeniden hissederek yaşamayı istiyordum. Eroine her gün bir avuç dolusu para vermek yerine, kendime yeni ve güzel giysiler satın almayı istiyordum. Her şeyden önemlisi, bu yaz gününün sıcağında kısa kollu bir tişört ya da kısa kollu bir gömlek giymeyi istiyordum.

"Yine nerelere dalıp gittin?" dedi Aylin, sağ kolunun dirseğiyle karnıma vururken.

O an dalıp gittiğim düşünceden sıyrıldım. "Buradayım," dedim gülerek. "Bir yere gittiğim yok."

"Sana az önce söylediğim şeyler için bana hak verdin mi?"

"Haklısın," dedim başımı sallayarak. "Yerden göğe kadar haklısın. Ben de senin gibi yalnızlığıma âşık oldum. Hem de yalnızlığıma öyle bir âşık oldum ki, herkesten ve her şeyden kaçar oldum. Tıpkı hapishaneden kaçan firari bir mahkûm gibi."

"Şimdi boş ver bunları," dedi Aylin. "Ne içersin?"

"Soğuk bir bira içerim."

"Hemen getiriyorum," dedi. "Sen keyfine bak."

O gece evde sekiz kişiydik. Ben, Aylin ve Merve eroin bağımlısıydık. Sena ve diğerleri de esrarkeştiler. Sena'yla ilk kez bu kadar yakınlaşmıştık. Gecenin ilerleyen saatlerinde Aylin yanıma geldi. "Bak Onur," dedi. "Sena sana abayı yakmış. Bu gece seninle yatmak istiyor. Benden duymamış ol."

Güldüm. Biramdan bir yudum aldım. "Hay hay," dedim. "Bu gece Sena Hanım'ın emrine amadeyim."

Gece bir vakit Sena yanımıza geldi. Ayakta zar zor duruyordu. Kibriti çaksan patlayacak gibiydi. Tekila şişesinin dibine vurmuştu. Elimden tuttu. "Seninle sevişmek istiyorum," dedi.

Aylin, Sena'nın bu haline güldü. "Sizi terbiyesizler," dedi. "Bari bizim duymayacağımız şekilde konuşun."

Oturduğum yerden kalktım. Sena'nın beline sarıldım. Bulduğum boş bir odaya soktum onu. Üzerini ağır ağır soydum. Ayakta duramayıp yere düştü. Gülmeye başladı. "Odanın içi dönüyor," dedi peltek peltek konuşarak.

Bu sefer ben kahkahayı bastım. "Odanın içi değil de sakın senin başın dönüyor olmasın?" dedim.

"Hayır," dedi Sena harfleri ağzında geveleyerek. "Yer sanki altımdan kayıyor. Oda etrafımda dönüyor."

O günlerde dikkatimi çeken bir şey vardı. Erkekliğim de bedenim gibi ağır ağır ölüyordu. Ne komik bir cümle oldu bu şimdi! Ölen bir bedende erkeklik nasıl ayakta durabilirdi ki?

Her neyse... Demem o ki, cinsel hayatım da şu fani hayatım gibi bitip tükeniyordu. Ama o gece formumdaydım. Tek atışlık tabancam barutla doluydu. Sena'yla oracıkta dakikalarca seviştim. Sena bir süre sonra alkolün etkisiyle sızıp kaldı. Ben de onu odada bırakıp bahçeye çıktım. Aylin salıncakta sallanıyordu. Yanına gittim. "Ne yapıyorsun?" dedim.

137

"Hiç," dedi. "Az önce milleti yolcu ettim. Ben de kendimi buraya attım."

"Herkes gitti mi?

"Gidenler gitti, gitmeyenler de içeride bir yerlerde sızıp kalmıştır."

"Uyumuyor musun?"

"Birazdan uyurum. Sena sızdı mı?"

"Evet."

"Seviştiniz mi?"

Sustum. Utancımdan yüzüm alev alev yanmaya başladı. Aylin kahkahayı bastı. "Yoksa utandın mı?" dedi.

Ona cevap vermedim. "Gel yanıma otur utangaç çocuk," dedi.

Salıncakta bana yer açtı. Yanına oturdum. Başını omzuma dayadı. "Sen çok iyi bir insansın," dedi. "Seni geç tanıdığıma pişmanım."

"Sen de çok iyi bir kızsın. Hakkını ödeyemem. Babamın yapmadığını bana yaptın. Kaç aydır cebime harçlık koyuyorsun. Senin yüzüne bakmaya utanıyorum."

"Aman! Sana verdiğim para benim param değil ki. Babam ve annem olacak domuzların parası. Beni başlarından savmanın parası o para."

"Yine de sağ ol. Hakkını hiçbir zaman ödeyemem. Bundan sonra ne yapacaksın? Böyle yaşamaya devam mı edeceksin?"

İşaret parmağını dudağımın üzerine koydu. "Şşşt," dedi. "Bu saatten sonra soru sormak yok. Şimdi ağır ağır esrarımızı içelim. Gökyüzündeki yıldızları izleyelim."

O yaz gecesi, gökyüzünün pırıl pırıl ve dipdiri koyuluğundaki titrek ışıltısıyla, bize göz kırpıp duran yıldızların pencere camlarına çarpan görkemi içinde kaybolmuşken, bir anda aklıma o geldi. Kim bilir şu anda hangi erkeğin koynundaydı? Belki de deniz kıyısında oturmuş, arkadaşlarıyla vakit geçiriyordur. Ya da bu yaz gecesinin ılık meltemınde, evlerinin balkonunda oturmuş elinde tuttuğu bir kitabın derin satırları arasında dolaşıyordur. O gün hayatımdan bir daha dönmemek üzere çekip giderken içimde derin yaralar açan, düşlerimin olur olmaz zamanlarında uykularıma sızarak yüreğimi buğulu duygularla çarptıran, içimin derin bir kuytusunda her şeyden uzaktaki o masum varlığıyla bana tatlı tatlı gülümseyen o kadını hatırladım. Bir zamanlar âşık olduğum kadını, Eylül'ümü bir anda hatırladım.

Acaba beni en son ne zaman düşünmüştür? Kim bilir belki de şu anda, incecik parmaklarıyla tuttuğu kalemiyle, üzerine eğildiği defterinin ak sayfalarında, balkonlarına yansıyan sokak lambasının ışığı altında, nazlı nazlı açan o gelincik çiçeğinin sürüp giden öyküsünü yazıyordur hâlâ. İşte o anda karşısına dikilip şöyle haykırmak isterdim ona: "Bak sevgilim! İnancı uğrunda can vermeye amade olan soylu bir savaşçının gururuyla çekip gittim. Ama geri döndüğümde sana, zaferlerle kazanılmış kucak dolusu umutlar getireceğim. Sonra sana getirdiğim bu umutları, bakmaya doyamadığım o güzel gözlerindeki kıvılcımlarla harmanlayıp, dudaklarında tutuşan eşsiz tebessümün içinden kana kana içeceğim..."

"İçer misin?" diye sordu Aylin.

"Neyi?" dedim daldığım düşten uyanarak.

"Esrar. Bir tane daha sarsam içer miyiz?"

"İçeriz."

"Pekâlâ," dedi Aylin. "Sen burada otur. Ben içeriden biraz ot getireyim."

Gün ışıyana kadar salıncakta oturup esrar içtik. Sabah da tedavimizi olduk. Aylin'in yanından erken bir saatte ayrıldım. Eve döndüm. Eve döndüğümde de kafayı vurup deliksiz uyudum.

Gözümü açtığımda odanın içi karanlıktı. Cep telefonum acı acı çalıyordu. Arayanın numarasına baktım. Numaranın kime ait olduğunu hatırlamayıp, telefonu meşgule düşürdüm. Birkaç saniye sonra telefon tekrar çalmaya başladı. İçimden küfrederek telefonu açtım. "Alo," dedim.

Telefonun ardındaki ses ağlıyordu. "Alo," dedim. "Kimi aramıştınız?"

Telefondaki her kimse ağlamaktan konuşamıyordu. "Allah, Allah," dedim, telefonu suratına kapattım.

Birkaç saniye sonra telefonum yine çaldı. "Alo," dedim sinirli sinirli.

"Telefonu kapatma Onur. Benim, Sena."

Sena hâlâ ağlıyordu. Uzandığım yerden doğruldum. "Sana ne oldu böyle? Neden ağlıyorsun?"

"O," dedi, sustu.

"O da kim Sena? Şu ağlamayı keser misin lütfen? Ağlayıp beni deli etme."

"Kusura bakma," dedi cılız bir sesle. "O öldü. Aylin öldü."

Kulaklarımı sağır edercesine bir bomba düşmüştü sanki yanı başıma. O andan itibaren kulaklarım hiçbir şeyi duymaz, gözlerim hiçbir şeyi görmez olmuştu. Telefon elimden kayıp yatağın üzerine düştü. Bir an ağlamak istedim ama ağlayamadım. Bir buz kalıbı gibiydim. Bir türlü çözülemiyordum. Aylin'le ilk tanıştığım an bir film şeridi gibi gözlerimin önünden geçti. Sonra da dün geceki sahne gözlerimin önüne gelince, gözyaşlarım sel olup akmaya başladı. Tenim acıdı. Yüreğim yandı. Artık bundan sonra yaşamamın bir anlamı kalmamıştı. Yoksulluktan, pislikten ve acınası bir hayattan başka geriye hiçbir şeyim kalmamıştı. Demek öyle ha? Aylinciğim de bu dünyadan uçup gitti. Uçurumun üzerinde bir ip gibi sallanan Aylinciğim de uçup gitti. Yatağın üzerine düşen telefonu aldım. "Alo," dedim.

140

Sena hâlâ hattaydı. "O öldü. Aylin öldü," dedi ağlarken.

"Nasıl ölmüş?"dedim, bu sefer soğukkanlı bir tavırla.

"Altın vuruş yapmış."

"Öldüğünde yanında mıydın?"

"Hayır. Öğleden sonra evden ayrılmıştım."

"Aylin'in cesedini kim bulmuş?"

"Evlerinde çalışan kadın."

"Şimdi neredesin?"

"Aylinlerin evindeyim."

"Bu saatte mi?"

"Evet. Savcının gelmesini bekliyoruz. Ayrıca her taraf polis kaynıyor."

"O aynasızlar bir şeyler sordu mu sana?"

"Evet. Dün geceki küçük partimizi sordular."

"Sen ne cevap verdin?"

"Birkaç kadeh içki içtiğimizi, sonra da evlerimize dağıldığımız söyledim. Ha bir de unutmadan..."

"Evet."

"Aylin'in ne zamandan beri uyuşturucu bağımlısı olduğunu sordular bana. Bir de şeyi aldılar."

"Neyi?"

"Dün gece evde bulunan herkesin isimlerini."

"İsimlerimizi mi aldılar?"

"Evet. Polislere bir tek senin ismini söylemedim."

"Neden söylemedin?"

"Bilmiyorum. Söylemedim işte. Çok korkuyorum Onur. Bu gece sana gelebilir miyim? Seninle çok önemli bir şey konuşmak istiyorum. Aylin'in ölümü bana çok büyük ders oldu. Artık bugünden sonra hayatıma çekidüzen vereceğim."

"Evde çalışan kadın Aylin'in cesedini nerede bulmuş, biliyor musun?"

"Neden? Ne oldu?"

"Hiç. Merak ettim."

"Bodrum katındaki boş odanın içinde bulmuş. O odayı biliyorum ben. Genellikle tedavisini hep orada olurdu. Anneannesi yaşlı olduğu için o kata inemezdi. Aylin de o odada rahat rahat tedavisini olurdu."

"Demek boş bir oda ha?"

"Evet. Ayrıca o odanın duvarına çıkarma harflerle yazı yazmıştı."

"Ne yazısı?"

"Yanlış hatırlamıyorsam şöyleydi: Bir an gelir herkes kendi yalnızlığına âşık olur!"

O anda hüngür hüngür ağlamaya başladım. "Ne oldu? Neden ağlıyorsun?" diye sordu Sena.

"Bir şey yok," dedim, elimin tersiyle gözyaşlarımı silerken. "Peki, o sözün devamının nasıl olduğunu biliyor musun sen?"

"Hayır," dedi Sena. "Duvarda yalnızca bu söz yazılıydı."

"O sözün devamı şöyle olacak: Sen ve ben yalnızlığın mayasından yaratılmışız. Sen ve ben artık yalnızlığımıza âşık olmuş iki insanız. Bizim bu yalnız dünyamızda şafak atmaz, gün doğmaz. Gergin, donuk, yamyassı dünyamızda katılaşıp kaldık bir kristal taşı gibi..."

"Sen ve ben mi?" dedi Sena şaşkınlıkla.

"Hayır," dedim. "Sen ve ben değil. Ben ve Aylin."

"Söylediklerinden hiçbir şey anlamıyorum."

"Boş ver," dedim içim acıyla dolarak. "Bana saat kaçta geleceksin?"

SENA

30 Temmuz 2002, Salı

Saat on iki buçuk civarıydı. Hava çok sıcaktı. Odanın içine şöyle bir göz gezdirdim. Yanmış eller, pörtlemiş gözler görüyordum. Bazen şurada, bazen orada bir ışık lekesi yüzümü kemirip yiyordu sanki.

Antalya'ya gelirken yanımda getirdiğim eroin bitmişti. Son birkaç günü neredeyse yarı hasta geçirmiştim. Bu sabah, zulamda sakladığım bit kadar eroini de şırıngaya çekip, iğneyi koluma sapladım. Ama bu bit kadar eroin yeterli gelmemişti bana. Soğuk soğuk terler döküyor, esniyordum. Bu arada, iki tane uyuşturucu hapı yemek kaşığının içinde sulandırarak kaynatmış, eroini koluma enjekte eder gibi, sulandırdığım bu hapları da iğneyle kendime çakmıştım. Birkaç saat kadar böyle idare ettikten sonra, sardığım son esrarımı içiyordum.

Gerçeği söylemek gerekiyorsa, Aylin'in ölümünden sonra uyuşturucu kullanmayı bayağı bir azalttım; fakat ondan tamamen kurtulduğumu şimdilik söyleyemem.

Bu arada, o şeytan bana yapmadığını bırakmıyordu. Bazen düşünmüyor değilim. Bu şeytanın bir aklı olduğuna neredeyse inanmaya başladım. O, hem akıllı hem kindar. Ben onun varlığını hayatımdan çıkarıp atmaya çalışırken, o da benden bunun intikamını almaya çalışıyordu. Burnum salya sümük akıyor, karnım şiddetli ağrıyor, gözlerimden sürekli yaşlar akıyordu. Esniyor, hapşırıyordum. Ayrıca içimi tırmalayıp duran o huzursuz sıkıntıyı da bir türlü üzerimden atamıyordum.

Onun varlığına daha ne kadar süre karşı koymaya çalışacağımı bilmiyorum. Bu gücü kendimde daha ne kadar süre bulacaktım? Ona karşı böylesine amansız bir savaşın içine girmişken de, günlerin bir an önce tükenip bitmesini istiyordum. Öğle vakti geldiğinde akşamın, akşam vakti geldiğinde ise sabahın olmasını istiyordum. Bu zamanı çabucak tüketmek için de ya birkaç kadeh viski ya da birkaç kadeh votkayı içerek kendimi uyuşturuyordum. Arada sırada da iki-üç tane hapı suda eritip şırıngaya çekiyordum. Sulandırdığım bu hapları da damarlarıma enjekte ediyordum. Aslında bu uyuşturucu hapları şırıngayla kullanmamın hiçbir anlamı yoktu. Bir bardak suyla da içebilirdim. Ama o anda bu hapları eroin gibi koluma şırınga ederek, yoksunluğumu psikolojik olarak gidermeye çalışıyordum. Hatta zulamda hiç eroin kalmamış olmasına rağmen enjektörüme kıyıp çöpe atmıyordum.

Eroini sulandırıp kaynatmak için kullandığım yemek kaşığıyla, alüminyum kapağın içi de sanki yeni kalaylanmış gibi pırıl pırıl parlıyordu. Bunları da çöpe atmaya kıyamıyordum. Kullandığım yemek kaşığı ve alüminyum kapağın pırıl pırıl parlamasının nedenine gelince... Bunların içinde kaynatarak hazırladığım eroini enjektöre çekerken birtakım yabancı maddelerin enjektörün içine kaçmasını önlemek için, sigara izmaritini bu aletlerin içine atarak eroini enjektöre öyle çekiyordum. Sonra sigara izmaritiyle işim bitince de çöpe atmayıp, bu izmaritleri bir ilaç tüpünün içinde biriktiriyordum. Tıpkı işi bilen cankilerin yaptığı gibi.

Eroin bulamadığım günlerde ise, biriktirdiğim bu sigara izmaritlerinin üzerine az bir miktar su ekleyip, yemek kaşığının ya da alüminyum kapağın içinde kaynatarak enjektöre çekiyordum. Damarlarıma eroin gibi enjekte ediyordum. Fakat bazen de sigara izmaritlerinin üzerine döktüğüm suyun miktarını çok iyi ayarlayamayıp, kendimden geçiyordum. Ondan sonra da on beş dakika boyunca dişlerim takır takır birbirine vuruyordu. O anda damarlarımın içinde kan değil de sanki buz gibi soğuk sular dolaşıyordu. Bunun akabinde de üşüme krizlerine giriyordum. Bedenimi sarsan bu soğuk işkenceler bittiği zaman ancak kendime gelebiliyordum.

Saate baktım. Vakit çoktan geceye dönmüştü. Sena hâlâ ortalıkta gözükmüyordu. Kim bilir nerede, kimin koynunda sızıp kalmıştı şimdi? Onun aklına uyup Antalya'ya gelmekle acaba doğru olan şeyi mi yapmıştım? Bilmiyorum. Bir anda oturduğum yerden ayağa kalktım. Balkona çıktım. İçimde yine o bildik kıpırtılar vardı. Huzursuzdum. Her geçen dakika üzerimde artarak yoğunlaşan bir kırgınlık hali vardı. İçimi acıtan o sıkıntılar ise âdeta nefes almamı güçleştiriyordu.

Yeniden odaya döndüm. Yatağın üzerine gelişigüzel uzandım. Uyumaya çalıştım; ama göğsümün orta yerine çöreklenen ağır huzursuzluğun içinde bir türlü uyuyamıyordum. Sabaha kadar yatağın içinde dönüp durdum. Üzerime aldığım

145

örtüyü kaldırıp kenara attım. Üzerimden attığım örtüyü defalarca üzerime çekip tekrar örttüm. Gece uyumaya çalışırken de yatağın içinde dönmediğim bir yön, girmediğim yatma pozisyonu kalmadı. Cankilerin yaşamında özel bir yere sahip olan o sabah ezanının sesini duyduğumda ise, âdeta kendimden geçtim.

Biz cankiler için saban ezanının sesini duymak çok önemliydi. Çünkü kâbus gibi geçen kriz gecesinin bitmekte olduğunun bir habercisiydi bizler için. Krize girdiğimiz bazı gecelerde sabahı zar zor ederdik. Minareden dalga dalga yayılan sabah ezanının sesi, bizlere yeni bir günün doğmakta olduğunu muştuluyordu. Birkaç saat sonra dışarıya çıkıp eroin bulabileceğimizi bizlere hatırlatıyordu.

Sabah, güneşin yeni yeni yükselmeye başladığı saatlerdi. Gözlerim kan çanağı gibi olmuş, şimdi de şıpır şıpır yaşlar akıyordu. Sürekli esniyordum. İçimdeki ürpertiler her saniye artarak şiddetleniyordu. Bedenimdeki tarifi imkânsız acıların başladığı daha birinci günün gecesinde, yataktan bir-iki defa ancak kalkıp tuvalete gidebilmiştim. Şimdi de odanın içinde küçük adımlarla bir-iki tur atıyordum. Beynimi ve bedenimi acı kramplara boğan bir çaresizlik içinde kıvranıp duruyordum. Kendimi son derece bitkin ve halsiz hissediyordum. Uzun uzun esneme nöbetleri geçirirken üşüyordum. O an saate baktım. "Neredesin Sena?" diye kendi kendime söylendim. Dün geceden beri telefonla defalarca aramama rağmen ona ulaşamamıştım. Üstelik kuzeni Selen de evde yoktu. O da erkek arkadaşına yatıya gitmişti. Sabahı çoktan etmiştim etmesine ama yabancısı olduğum bu şehirde eroin alabileceğim yerleri henüz keşfetmemiştim.

Saate tekrar baktım. Sekiz buçuktu. O zamana kadar ağır ağır ilerleyen, kimi anlarda ise neredeyse durduğuna inandığım zaman, saniye saniye ilerledikçe gövdemin her ürperişiyle birlikte vücudumdaki etlerimin, ısıya tutulan plastik bir madde gibi eriyip iskeletimin üzerinde çekildikten sonra büzülerek, kemiklerime yapıştığını hissediyordum sanki. Bedenimde, beynimde yuvalanmış ve o ana değin içimde sessizce uyuyan yırtıcı, zehirli bir yaratık ağır ağır uyanıyordu. Bu yırtıcı yaratık, pul pul dökülen soğuk etiyle içimde dolaşıyor, vücuduma değdiği yerleri âdeta donduruyordu. Ben de onun karşısında tir tir titreyip duruyordum.

Yatakta iki büklüm bir halde uzanmış, bu acı duygular içinde kıvranıyorken, odanın içi bir anda alev almış gibi cayır cayır yanıyordu. O an, içimdeki sıcaklığın olanca hararetini iliklerime kadar hissederken, daha sonra acı asit kokan terleme nöbetlerine tutuluyordum. Yaklaşık on dakika boyunca bu yanma hissini içimde yaşadıktan sonra bu sefer de üşüme nöbetlerine tutuluyordum. Artık o an çok üşümekten mi, yoksa kavurucu sıcağı içimde hissetmekten midir bilemiyorum, bütün derimin gerilerek kuruduğuna, tenimden akan ter damlalarının geçtiği yerlerimin yandığına şahit oluyordum. Vücudumdaki tüyleri sertleştiren bu ürpermeler ve ateş nöbetleri, derimin altında et değil de sanki kum gibi bir şeylerin olduğu hissini veriyordu. O anda derimin altında hissettiğim bu milyonlarca kum tanesi tenimin altında hareket edip durdukça da, canımı yakıyordu. Hatta öyle bir an geliyordu ki, vücudumu dalga dalga saran kriz nöbetleri, saç kökümden başlayarak ayak uçlarıma kadar yayılıyor, sonra da tenimdeki bütün hücrelerime milyonlarca minik iğne saplanıyormuş gibi acı veriyordu. Tenim acılar içinde kalıyor, âdeta hücre hücre ölüyordum.

147

O acıların, o halsizliklerin ve o yorgunlukların arkasından da öyle bir an geliyordu ki, yüzlerce kez aksırmaktan, esnemekten ağrıyan çenemi artık sıkmamaya çalışıyordum. Bir taraftan da su gibi bulanan düşüncelerimle, eroinin bana yaşattığı yoksunluğa daha ne kadar süre dayanacağımı kestirmeye çalışıyordum. Ayrıca eroinin varlığını hayatımdan kışkışlamaya çalışmakla deli olabileceğimi de düşünmeye başlamıştım. Bu işkenceye ne diye katlanıyordum ki? Daha önce uyuşturucuyla yaşayan sanki ben değil miydim? Hem bakalım bundan sonra hiçbir uyuşturucu maddeyi kullanmadan yaşamıma devam edebilecek miydim? Eroinle son veda dansımı burada yapabilecek miydim?

Peki, ya o? O benim peşimi kolayca bırakacak mıydı? O, uyuşturucu maddelerin içinde en güzel olanı. O, uyuşturucu maddelerin içinde en iyi olanı. O, uyuşturucu maddelerin içinde en fazla kafa yapanı. O, uyuşturucu maddelerin içinde en farklı olanı. O, uyuşturucu maddelerin içinde insana en çok huzur vereni. O, uyuşturucu maddelerin içinde insana huzur içinde her şeyi en çabuk bir şekilde unutturanı. O, uyuşturucu maddelerin içinde insanı en yükseğe çıkartanı? Evet! O, uyuşturucu maddelerin kraliçesi değil miydi? Merak ediyorum. Bu kadar üstün vasıflara sahip olan bir şeytan acaba yokluğunda bana nasıl bir huzur verecekti?

Adına "beyaz ölüm," denen eroin! Eğer sen şu anda yanımda olsaydın kim bilir bana nasıl tatlı bir huzur verirdin. Şu parmağımın ucu kadar azıcık varlığınla bile kim bilir beni nasıl mutlu ederdin. Sadece son bir tedavi için, küçük insülin dozuyla, çok değil 10 cc kadarcık varlığınla bile yanımda olsaydın kim bilir bana nasıl güzel duygular yaşatırdın.

Ah benim aptal kafam! Bilmiyorum, belki de az önce sana karşı bencil davrandım. Senin varlığından şimdi özür diliyorum. 10 cc değil, çok daha azıcık varlığınla bile bana kâfi gelebilirdin. Toz zerrecikleri halindeki varlığına bile saygı duyardım. Şu sigara külü kadarcık varlığın dahi yeterliydi bana. Tamam! Senin ilahi varlığını içime enjektörle doldurmayayım. Senin toz varlığını bir camın üzerinde ince bir çizgi yapıp, bir nefeste genzime çeksem de olurdu. Sonra da boğazımdan aşağıya doğru inen o acı tadınla, erimiş o bakır kokunla genzimden damla damla akıp bedenime can vermeni senden istiyordum.

Ah, ah! O asit kokunu şimdi uzun uzun solusaydım, içinde bulunduğum azaplara bir son verseydin. Bütün bunların karşılığında ben de sana şöyle bir söz verseydim: "Bir daha değil seni içime çekmek, bir daha adını bile anmayacağım."

Yatağın içinde iki büklüm olmuş hüngür hüngür ağlıyordum. Başımı kaldırdım. Pencereden gökyüzüne baktım. Allah'a seslendim: "Ne olur Allahım artık bu acılarıma bir son ver. Bu canımı al, bedenimdeki acıları dindir. Saatlerdir toz bir maddenin soyut varlığıyla kendi kendime konuşup duruyorum. Çektiğim bu acılardan neredeyse aklımı kaybedecek gibi oluyorum."

Elimin tersiyle gözyaşlarımı sildim. Allah'ın canımı alması için bir süre bekledim. O an Allah'tan umudumu kesince, ona tekrar yalvarmaya başladım: "Ne olur kraliçem!.. Sen benim her zaman başımın tacı oldun. Sendeki huzuru, rahatlamayı, tatlı doygunluğu, hafifliği ve o mutluluğu son bir kez daha yeniden bana yaşat. Senin varlığının hafifletici etkisiyle, bedenimin üzerine çöken taşlaşmış ağırlığı üzerimden atabileyim. Hele şimdi kocaman enjektörü dolduracak kadar varlığından keşke bana sunabilseydin. İşte o an Allah'ın varlığına

149

değil, senin varlığına tapıyor olurdum. Seni enjektöre çekerken büründüğün o altın rengine ve o saf berraklığına şimdi kanımı bulut bulut karıştırsaydım. Koyu turuncu rengine dönüşen varlığını, koyu kırmızı kanımla buluşturup ikisine büyük bir aşk yaşatsaydım. Oradan da bedenime yayılan o sıcak duygunu, içimin en derin kuytu köşelerinde hissetseydim. Sonra da boynumun iki yanından yukarıya doğru içimi gıcıklayarak tırmanan ve bedenimi rahatlatan o sıvısal bulantının tatlı döngüsü içinde uyuşarak eriyip kaybolsaydım. O eşsiz varlığının karşısında senin huzurundan çekilirken de, son bir kez flaş yapıp rahatlasaydım. Sınırsız bir özgürlüğün koynunda dingin ve tokluk içinde saatlerce uyuduktan sonra uyanıp, miskin miskin gerinerek bir sigara yakabilseydim keşke."

Bir anda peş peşe hapşırmaya başladım. Hapşırmamla birlikte daldığım bu tatlı düşten çıktım. "Allah kahretsin," diye kendi kendime söylendim. Başaramayacaktım işte. Saatlerdir sürüp giden saçma sapan bu oyunları daha fazla sürdüremeyecektim. Bir delinin rolünü bir daha oynamaya soyunmayacaktım. Yaşadığım bu işkence dolu saatlere artık ne dayanacak gücüm kalmıştı, ne de sonuna kadar gidebilecek cesaretim.

Hayır! Bundan sonra kalan hayatımı böyle acı içinde kıvranarak sürdüremezdim. Yaşadığım bu yoksunluğa bir kez daha katlanamazdım. Çektiğim acıları, içine düştüğüm kriz anlarını bu şekilde atlatamazdım. Anlamıyorum, böyle davranarak acaba elime ne geçmesini umuyordum ki? Çektiğim bu korkunç acılar biraz daha fazla yaşamak için miydi? Peh! Öyleyse ben de biraz daha fazla yaşamam olup biterdi. Bu dünyada beni sevenlerim mi var biraz daha fazla yaşamak isteyeyim? Bu dünyada bir ailem mi var biraz daha fazla yaşamak isteyeyim? Bu dünyada beni anlayan insanlar mı var biraz daha fazla yaşamak isteyeyim? Eğer yaşamak böyle korkunç acılar çekmekse, ben çoktan ölmeyi istiyordum.

Bu odanın içinde saçma sapan şeyleri düşünmekten artık beynim zonkluyordu. İster istemez beynimde fırtınalar kopuyordu. O anda hangi acımı dindireceğimi bir türlü bilemiyordum. Bir bıçak gibi karnıma saplanan acıları mı? Yoksa midemde fokur fokur kaynayıp duran acı suları mı? Bilemiyorum; şu anda ne yapacağımı ben de bilemiyorum. Sadece öğürüyor ve kusuyordum. Artık tuvaletten dışarı bile çıkamıyordum. Lavaboda ellerimi, yüzümü yıkamak için bütün cesaretimi toplamaya çalışıyor, musluktan akan suya ellerimi anca öyle değdirebiliyordum. Ilık suya ellerimi değdirdiğim anda, etimin üzerine sanki kızgın bir ateş dökülüyordu. Canımı yakıyordu.

Üç gündür ağzıma sudan başka bir şey koymadım. Sena ve kuzeni Selen âdeta sırra kadem basmıştı. Sanki yer yarılıp içine girmişlerdi. Sena en kötü günlerimde beni yalnız bırakmıştı. Ona güvenerek yola çıkmakla hata yapmıştım. Hâlbuki şimdi İstanbul'da olsaydım çoktan tedavimi olmuş, Beyoğlu'ndaki küçük rock barların birinde diğer cankilerle çene çalıyordum.

Kaç gecedir ara sıra kendimden şuursuzca geçmenin dışında, bir saniye bile olsun uyuduğumu hatırlamıyordum. Dışarıdan odanın içine dolan her sese kulak kabartıyor, bu seslerden tuhaf tuhaf manalar çıkarıyordum. Bazen de bu seslerden çok korkuyordum. Böylesi korktuğum anlarda ise, beni canımdan bezdiren acılarımla odanın içinde bir ileri bir geri dolaşıp duruyordum. Bazen de üzerime örttüğüm örtüye sıkı sıkı sarınarak, yatağın ortasında oturuyordum. Yatağın ortasında öylece otururken de, birden bire göğsümün ortasına hızla çarpan bir cismin âdeta soluğumu kestiğine şahitlik ediyordum. O sırada yere serili kilimin desenleri arasında gerçekte hiç var olmayan, küçük bir leke dikkatimi çekiyordu. Gözüme takılan o lekeyi, yere düşürülmüş küçük bir eroin paketi gibi algılıyordum. Güya yerdeki bu paketi almak için de defalarca eğilip kalkıyordum.

O an böylesi acılar içinde kıvranıyorken, bazen de düşüncelerimde birbirinden uzak ve alakasız duyguları aşırı bir duyarlılıkla yaşıyordum. Geçmişte dinlemiş olduğum hüzünlü bir ezgiyi ya da bir şarkının melodisini içim kan ağlayarak hatırlıyordum. Okuduğum bir kitabın ayrıntılarına tek tek takılıyordum. Ve bütün bunların arasında annemin sesini duyuyor, onun parmaklarını dalgalı saçlarımda dolaştırırken hissediyordum.

* * *

Günlerdir odanın içinde bir başıma bu gelgitleri yaşarken, bir ses yankılandı ansızın kulaklarımda: "Evde misin Onur?"

Bu sesin kaç gündür duyduğum o tuhaf seslerden biri olduğunu sandım. Bir süre sustum. Cevap vermedim. O ses bir kez daha odanın içinde tekrar yankılandı: "Evde misin Onur?"

"Evdeyim," dedim kısık bir sesle.

Odanın kapısı açıldı. Sena içeri girdi. Beni örtüye sarınmış, yatağın içinde öylece otururken buldu. "Sana ne oldu böyle?" dedi şaşkın gözlerle.

Ağlamaya başladım. Sena olduğu yere çakılmış, bana anlamsızca bakıp duruyordu. O anda bilemiyorum, belki de bana acıyarak bakıyordu. Yanıma geldi. Ona sımsıkı sarıldım. "Canımı acıtıyorsun," dedi, kendisini benden uzaklaştırmaya çalışarak.

Sena'ya sıkı sıkı sarılmakla kaç gündür çektiğim acılar sanki buhar olup uçacakmış gibi geldi bana. İncecik kollarımın arasından bedenini söküp aldı. "Sana ne oldu böyle?" diye tekrar sordu.

"Ölüyorum Sena. Bana ne olur doğruyu söyle."

Sena yüzüme tuhaf tuhaf baktı. "Hangi doğruyu?" dedi. "Kaç gündür nerede olduğumu mu soruyorsun? Biraz para bulmak için erkeklerle düşüp kalktım. Peki, hayatımda ilk kez böyle bir şeyi ne için yaptım? Seninle buradan bir an önce gitmek için. Bütün bunları mı öğrenmek istiyorsun?"

Sena'nın az önce söyledikleri içimi yaktı, ama ben kendi derdime çoktan düşmüştüm. "Bunu sormadım sana," dedim. "Benden eroin aşırıp bir yerlere hiç sakladığın oldu mu?"

Sena'nın o anda bana bakışlarını ömrüm boyunca unutamayacağım. "Sen nasıl bir erkeksin?" dedi kızgınlıkla. "Ben sana erkeklerle para karşılığı yattığımı söylüyorum. Sen bana eroin aşırıp aşırmadığımı soruyorsun. Senin kullandığın zıkkımı ben ne yapayım? Sen de çok iyi biliyorsun ki, ben eroinman değilim; ama esrarından bir tabaka yürüttüğüm olmuştu."

Öylece kalakaldım. "Demek hiç eroin yok ha?" dedim.

"Yok," dedi bağırarak. "Yok, yok, yok... Beni anlamıyor musun? Sana yok dedim."

"Özür dilerim," dedim cılız bir sesle. "Hastayım. Çok kötü krizlere girdim. Kaç gündür bu odanın içinde yaşadıklarımı bir ben bilirim bir de Allah. Bana çok acil olarak mal lazım."

Sena'nın bana olan kızgınlığı uçup gitti. Yanıma geldi. Yere çömeldi. Elimden tuttu. "Ne olur birkaç gün daha sabret. Her şey düzelecek. Hazır buralara kadar gelmişken ondan kurtul. Ona savaş aç. Onun karşısında güçsüz kalıp zayıf düşme."

Sena'yı o anda boğabilirdim. Karşımda duran kadın Sena değil de sanki Doktor Müge'ydi. O da bir zamanlar bana bu tür içi boş sözler sarf edip duruyordu. Öfkelenmiştim. "Beni ne olur biraz dinle," dedim. "Sana yalvarıyorum. Bir an önce İstanbul'a dönelim."

"Olmaz," dedi sesini kalınlaştırarak. "İstanbul'a kesinlikle dönemeyiz."

"Beni dinle. Seninle burada ne yapıyoruz? Sen yirmi dört saat içiyorsun. Ben de yirmi dört saat ne bulsam çekiyorum. Hayatımızda ne değişti? İstanbul'a dönelim."

"Sana olmaz dedim. Yarın sabah Kaş'a gidiyoruz. İkimiz de iş bulup çalışacağız. Hayatımıza çekidüzen vereceğiz."

Aslında Sena'nın zırvalıklarını ne diye dinliyordum ki. Yarın sabah onunla Kaş'a gitmek yerine, İstanbul'a geri dönebilirdim. "Şimdi," dedim. "Sen benimle İstanbul'a dönmüyor musun?"

"Sana anlatamadın galiba. Dön-mü-yo-rum. İstersen sen tek başına dönebilirsin."

Sena'ya dikkatlice baktım. Birlikte çıktığımız bu yolculukta sanki benden bir an önce kurtulmak istiyordu. Tabii ya? Nasıl olsa onun için hava hoştu. Buralarda kalıp hem istediği gibi bedavadan yiyip içecekti, hem de önüne çıkan erkeklerle zevkine seks yapacaktı. "Biz seninle neyiz?" dedim sinirli sinirli.

"Esrar içer misin?" dedi, vurdumduymaz bir tavırla.

Bir anda yelkenlerimi suya indirdim. "Hemen sar içelim," dedim. "Peki, zulanda hiç hap var mı?"

Mühür gibi bir esrar tabakasını çıkardı. "Hap da var," dedi. "Sana iki tane yeter mi?"

"Üç tane ver. Belki de dört tane, anca yeter."

Sardığı esrarı yaktı. Dumanı ciğerlerine çektikten sonra bana uzattı. Hapları koyduğu kutuyu çıkardı. "Bir, iki, üç ve dört. Tamam işte. Şimdi bunları da al bakalım," dedi.

O anda esrarlı sigarayı içmiyor sanki yiyordum. "Hop, hop! Biraz yavaş ol," dedi Sena, uzanıp sigarayı elimden çekerken. "Bırak da bu zıkkımın keyfini çıkartarak içelim."

Kaç gündür yaşadığım krizden sonra esrarın dumanı benim için keyif alacağım bir madde değildi. Sena esrarlı sigarayı tekrar bana uzattı. "Ne karar verdin?" dedi. "İstanbul'a yalnız başına mı dönüyorsun yoksa benimle birlikte Kaş'a mı geliyorsun?"

Hapları suda eritmek için yerimden doğruldum. Sena'ya baktım. "Seninle Kaş'a geliyorum," dedim.

Sena güldü. "Bu kadar kısa bir süre içinde fikrini değiştirmene ne sebep oldu? İlla İstanbul'a dönelim diyen sen değil miydin?"

Sena yerden göğe kadar haklıydı. Sağlıklı bir şekilde düşündüğüm zaman İstanbul'a dönme fikri hiç de akıl kârı bir iş değildi. Çünkü İstanbul'da ne başımı sokacak bir evim, ne de kıyıda kenarda üç-beş kuruş param vardı. İstanbul'da eroin parası bulmak için önüme çıkan herkese yalvaracak, insanlardan sadaka dilenecektim. Bu, benim şu ana kadar hiç yapmadığım bir şeydi. Buralara kadar gelmişken ve yaşadığım krizleri atlatmaya çalışırken, birkaç gün daha onun yoksunluğuna karşı direnmeliydim. O lanet olası şeytanı içimden söküp atmalıydım. Sena'ya bakıp güldüm. "İçime çektiğim duman bir anda kafamı çalıştırdı," dedim. "Bana gerçeği gösterdi. Sen ve ben yol arkadaşıyız. Seni buralarda yalnız başına bırakıp geri dönmem."

Sena güldü. "Sen çok adi bir adamsın. İstanbul'a dönmek işine gelmedi, öyle değil mi? O koca şehre beş parasız dönüp de ne yapacaksın?"

"Ama böyle konuşarak beni kırıyorsun," dedim.

"Senin gibi adi bir adam bu sözlere incinmez; ama az önce sen beni çok kırdın."

"Kırdım mı seni?"

"Evet. Hem de çok."

"Sana ne söyledim ki?"

"Kaç gündür erkeklerle düşüp kalkmamı pek önemsemediğin gibi, bana bir de aramızdaki ilişkinin boyutunu sordun. Madem sordun fikrimi söyleyeyim. Eskiden senin sevgilindim. Ama bugünden sonra sadece senin yol arkadaşınım."

Sena'nın gözleri buğulandı. Gözlerimi gözlerinden kaçırdım. Eroinin bana yaptığın kötülüğe bir kez daha lanetler okudum. Bir kadını daha kırmıştım. Acaba bu kaçıncı kalp kırışımdı? "Özür dilerim senden," dedim. "Beni yanlış anladın. Amacım seni kırmak değildi."

"Haydi oradan," dedi Sena olgun bir kadın edasıyla. "Ben anlayacağımı çoktan anladım. Şimdi bir an önce git de şu hapları suda erit. Enjektörüne çek. İğneyi koluna sapla."

Sena'ya arkamı dönüp odadan çıkarken, bana geldiği o ilk geceyi hatırladım...

* * *

Saat gece yarısını çoktan geçmişti. Kapı zili çaldı. Kapıyı açtım. Sena boynuma sarılıp hüngür hüngür ağlamaya başladı. "O öldü," dedi. "Bu dünyadaki biricik arkadaşım öldü."

O an ağlamamak için kendimi zor tutuyordum. "Geç otur. Biraz soluklan," dedim, elinden tutup odaya götürürken.

Odaya geçtik. Neyse ki Erdoğan evde yoktu. "Ne içersin?" diye sordum.

"Bira," dedi.

Birayı getirmek için mutfağa geçtim. Orada bir sigara sardım. Odaya tekrar geri döndüğümde, Sena yatağın üzerine çökmüş

156

salya sümük ağlıyordu. "Nasıl oldu?" diye sordum. "Aylin'in öldüğüne hâlâ inanamıyorum. İnsana şaka gibi geliyor. Sabah yanından ayrılıyorum, akşama ölüm haberini alıyorum. Bu nasıl olur? Hayatın bu gidişine aklım bir türlü ermiyor."

"Oldu," dedi Sena. "Oldu işte. Aylin öldü. Kolunda kocaman bir enjektörle öldü. En kötüsü de sevgiye aç öldü."

Esrarlı sigaranın dumanını ciğerlerime çektim. "Yanılıyorsun," dedim. "O, sevgiye aç ölmedi. O, yalnızlığına âşık olarak öldü. Bu dünyanın tüm iğrençliklerinden artık sonsuza dek kurtuldu. Cenazesini serin toprağa koydukları gün, bu dünyada çektiği tüm acıları da toprağın koynuna karışacak. Acıları ilk kez dinecek."

Sena yanıma sokuldu. Tir tir titriyordu. "Sana da bir şey olmasından korkuyorum. Ne olur ondan kurtul. Yoksa senin de sonun Aylin gibi olacak."

Sena'ya baktım. "Ailen var mı senin?" diye sordum.

"Var ama çoktandır görüşmüyorum."

"İstanbul'da mı yaşıyorlar?"

Sena'nın gözleri doldu. "Annemi hiç görmedim. Ben henüz bebekten ölmüş. Babam da başka bir kadınla evlenmiş. Fakat evlendiği kadın beni hiçbir zaman yanlarında istemedi. Beni teyzem büyütmüş. Üvey kardeşlerim var ama onlar da beni nedense kardeşleri gibi görmediler."

"Peki, babanla hiç görüşüyor musun?"

"Hayır. Kişiliksiz bir adamla ne diye görüşeceğim? Öz kızına sırtını dönen bir adamla ne diye görüşeceğim? Kadın ağzına bakan bir adamla ne diye görüşeceğim? Benim yerimde sen olsaydın böyle bir adamla görüşür müydün?"

"Aptallık yapıp görüştüm," dedim.

"Ne aptallığı?" diye sordu Sena.

157

Eski sayfaları o an yeniden açmak istemedim. "Ne söylediğimi boş ver," dedim. "Haklısın. Ben de senin yerinde olsaydım böyle bir adamla kesinlikle görüşmezdim."

Sena sessizce içini çekti. "Aslında ben onunla görüşmeyi çok istedim; ama o benimle görüşmek istemedi. Benim varlığım karısını hep rahatsız etti. Babama beni unutturmaya çalıştı. O cadaloz kadına kendimi bir türlü sevdiremedim. Ona kendimi sevdiremeyince de babamı kaybettim."

"Hiç üzülme," dedim. "Yalnız değilsin. Beni de üvey annem yanlarına kabul etmedi."

Sena bana baktı. "Bu şehirden gidelim Onur," dedi yalvarırcasına. "Bu şehirden artık gitmek istiyorum. Bu şehirden artık kaçıp kurtulmak istiyorum. Esrar ve alkolden de kaçıp kurtulmak istiyorum. Geçmişimi bu şehre gömüp, yeni bir şehirde, yeni başlangıçlar yapmak istiyorum. Bir an önce gidelim bu şehirden. Bu şehri arkamızda bırakalım."

Aylin'in ölümü beni çok etkilemişti. Sena'ya sıkı sıkı sarıldım. "Ben de bu hayata yeni bir başlangıç yapmak istiyorum. Bedenimi uyuşturucudan kurtarmak istiyorum. Onsuz bir hayat yaşamak istiyorum. Ama seninle nereye gidebiliriz?"

Sena bir an oturduğu yerden zıpladı. "Antalya'ya," dedi. "Birlikte Antalya'ya gidebiliriz."

"Antalya mı?"

"Evet. Akdeniz Üniversitesi'nde okuyan kuzenim Selen var. Onun yanına gidebiliriz. Sonra da oradan ayrılıp küçük bir turistik kasabada iş bulup çalışırız."

"Para lazım," dedim. "Peki, yol parasını nasıl bulacağız?"

Sena sessizliğe büründü. "Ne düşünüyorsun?" dedim.

"Teyzemden bir miktar para koparabilirim. Sen de bir miktar borç para bulabilirsen, birlikte bu yolculuğa çıkabiliriz."

Bu sefer de ben sessizliğe büründüm. "Sen ne düşünüyorsun?" dedi Sena.

"Kimden borç para isteyebileceğimi düşünüyorum."

Sena ciddi bir yüz ifadesiyle bana baktı. "Sen gerçekten böyle bir yolculuğa çıkmak istiyor musun?" diye sordu. Kısa bir süre düşündüm. Evet istiyordum. Gerçekten de bu şehirden artık gitmek istiyordum. Hem de çok istiyordum. Uyuşturucu satan torbacılardan, sokakta beni gördükleri zaman yanıma yanaşıp, "Onur malsız kaldım. Zulanda hiç mal var mı?" diye yalvaran cankilerden, her gün bulaşıcı bir hastalık gibi yayılan eroinmanlardan artık bıkıp usanmıştım. Sena'ya kararlı gözlerle baktım. "Evet," dedim. "Bu şehirden kaçıp başka diyarlara göç etmeyi ben de çok istiyorum."

"O zaman tamam," dedi Sena. "Acaba ev arkadaşından biraz borç para isteyemez misin?"

Beni bir an önce evden göndermek için çırpınıp duran ev arkadaşım aklıma geldi. "Evet ya," dedim. "Haklısın. Erdoğan'dan biraz borç para isteyebilirim. Borç parayı bana seve seve çıkarıp verir."

"Oley," dedi Sena, sevincinden havaya zıplarken. "Öyleyse birkaç güne kadar bu şehirden gidiyoruz."

Galiba o gece hiç farkında olmadan Sena'dan yardım istiyordum. Bundan sonra ayağımı sağlam basıp, içine düştüğüm cehennem kuyusundan onun yardımıyla çıkmak istiyordum. Sena o anda sığınabileceğim bir kuytuluk gibi geldi bana. Küçük odanın içinde, beline sımsıkı sarılmam belki de bu yüzdendi.

O gece birlikte derin soluklarla yaşadığımız taze duygular bizi gerçek hayatın içinden çekip alarak, gerçeküstü bir âleme doğru yolculuğa çıkarmış olsa da, o âlemin çabucak geçiverecek zamanında, yüreklerimize dalga dalga yayılan o şiddetli

159

hazların ılık tatları ateş selleri olup damarlarımızda aksa da, o duygular bir daha yaşanmamak üzere anıların içine gömülerek, gerçek dünyanın yeni bir şafağında eriyip tutuşarak ağır ağır yok olsa da, Sena'yla birlikte yaşadığım o kısa an belki de hayatımın en güzel avuntusuydu benim için.

Beline sarıldığım kadına bir kez daha baktım. Evet, onun adı Sena'ydı. Peki, ya onun rolü neydi benim yaşadığım bu tragedyada? Bundan sonra acaba o nasıl bir yer tutacaktı benim alacakaranlık hayatımda? Kaybolduğum belli belirsiz bir yolun sıfır noktasında, gökyüzünün görünmediği bu puslu havada ansızın karşıma çıkan genç kadın, acaba benim hayatımda nasıl bir role sahip olacaktı?

Kendime sorduğum bu soruların cevaplarını düşünmeye başlayınca, içten içe güldüm. Beline sarıldığım bu genç kadın bana nasıl destek olabilirdi ki? İçine saplanıp kaldığım bataklık hayatımdan beni yukarıya doğru nasıl çekebilirdi ki? Evet! O da benim gibi sorunlu bir kimliğe sahip değil miydi?

***

O gecenin sabahı yeni bir umutla uyandım. İçim âdeta kıpır kıpırdı. Yatağımda yatan Sena'ya baktım. Güzel gözleri, masumane bir şekilde uyuyan küçük bir kız çocuğunun gözleri gibi kapalıydı. Üzerine örttüğü kırmızı örtüyü hafifçe kaldırdım. Bir anda çırılçıplak memeleri ortaya çıktı. Elimi memelerinin üzerinde usulca dolaştırdım. Kıpırdadı. Gevşek, tatlı, ayartıcı bir şekilde sırt üstü uzandı. Denizden çıkıp güneşte uzanan bir kadının tembelliği içinde öylece sırt üstü uzanıp yattı. Parmak uçlarım, karşımda hiç kıpırdamadan duran bedeni karşısında sanki azmıştı. Taş gibi sert memelerini usulca sıktım. Ne yalan söyleyeyim. Memelerinin sertliği o anda beni hayrete düşürdü. Sevişmeye hazır bir erkeklik organı gibi dimdik ve sertti. Bu küçük dokunuşlara daha fazla dayanamayıp şehvetime yenik düştüm. Üzerine örttüğü örtüyü kaldırıp kenara fırlattım. Parmaklarımı, iki bacağının arasında sakladığı hazinesinin içine usul usul soktum. O andan itibaren, ölü gibi cansız yatan bedeni dirilmeye başladı. Cinsel arzularıma dudaklarından dökülen şehvet sözcükleriyle karşılık verdi. Sarı ince tüylerle saklanmış hazinesinin içine erkekliğimin cinsel anıtını gömüverdim. İşte tam bu sırada bir kurt gibi garip sesler çıkararak ulumaya başladı. Gözlerini açtı. Gözleri sanki alev saçıyordu. Zevkten kendinden geçmiş bar bar bağırıyordu: "Durma! Daha hızlı, daha hızlı..."

Bu şehvetli sözler beni daha da kendimden geçirdi. Sırtına binen efendisinden kırbacı yiyen bir at gibi şaha kalktım. O sırada gözlerini döndüre döndüre altımda bar bar bağırıyordu: "Geliyorum, geliyorum... Durma! Biraz daha hızlı, biraz daha hızlı..."

Son düzlüğe ulaşan bir yarış atı gibi atağa kalkıp hızlandım. Odanın içine yayılan iniltiler birkaç saniye sonra yerini büyük bir sessizliğe bıraktı. Dudağımı, parmak büyüklüğündeki memelerinin uçlarına dokundurup usulca öptüm. "Harikaydı canım," dedi titrek sesiyle. "Çok güzeldi."

O gururla yataktan çıktım. Banyoya gittim. Sabahki tedavimi olmak için malzemeleri dolaptan indirdim. Koca bir enjektör dolusu eroini damarlarıma şırınga ettim. Yaklaşık yarım saat sonra odaya geri döndüğümde Sena uyuyordu. Saate baktım. Saat sabahın henüz yedi buçuğunu gösteriyordu. Sena'nın yanına uzandım. Uykuya daldım.

Uyandığımda çoktan öğlen olmuştu. Sena hâlâ mışıl mışıl uyuyordu. Onu uyandırmaya kıyamadım. Yatağın içinde sağa sola dönüp duruyordum. O sırada odanın kapısı çaldı. "Efendim," dedim kısık bir sesle.

"Biraz dışarı gelebilir misin Onur?"

Erdoğan'ın sesi biraz boğuk, biraz da bozuk çıkmıştı. Odadan dışarı çıktım. "Efendim," dedim.

"Bu eve arkadaşını getiremeyeceğini sana söylememiş miydim?"

Kapısını yavaşça kapattım. "Şşşt," dedim, işaret parmağımı dudağıma götürürken. "Biraz sessiz ol. İçeride kız arkadaşım uyuyor."

"Kapının önünde duran ayakkabıdan belli kız arkadaşının olduğu. Ama artık sessiz olmuyorum. Sessiz olmuyorum işte. Ne yapacaksın? Ağzıma tabanca dayayıp susturacak mısın?"

Bir adım öne doğru atılıp Erdoğan'ın ağzını kapattım. "Sessiz ol," dedim. "Artık bu evden ayrılıyorum."

Erdoğan'ın kapattığım ağzından elimi çektim. "Ayrılıyor musun?" dedi, gözleri mutluluktan ışıl ışıl yanarak.

"Evet."

"Ne zaman?"

"Şimdi otur. Seninle biraz konuşalım. Senden bana son kez bir iyilik yapmanı istiyorum."

"Ne iyiliği?"

Erdoğan'a, Sena'yla yaptığımız planı kısaca anlattım. "Bu şehirden ayrılmak için biraz paraya, biraz da uyuşturucuya ihtiyacım var. Bunları bana temin edebilir misin? Sana söz veriyorum. İleride borcumu ödeyeceğim sana."

Erdoğan beni başından atmak için her şeyi yapardı. Kısa bir süre düşündü. "Tamam," dedi. "Benden istediğin şeyleri sana vereceğim. Ama bana birkaç gün zaman vermen gerekiyor."

O andan itibaren keyfim yerine gelmişti. Erdoğan'a bakıp güldüm. "Zamanın çoktan başladı," dedim. "Yoksa ölene kadar bu evde benimle yaşamaya devam edersin."

Erdoğan bana baktı. "Kız kim?" dedi. "Güvenilir biri mi?" Erdoğan bu soruyu daha çok kendisi için sormuştu. Eve girip çıkanların polis olmasından çok korkuyordu. Yakayı ele verecek korkusuyla sokaklarda bile rahat rahat dolaşamıyordu. Aslında uyuşturucu satan her torbacının yüreğindeki korkuydu bu. "Güvenilir," dedim. "Merak etme."

"Tamam," dedi. "Şimdi dışarı çıkıyorum. Sana en yakın zamanda istediklerini getireceğim."

Odaya geri döndüm. Sena çoktan uyanmıştı. "Konuştuğun kimdi?" dedi, yatağın içinde gerinerek.

"Ev arkadaşımdı."

"Erdoğan mı? Senden ne istiyordu?"

"Hiçbir şey. Dışarı çıkıyormuş da bana onu haber verdi."

"İstedin mi?"

"İstedim. Para ve biraz da uyuşturucu istedim."

"Artık uyuşturucuyu ne yapacaksın? Orada satacak mısın?"

Güldüm. Dudağından öptüm. "Hayır," dedim. "İlk yoksunluk nöbetlerimin yaratacağı krizleri atlatmak için sadece tedbir olsun diye yanıma alıyorum. Biraz eroin, biraz esrar, birkaç kutu da hap. Hepsi bu kadar."

"Pekâlâ, yolculuğa ne zaman çıkıyoruz?"

"Sen yolculuk hazırlıklarına bir an önce başla. Sonra da benden telefon bekle. Bu şehirden en yakın zamanda gidiyoruz. Ha! Bir şey daha var?"

"Ne?"

"Sence kuzenin bizi evine kabul edecek mi?"

"Eder, eder ama senden bir ricam var."

"Ne ricası?"

"Kuzenim Selen otçudur. Onu da bu boka ben alıştırdım. Ona da biraz esrar ayarlayabilir misin?"

"Tamam bakarız," dedim Sena'ya, sonra da Erdoğan'dan gelecek haberi beklemeye koyuldum.

* * *

Erdoğan'dan haber beklemeye başladığım o hafta, eroin yoksunluğunun dışında hayatımda hemen hemen her şey olumlu gidiyordu. O günlerde eroini azaltmaya çalışıyordum. Eroini bırakmak için çıkacağım uzun ve yorucu yolculuğa şimdiden kendimi hazırlıyordum. Eroini şimdilik bırakamasam da, yavaş yavaş bırakmayı deniyordum. Ama ondan tamamen nasıl kurtulacağımı henüz bilmiyordum. Sanıyorum ki eroini kullanmakta olduğum zaman aralıklarını seyrekleştirerek işe başlamam gerekecekti. Bu zamanı kontrol ettikten sonra da, kullanmakta olduğum dozu azaltacaktım. Zamana yaydığım bu aşamalar sonucunda da, eroinin yerine uyuşturucu hapları içecektim. Ondan sonra da artık bu hastalıktan bir ömür boyu kurtulacaktım.

Bu arada Sena'yla yola çıkacağımız günün tarihi yaklaştıkça biraz heyecanlı, biraz da garip bir tedirginliğe kapılıyordum. Kendimi her nedense bu zıt duygulardan bir türlü alıkoyamıyordum. Artık o büyük gün gelip çatmıştı bizim için. Otobüsün kalkmasına az bir zaman kalmıştı. Evde oturmuş, Erdoğan'ın gelmesini bekliyordum. O sırada cep telefonum çaldı. "Alo," dedim.

"Ben Gümüşsuyu'na geldim," dedi Sena. "Otobüs firmasının önünde seni bekliyorum. Sen nerelerdesin?"

"Hâlâ evdeyim," dedim canı sıkkın bir vaziyette. "Oturmuş Erdoğan'ı bekliyorum. Parayı ve malı henüz getirmedi."

"Onu cep telefonundan arasana? Bak bakalım nerdeymiş?"

"Haklısın," dedim Sena'ya. "Bunu neden düşünemedim ben?"

Erdoğan'ı hemen cep telefonundan aradım ama telefonu kapalıydı. Sena'yı geri aradım. "Erdoğan'ın cep telefonu kapalı. Ona ulaşamıyorum. Şimdi ne yapacağız?"

"Bekle," dedi Sena, serinkanlı bir şekilde. "Otobüsün saat kaçta kalktığını biliyor, değil mi?"

"Evet, biliyor."

"O zaman neredeyse gelir. Panik yapma."

"Tamam," dedim Sena'ya, sonra da telefonu kapatıp Erdoğan'ı yeniden beklemeye koyuldum ama Erdoğan'dan hiçbir ses seda çıkmadı. O moralsizlikle eli boş bir şekilde Gümüşsuyu'na doğru yürüdüm. Sena otobüs yazıhanesinin önündeki kaldırım taşına oturmuş beni bekliyordu. Beni görür görmez ayağa kalktı. "Senin valizin nerede?" diye sordu.

O an içine düştüğüm bu çaresizlik âdeta içimi kemirip durmuş, ağırlaşan düşüncelerim başımı önüme eğdirmiş, sonra da gözlerimden akan yaşlara engel olamamıştım. "Ben seninle gelemiyorum," dedim çatallaşan sesimle. "Ne yazık ki bu yolculuğa seninle çıkamıyorum. Şerefsiz adam beni ekti. Bir anda ortalıktan kayboldu."

Sena belime sarıldı. "İstersen şimdi benimle gelebilirsin. Nasıl olsa otobüs biletini aldık."

"Olmaz," dedim umutsuz bir şekilde. "Yanımda para ve uyuşturucu olmadan bu yolculuğa çıkamam. Böyle bir şeye kalkışmak delilik olur. İlk günler mala ihtiyacım olacak. Bana ne olur biraz anlayış göster. Beni anla."

Kocaman siyah gözlerinin feri söndü. "Peki, şimdi ne yapacağız? Bir fikrin var mı?"

"Bir fikrim var. Sen şimdi Antalya'ya gidiyorsun. Ben de ilk fırsatta arkandan geliyorum."

"Antalya'ya sensiz gitmek istemiyorum."

O esnada otobüsün muavini bağırdı: "Aşağıda Antalya yolcusu kalmasın. Hemen kalkıyoruz..."

"Hadi canım," dedim. "Şimdi şu otobüse bin. Sana söz veriyorum. Birkaç güne kalmaz, ben de gelirim." Muavinin sesi karanlık gökyüzünde tekrar yankılandı: "Lütfen aşağıda Antalya yolcusu kalmasın. Hemen kalkıyoruz..." "Geleceksin değil mi?" dedi Sena ağlayarak. "Birkaç güne kadar yanıma geleceksin."

"Sana söz veriyorum. Birkaç güne kalmaz, ben de gelirim."

O anda Sena'ya bu sözleri söylerken, göğsüme sıcak sıcak dolan isyan dalgasının bir kez daha yüreğimden taşarak boğazımda düğümlenen öfkeli çığlığını, dudaklarımdan dökülen bu zoraki sözcüklere gömerek, Sena'ya peşinden geleceğimin sözünü vermiştim. Otobüs, el frenini indirip ağır ağır Antalya'ya doğru yola koyulurken, Sena bir eliyle gözyaşlarını siliyor, bir eliyle de otobüsün içinden bana el sallıyordu.

O gece Sena'yı Antalya'ya yolcu ettikten sonra Erdoğan'ı aramaya koyuldum ama ne yazık ki onu hiçbir yerde bulamadım. Ona bu kadar çok güvenmekle hata ettiğimi düşünüp, moralsiz bir şekilde eve döndüm. Eve döner dönmez de tedavimi olup uykuya yattım.

Gözlerimi açtığımda kapının zili çalıyordu. Saate baktım. Saat gecenin dördünü gösteriyordu. Yataktan doğruldum. Odanın ışığını yaktım. Bu saatte kimin gelebileceğini tahmin etmeye çalıştım. "Polisler," dedim kendi kendime. Bu saatte polislerden başka hiç kimse bu eve gelmezdi. Yüreğim ağzıma geldi. Dizlerim âdeta tir tir titreyerek kapıya doğru yöneldim. "Kim o?" dedim cılız bir sesle. Sesim ağzımdan o kadar cılız bir tonda çıkmıştı ki, sesimi kendim bile duymakta güçlük çektim. "Benim," dedi. "Hemen kapıyı aç."

Kapıyı açtım. Erdoğan karşımda durmuş, bana bakıp pis pis sırıtıyordu. "Anahtarın yok mu?" dedim sinirli sinirli. İçeri girdi. "Yoksa bana kızgın mısın?" dedi. Erdoğan'a sert sert baktım. "Dalga mı geçiyorsun benimle? Tabii ki sana kızgınım. Sence sana kızgın olmakta haksız mıyım?"

"Kusura bakma," dedi. "Hiçbir suçum yok."

"Teknoloji denen bir şey var. Bari cep telefonunu açık tutsaydın," dedim kızgın bir şekilde.

"Söylediklerinde haklısın ama dün cep telefonumu, evin anahtarlarını ve cüzdanımı çaldırdım. Cep numaranı da ezbere bilmediğim için seni arayamadım. Allah seni inandırsın dün bütün günümü senin için harcadım."

"Teşekkürler," dedim alaycı bir tavırla. "Sana çok zahmet oldu. Sayende hâlâ burada sürünüyorum."

"Yarın gece seni gönderiyorum," dedi Erdoğan, cebinden çıkardığı parmak kadar büyüklüğündeki eroin paketini bana doğru uzatırken. "İşte bütün gün bunun peşindeydim. Bu yüzden gelemedim. Bana bu malı getirecek adamın biraz da oyununa geldim."

Erdoğan'a kızgınlığım çoktan geçmişti. "Ya para? Parayı ayarlayabildin mi?"

"Öğle saatlerinde parayı da hallediyorum. Seni kendi ellerimle Antalya'ya yolcu edeceğim. Sen parayı hiç merak etme."

O gece beni yolcu etmeye gelen Erdoğan'la son kez birlikteydim. Onu bir daha ne gördüm, ne de ondan bir haber alabildim. Erdoğan'ın beline sarıldım. "Hakkını helal et," dedim. "Senin hakkını asla ödeyemem."

"Şimdi seninle ödeştik," dedi yüzüne yayılan tebessümle. "Artık senin de benim üzerimde hakkın kalmadı. Bu parayı sana borç olarak vermiyorum. Karşılıksız olarak veriyorum.

Umarım bir gün tamamen eroinden kurtulup yeni bir hayata başlarsın. Yolun açık olsun dostum..."

* * *

Şehirlerarası otoban üzerindeki kesik beyaz şerit çizgileri yutarak ilerleyen yolcu otobüsünün, pencere kenarındaki koltuğunda oturmuştum. Gece boyunca bir film şeridi gibi gözlerimin önünden geçip giden huzurlu, sessiz manzarayı izlemiştim.

O yaz sabahının çiğli aydınlığı içinde zincirleme uzayıp giden Toros Dağları'nın sisli dorukları, kendine özgü bir heybetle gökyüzüne doğru ağır ağır yükseliyordu. Gül kurusu şafağını o nemli aydınlığın içine dağıtarak, gün ışığıyla bir kez daha kucaklaşan gökyüzü, hızla dağılan gece karanlığının ardından o yüce ihtişamıyla pırıl pırıl berraklaşan masmavi bir kubbeye dönüşüyordu. Bu ilahi dönüşüme tüm renkleriyle, içinde barındırdığı tüm kokularıyla katılan tabiat ananın da en sonunda yerini almasıyla birlikte, Antalya'ya doğru hızla yoluna devam eden otobüsün içinden izlediğim bu görüntüler, giderek çok sesli görsel bir şölene benziyordu.

Artık arkamda çoktan bıraktığım İstanbul'un her şeyinden uzaktaki bu ilk sabahında gözlerim karşımda hiç durmadan değişip güzelleşen doğayı aç bir susamışlıkla içerken, bir taraftan da içimi ferahlatan tatlı bir huzur, sakin düşüncelerimin berraklaştırdığı kafamın duru iyiliği içinde dolaşıp duruyordu. Böylesine huzurlu bir sükûnet içinde yaptığım bu yolculuk, otobüsün terminale girmesiyle birlikte sona erdi. O anda yabancısı olduğum bir şehre ayak basmanın yarattığı heyecan yüreğimi ısıtıyor, bir parça da bana tedirginlik yaşatıyordu.

Sırt çantamı bagajdan aldım. Hemen bir tuvalet buldum. Boş bir kabine girip, kapıyı arkadan sürgüledim. Sabah tedavimi oldum. Bir süre öylece orada kalakaldım. O sırada kapı çaldı. "Hadi be güzel kardeşim," dedi. "Kuyuya mı düştün? Akşama kadar seni beklemeyeceğiz. Çabuk çık da ihtiyacımızı giderelim."

Sırt çantamı kaptığım gibi kapının sürgüsünü açtım. Karşımda duran adama sert sert baktım. "Başka yere sıçamadın mı?" dedim.

Adam birkaç adım geriye sıçradı. Artık o anda benden mi yoksa görüntümden mi korkmuştu, bilemiyorum. "Bütün kabinler dolu kardeşim," dedi. "Sıkıştım işte."

Adama cevap vermedim. Yanından sessizce geçip yürüdüm. O anda sanki yürümüyor, bambaşka bir âlemin atmosferinde yüzüyordum. Otogardan dışarı çıktım. Akdeniz güneşinin her dakika gittikçe artan sıcağı, derimin gözeneklerinden iplik iplik incecik ışıktan hüzmeler halinde süzülerek göğsümde toplanıyor, oradan da bütün bedenime yayılarak içimi olanca aydınlığıyla ısıtıyordu. Artık bilmiyorum; boş bir tuvalet kabininde damarlarıma akıttığım o koyu renkli zehrin kanıma karışmasıyla birlikte bütün bedenime yayılan o huzurlu rahatlama mıydı, az önce aydınlık diye tarif ettiğim şey? Yoksa tadı acı, yokluğu acı, varlığı ise ölümden daha acı olan eroinin kanımda dolaşarak vücudumu, duygularımı ve beynimi sinsice yavaş yavaş öldüren tatlı avuntusu muydu?

O sırada telefonum çaldı. "Alo," dedim.

"Geldin mi aşkım?" dedi Sena heyecanla.

"Geldim," dedim, düşüncelerimi toparlamaya çalışırken.

"Haydi öyleyse! Dolmuşa atlayıp bir an önce eve gel. Seni bekliyorum."

"Tamam," dedim, sonra da eve doğru yola koyuldum.

KAŞ

❧

10 Ağustos 2002, Cumartesi

On bir gün önce...
Akşam oluyor, ilk ışıkları yanıyordu şehrin. Bu küçük şeh-
rin ne kadar da doğal bir görünümü vardı böyle, akşamın ka-
ranlığıyla örtünmüş olmasına rağmen. Acaba o anda bu do-
ğal güzelliği gören bir tek ben miydim? Gövdemi Sena'ya doğ-
ru yavaş yavaş çevirdim. Biraz arkamda hafifçe sallanıp yürü-
yordu. "Sen de benim gördüğümü görüyor musun?" dedim.
"Ne kadar da şirin bir yere benziyor, öyle değil mi?"
"Ne demezsin," dedi Sena umursamaz bir tavırla. "Yor-
gunluktan neredeyse ölüyorum. Sabahtan beri otostop yapıyo-
ruz. Benim yollarda canım çıkmış. Sen de bana bu küçük şeh-
rin şirinliğinden bahsedip duruyorsun."

"Sen ne anlarsın doğal güzelliklerden," dedim sitemkâr sözlerle.

Sırt çantasını yere attı. Çakıllı toprağa oturdu. Monte Carlo sigarasını yaktı. Yüzünde bir hoşnutsuzluk vardı. Ayrıca yüzü çok solgun görünüyordu. "Biraz dinlenelim," dedi. "Ben çok yoruldum."

Yanına çöktüm. Camel paketini çıkardım. Bir sigara da ben yaktım. Aslında ben de kendimi çok halsiz ve yorgun hissediyordum. Yorgunluktan âdeta tel tel dökülüyordum. Bazen de üşümekten tir tir titriyordum. Antalya'da yaşadığım krizler beni çok halsiz bırakmıştı. Bütün bunlara rağmen Antalya'da kalıp yoksunluk krizleri yaşayacağıma, bu yolculuk esnasında soluyacağım temiz havayı, iki büklüm kıvranmalarıma tercih etmiştim.

O gün Antalya'dan Kaş'a otostopla yola çıktığımızda, yaşlı bir turist çifte denk gelmiştik. Onlarla birlikte Fenike'ye kadar yolculuk etmiş, oradan da aynı şekilde otostop yaparak bindiğimiz dördüncü araçla Kaş'ın girişindeki bu çakıllı toprak yolda, uzun yolculuğumuzu sonlandırmıştık. "Acaba Metin bu saatte gelmiş midir?" diye sordu Sena.

Metin, Sena'nın İstanbul'dan çok samimi bir arkadaşıydı. Her yıl yaz sezonunda gitarını alıp, Kaş'taki barlardan birine çalışmaya geliyormuş. "Gelmezse de oturup bekleriz," dedim.

"Haydi kalkalım," dedi Sena, içtiği sigaranın izmaritini iki parmağının arasına sıkıştırıp havaya fırlatırken.

Yaklaşık yarım saat sonra barın kapısından içeri girdik. Genç bir garson yanımıza geldi. "Buyurun," dedi.

"Metin Bey'e bakmıştık," dedi Sena. "Kendisi burada mı acaba?"

Garson bize dikkatlice baktı. "Kim arıyor?"

"Çok samimi arkadaşıyım," dedi Sena. "Lütfen Metinciğime geldiğimizi haber verir misin?"

Garson eliyle boş bir masayı gösterdi. "Şöyle oturun lütfen. Metin Bey'e geldiğinizi haber vereyim. Bu arada, bir şey içer miydiniz?"

"Bira," dedi Sena. "Biraz da yanında patates kızartması istiyorum."

Garson, "Ya siz beyefendi?" dedi.

"Bira lütfen."

Yaklaşık beş dakika sonra kır saçlı, çatık kaşlı ve esmer tenli bir adam yanımıza geldi. Bize dikkatlice baktı. "Metin Bey'i siz mi arıyorsunuz?" diye sordu.

"Evet," dedim.

"Sizler Metin Bey'in nesi oluyorsunuz?"

"Arkadaşıyız," dedi Sena.

Adam Sena'ya yan yan baktı. "Onun nereden arkadaşı oluyorsunuz?"

"İstanbul'dan."

"Ama," dedi adam. "Ben sizi hiç tanımıyorum."

"Siz kimsiniz?" diye sordu Sena şaşkınlıkla.

"Ben Metin'im."

Sena kahkaha atarak güldü. "Kusura bakmayın. Ben de sizi tanımıyorum. Aradığımız kişi siz değilsiniz. Biz bu barda gitar çalan Metin'i arıyorduk."

Adam çatık kaşlarını indirdi. Gülmeye başladı. "Desenize," dedi. "Metinler birbirine karışmış."

"Öyle olmalı," dedi Sena. "Peki öyleyse, bizim Metin nerede? Yoksa bu barda çalışmıyor muydu?"

"Buradan ayrıldı," dedi adam. "Bir hafta önce çekip gitti."

"Ne?" dedi Sena bağırarak. "Ayrıldı mı? Nereye gitti?"

"İstanbul'a döndü. Babası rahmetli olmuş. O da apar topar dönmek zorunda kaldı."

"Ha s.ktir," dedi Sena, ağzından çıkan sözü duymamışçasına. "Biz şimdi ne yapacağız?"

Adam ilk önce Sena'ya sonra da bana baktı. "Sizin ne işiniz var burada?" diye sordu. "Tatile mi gelmiştiniz?"

"Hayır," dedi Sena umutsuzca. "Biz buraya bir iş bulup çalışmaya geldik."

"Buralarda iş bulmanız çok zor," dedi adam.

"Neden iş bulamayız?" dedim hayal kırıklığıyla.

Adam güldü. "Hayatınız boyunca hiç çalıştınız mı siz?" dedi alaycı bir ses tonuyla.

"Evet çalıştım," dedim.

"Turizm işinde mi çalıştınız?"

"Hayır. Tiyatroda çalışmıştım."

"Turizm işinden anlamadığınız belli," dedi.

"O nedenmiş?" dedi Sena.

Adam Sena'ya baktı. "Hangi aydayız?"

"Temmuz," dedi Sena.

"Bugün ayın kaçı?

"Bilmiyorum."

"Bugün 31 Temmuz. Bu tarihin ne anlama geldiğini biliyor musunuz?"

"Hayır."

"Takvim yaprakları yavaş yavaş sezonun sonuna doğru geldiğimizi gösteriyor. Bu saatten sonra artık bir iş bulmanız çok zor. Bir ay sonra sezon bitiyor. Bir aylığına da sizi kimse işe almaz."

Sena'yla birbirimize baktık. Yorgun yüzlerimize dalga dalga umutsuzluk yayıldı. Adam, ikimizin de yüzüne yayılan umutsuzluğu fark etmiş olacak ki, "Daha ilk günden moralinizi bozmayın," dedi. "Şayet sansınız yaver giderse belki o zaman bir iş bulabilirsiniz. Pekâlâ, burada kalacak bir yeriniz var mı?"

"Hayır," dedi Sena. "Buraya Metin'e güvenip geldik. Kalacak yerimiz yok. Pansiyonlara verecek öyle çok paramız da yok."

Adam güldü. "Siz ta İstanbul'dan buralara kadar ne diye kalkıp gelmişsiniz? Yoksa bir maceraya mı çıktınız?"

"Öyle de sayılabilir," dedi Sena.

"Hayır," dedim ani bir parıldamayla. "Biz kesinlikle maceraya çıkmadık. Biz yeni bir hayatın keşfine çıktık."

"Siz daha önceki hayatlarınızı nerede kaybetmiştiniz ki?" dedi adam alaycı bir tavırla.

O anda ben adama haliyle biraz ayar oldum. "Pekâlâ," dedim ciddi bir ses tonuyla. "Sizin yaşamınızda değişim dönemleriniz olmadı mı hiç? Siz bir hayatınızı sonlandırıp yeni bir hayata başlangıç yapmadınız mı hiç?"

Adam bir anda sus pus oldu. Bozguna uğramış gibi karşımda duruyordu. "İsterseniz bir iş bulana kadar bende kalabilirsiniz."

"Şaka mı yapıyorsunuz?" dedi Sena. "Daha bizi tanımıyorsunuz bile."

Adam dikkatlice bana baktı. "Bu gencin hayat hikâyesini bilmiyorum ama, hayat yorgunu olduğunu gözlerinden okuyabiliyorum. Bence bu genç adamın yeni bir başlangıca ihtiyacı var. İsimleriniz ne?"

"Benim Sena."

"Benim de Onur."

"Benimki de Metin," dedi gülerek.

O akşam barın sahibi Metin Ağabey'le tanıştıktan sonra, Sena'nın gitarist arkadaşı Metin'e artık ihtiyacımız kalmamıştı. Metin Ağabey ilginç bir kişiliğe sahipti. Kırk beş yaşında olma-

174

sına rağmen hiç evlenmemişti. Üstelik hâlâ bir komünistti. Siyasi kimliği yüzünden 12 Eylül askeri darbe döneminde tutuklanmış, çok genç yaşında uzun yıllar cezaevinde yatmıştı. Cezaevinden çıktıktan sonra da baba memleketi olan Sakarya'ya dönmüş fakat orada tutunamayıp yıllar önce Kaş'a yerleşmişti. Allah'ın her günü sokaklara çıkıp Sena'yla birlikte iş aramaya koyulduk fakat hiçbir iş bulamadık. Metin Ağabey daha ilk gün bize söylediklerinde çok haklıydı. Buralarda sezon ağır ağır bitiyordu. Hiç kimse bir aylığına bizi işe almak istemiyordu. "Peki öyleyse, bu durumda ne yapacağız?" diye sordu Sena umutsuzca.

"Henüz umudumuzu yitirmeyelim," dedim Sena'ya. "Buradan gideceğiz. Şansımızı başka bir yerde deneyeceğiz."

"Nerede? Şayet burada sezon bitiyorsa, diğer taraflarda da sezon bitmek üzeredir. Oraların da buradan hiçbir farkı yoktur."

"Fethiye'ye gideceğiz," dedim. "Şansımızı bir de orada deneyeceğiz."

"Tamam," dedi Sena. "Seninle Fethiye'ye geleceğim. Peki, ne zaman gidiyoruz?"

"Çok yakında," dedim.

Kaş'ta kaldığımız iki hafta süre içinde ağrı kesici ilaçlar, eczaneden aldığım kafa yapıcı haplar ve beyaz şarabın dışında hiçbir şey içmedim. Gerçeği söylemek gerekiyorsa, buralarda eroin yoktu. Hiçbir yerde satılmıyordu. Belki de satılıyordur ama bundan benim haberim yoktu. Ayrıca bir şeyler alıp içecek yeterli paramız da pek yoktu. Daha çok köpek öldüren diye tabir edilen ucuz şaraplardan içiyorduk.

Bu arada, akıp giden günlerle birlikte hastalığım da giderek bedenimi terk ediyordu sanki. Ama yine de eroin yoksunluğunun bana yaşattığı o sıkıntıları tam olarak üzerimden atamamıştım. Hiç kolay değildi. Onunla savaş içinde olmak sanıldığı gibi kolay bir şey değildi. Ama şimdi bugünlerime de çok şükür ediyorum. En azından geceleri uykusuz geçirerek sabahlamıyordum. Hele bir de bir iş bulup çalışsaydım, keyfime diyecek yoktu. O sırada cep telefonu çaldı. "Neredesiniz çocuklar?" dedi Metin Ağabey.

Gece geç bir vakitti. Sena'yla kayalıkların üzerinde oturmuş şarabımızı içiyorduk. "Deniz kenarında oturuyoruz ağabey," dedim.

"Eve gelin," dedi. "Biraz içer, sohbet ederiz."

Hemen eve gittik. Metin Ağabey bahçede gitar çalıyordu. Yanında da hiç tanımadığımız birkaç arkadaşı vardı. Arkadaşlarıyla tek tek tokalaştık. İçlerinden birisi elinde tuttuğu sigarayı bana uzattı. "Esrarlı sigara içer misiniz?" diye sordu.

O anda Sena'yla göz göze geldik. Gözlerimizin içiyle birbirimize bakıp güldük. "İçeriz," dedim.

Adam Metin Ağabey'e bakıp kahkahayı bastı. "Sen de benim gördüğümü görüyor musun Metin?" dedi. "Seninle girdiğimiz iddiayı kaybettin."

"Ne iddiası?" dedim meraklı bir şekilde.

"Sizin esrar içebileceğinizi Metin'e söyledim. O da bana inanmadı. Bunun üzerine iddiaya girdik. Şimdi de girdiğimiz iddiayı kaybetti."

Utancımdan yüzüm kızardı. "Yoksa seni utandırdık mı Metin Ağabey?" dedim.

"Ne utanması Onur?" dedi gülerek. "Şimdi keyfinize bakın. İçkiler buzdolabında. İstediğinizi alıp için."

O gece sabaha kadar içkiler içildi. Şarkılar söylendi. Gün ışıyınca da odalarımıza çekilip ölüler gibi uyuduk. Gözümü açtığımda öğle vakti çoktan olmuştu. Sena'yı dürttüm. "Haydi kalk," dedim. "Bugün son günümüz. Biraz gezip dolaşalım." Sena mızmızlanarak uyandı. "Benim çok uykum var. Ne olur bir saat sonra beni uyandır," dedi, sonra da arkasını dönüp tekrar mışıl mışıl uyudu. Yatakta masum bir çocuk gibi uyuyan Sena'ya baktım. Aramızdaki ilişki tuhaf bir hal almıştı. Tanıştığımız ilk günler sevgiliydik. Sonrasında yol arkadaşı olduk. Bu süre içinde o başka erkeklerle düşüp kalktı. Ama ya şimdi? Şimdi benim yanımda çırılçıplak yatıyordu. Onun ne sevgilisiydim, ne de yol arkadaşı. Peki o zaman, şimdi ben onun neyi oluyordum? Yataktan kalktım. Metin Ağabey çoktan işe gitmişti. İşe giderken de buzdolabının üzerine bir not iliştirmişti: "Salondaki sehpanın üzerine biraz para, biraz da esrar koydum. Bugün keyfinize bakın. Gece de bara uğrayın."

Sehpanın üzerinde duran parayı aldım. Cebime koydum. Esrardan biraz sarıp içtim. Yaklaşık bir saat sonra Sena geldi. "Bir başına oturmuş ne yapıyorsun?" dedi gerinerek.

"Hiç," dedim. "Öylesine oturdum işte. Biraz televizyon izliyorum."

"Dün gece içkiyi çok kaçırdım. Başım çok ağrıyor."

Güldüm. "Niye gülüyorsun?" dedi Sena.

"Tabii ki sana gülüyorum."

"Neden?"

"Bu gidişle ben eroini bırakacağım ama sen şu içkiyi bırakamayacaksın. Sen bu yaşında ağır bir alkolik olmuşsun. Şişenin dibini görmeden elinden içkiyi bırakmıyorsun."

"Off," dedi canı sıkkın bir şekilde. "Bu saatte hiç çekilmiyorsun. Sen kendine bak. Eroini bulsan hiç durmaz hemen koluna enjekte edersin. Ama senin de benden geri kalır bir tarafın yok. İçki, esrar, haplar... Sende de maşallah hepsi var."

177

"O saydıkların benim için uyuşturucudan sayılmaz," dedim gülerek. "Bu dünyada benim için tek bir uyuşturucu var: Eroin. Diğerleri onun yanında bana kurtuluş gibi geliyor." "Tamam işte. Senin kurtuluşun olan şeyler aynı zamanda benim de kurtuluşum. Bırak da herkes kendi hayatını yaşasın." "Davamızdan sapmıyor muyuz?" dedim. "Burada ben eroini bırakacaktım, sen de alkolü. Ta İstanbul'dan kalkıp buralara kadar neden geldik öyleyse?" "Kes," dedi sinirli sinirli. "Seni daha fazla dinleyemeyeceğim. Bugün ne yapıyoruz?"

Sustum. Onu kendi haline bıraktım. Anlaşılan değişmeye hiç niyeti yoktu. "Tamam," dedim. "Bu konuyu burada kapatıyorum. Bugün sana kaliteli şarap ısmarlayıp esrar saracağım."

Sena'nın üzerindeki mahmurluk aniden uçup gitti. Gözleri çakmak çakmak yandı. "Az önce ne dedin sen? Çabuk bir daha söyle."

"Bugün bendensin," dedim gülerek.

"Çabuk söyle, parayı nereden buldun?"

"Metin Ağabeyim sağ olsun. İşe giderken bize bir miktar para, biraz da esrar bırakmış."

Sena boynuma sarıldı. "Öyleyse hemen dışarı çıkıyoruz. İlk önce bir şeyler yiyelim. Çok acıktım. Sonra da şarabımızı alıp akşama doğru sahile ineriz."

Akdeniz'in dolunay ışığına bulanmış ve yakamoz pırıltılarıyla tutuşan durgun denizin karşısında ışıklarını gökyüzüne salan Meis Adası'na bakıp, Sena'yla birlikte şarabımızı içiyorduk. Oturduğumuz kayalıkların üzerinde ara sıra birbirimize sokuluyor, sonra da geri çekiliyorduk. Hâlbuki o anda denizin yüzeyinden yansıyıp göz kamaştıran dolunayın o çırılçıplak aydınlığında ona ne çok şey anlatmak isterdim. Onun beni ara ara sıcacık öpüşlerini, gecenin fısıltılarıyla sessizce alkışlayan arkamızdaki asma yapraklarının altında ona gerçekleri fısıldamak isterdim. Ondan önceki yaşanmışlıklarımı ve elimde avucumda kalan her şeyimi onunla paylaşmak isterdim. Önümüzde uçsuz bucaksız bir çöl gibi serili duran ve önümüzdeki durgun denizin üzerinde yansıyan ışıklarıyla âdeta göz bebeğimde tutuşan ateşin sıcağında hiç elenmemiş sözlerle ona başımdan geçen her şeyi anlatmak isterdim. Karanlığın içindeki gökkuşağını aramaya çıktığımı ona söylemek isterdim. Ve o an gökyüzünde ışıldayıp duran yıldızların başımızdan teker teker dökülmesini, onun gece koyusu saçlarında ışıktan bir toz olmasını istediğimi, o asi başını dizlerime koyup uzatmışken, gecenin simsiyah kucağında ona fısıldamak isterdim. Ama söyleyemedim. Zamanında Eylül'e söyleyemediğim gibi şimdi de ona söyleyemedim. Belki de o gece bu yüzden birbirimize bir yakınlaşıp bir uzaklaşıyorduk. "Ne düşünüyorsun?" diye sordu, asi başını dizlerimden kaldırırken.

"Hiçbir şey," dedim yalandan. "Metin Ağabey bizi bara bekliyor. Herhâlde bize küçük bir veda partisi verecek."

"Kalkalım öyleyse," dedi Sena. "Adamcağıza bir hoşça kal deriz artık. Yarın sabah erkenden ayrılacağımız için onu bir daha göremeyebiliriz."

"Hadi," dedim. "Saat geç oldu. Onu daha fazla bekletmeyelim. Adama ayıp olmasın."

179

GERİ DÖNÜŞ

❧❀❧

1 Eylül 2002, Pazar

Bugün Kaş'ta son günüm. Yarın sabah ayrılıyorum. Aylar önce çıktığım bu yolculuk sonunda bitti. Soluk soluğa, kalbim sıkışarak ve tuzdan yanan gözlerimi kırpıştırarak, aylar önce yazmaya başladığım şu günlüğe kalemin ucundan damlayan acı kelimeleri şimdi oturmuş yazıyordum. Bundan sonra hayatımda atacağım adımların beni nereye götüreceğini bilememenin korkusunu yaşıyordum. Acaba bundan sonra atacağım adım ölüm müydü? Ya kalım? Ölüm beni görmezden gelip, bu hayatta biraz daha uzun süre kalmama müsaade edecek miydi?

"Pembe Düşler Yolculuğu" adını verdiğim ve aylar önce çıktığım bu yolculukta acaba hayallerime ne oldu? Ne olduğunu ben size hemen söyleyivereyim: Karardı...

Yağmur yüklü siyah bulutların bir anda gökyüzünü karartması gibi, bu yerler de benim içimi kararttı. Pembe düşlerimi elimden alıp karaya çaldı. Artık benim için işin özü bu. Elimde geriye kalan hiçbir şey yok. Nereye yolculuk yaptığımı artık çok iyi biliyorum. Ait olduğum bataklığa tekrar geri dönüyorum. Yarın sabah erkenden kalkıp İstanbul'a geri dönüyorum.

Efkârlanıp bir sigara yaktım. Odanın açık olan penceresinden içeriye Metin Ağabey'in çaldığı gitarın sesi doldu. Gitarın çıkardığı buğulu sesin hemen ardından bu sefer de Metin Ağabey'in yanık yanık söylediği şarkının sözleri doluverdi:

Nerde kendini bilmez çocuklar
Bir sabah öylece çekip gittiler
Çınladı alkışlar kör sokaklarda
Yankısı kime kaldı?

Deniz koydum adını
Kederi bende kaldı
Uzak köyler kurdum birbirine
Denizine aldandım.

Acının surlarında ateşler yaktı
Vuruldu şehirler, soluksuz kaldı
Kendine çekildi bütün zamanlar
Gölgeler orda kaldı.

Deniz koydum adını
Kederi bende kaldı
Uzak köyler kurdum birbirine
Denizine aldandım.

Çılgın zamanlarda yaşamak bize düştü; ölümün acımasızlığı her zamankinden beter. Gidenler, gelenler, düşenler... Ah zamanın sonsuzluğunu anlamayanlar. Düştük yola, güzel şeyler bulmak umuduyla. Işıkları ile büyük şehirler yol oldu bize, iz sürdük yalnızlığa...

O anda havaya üflediğim sigaranın dumanının altında hüngür hüngür ağlamaya başladım. Evet ben de o şeytana aldandım. Onun ilk zamanlarda göz kamaştıran varlığına inanıp kandım. Bir kez daha şu gerçeği çok iyi biliyorum ki, İstanbul'a döner dönmez dörtnala kalkmış bir yarış atı gibi onun yanına koşacağım. "Onur," diye seslendi Metin Ağabey, karanlık düşüncelerimi bir kartalın pençesiyle yırtar gibi. Pencerenin önüne geldim. Başımı dışarı uzattım. "Efendim ağabey," dedim.

"Hadi be oğlum! Nerede kaldın? Artık aşağıya in."

"Tamam," dedim. "Hemen geliyorum."

Masanın başına geri döndüm. Ajandanın kırmızı kapağını kapatıp, sırt çantamın içine attım. Metin Ağabey'in yanına inerken de, "Pembe Düşler Yolculuğu," adını verdiğim yolculuğumun nasıl karardığını hatırladım.

***

O sabah, geceden alarmını kurduğum saatin çalmasından çok önce uyanmıştım. Topu topu üç saat uyumuştum. O gece yoğun bir yoksunluk acısıyla kötü düşler gördüm. Yatağın içinde sağa sola dönüp durdum. Dizlerimi karnıma çektim. Yanımda mışıl mışıl uyuyan Sena'ya defalarca baktım. Kendimden uzak tutmaya çalıştığım ne kadar kötü anılarım varsa bir anda beynime üşüştüler. Vücudumu müthiş bir titreme bastı. Yataktan kalktım. Koşar adım salona gittim. Geceden sırt çantama koyduğum esrarı çıkardım. Titrek ellerimle esrarı sardım. Bir güzel içtim.

Salondaki koltuğun üzerine yığılmış, boş gözlerle tavana bakıp duruyorken, o anda içimde kocaman bir boşluk vardı. Galiba umutlarımı yitirmek üzereydim. Bazen, bazı insanlar için olaylar beklendiği gibi cereyan etmez ya. Her zaman bu hayatta birileri bir şeyler ödemek zorundadır ya. İşte bu tek ama tek kuraldır. Benim için de bazı şeyler istediğim gibi cereyan etmiyordu. Bilemiyorum, artık bu saatten sonra bazı şeyleri zorlamanın anlamı var mıydı? Bence bu sorunun cevabını bir-iki güne kadar nasıl olsa Fethiye'de öğrenecektim.

Erken vakit kalkıp Sena'yla birlikte tekrar yola koyulduk. Fethiye'ye kadar yine otostopla geldik. Fethiye'de, daha önce İstanbul'dan tanıdığım Tuncay adında bir arkadaşım yaşıyordu. Onu telefonla arayıp ev adresini aldım.

Akdeniz bölgesine özgü bir mimari anlayışla inşa edilmiş, çok katlı bir binanın caddeye bakan cephesinin yanındaki son derece bakımlı bahçenin içinden geçerek, binanın giriş kapısının önüne geldiğimizde durduk. Zile bastım. Kapı açıldı. Asansörle apartmanın dördüncü katına çıktık. Yarı aralık duran bir daire kapısının gerisinde Tuncay'ı gördüm. Kapıyı ardına kadar açtı. Gelip boynuma sarıldı. "Sana ne olmuş böyle?" dedi. " Âdeta bir deri bir kemik kalmışsın. Hasta mısın?"

Acı acı güldüm. "Hasta değilim," dedim. "Seni kız arkadaşım Sena'yla tanıştırayım."

Sena'nın elini sıktı. "Ben de Tuncay," dedi. "Memnun oldum."

"Ben de," dedi Sena.

İçeri girdik. "Hayrola?" dedi Tuncay. "Sizi hangi rüzgâr attı buraya?"

"Biran var mı?" dedi Sena, bir bıçak gibi sözünü ortadan keserken.

Tuncay Sena'ya baktı. "Aç mısınız? Mutfakta pizzam var."

"Açım," dedi Sena. "Hem çok açım, hem de çok susadım."

Tuncay mutfağa gitti. Karton bir kutunun içinde pizza getirdi. Masaya iki tabak koydu. Sena'ya baktı. "Bira da birazdan geliyor," dedi.

Aç kurtlar gibi pizzaya saldırdık. Sonra da soğuk biramızdan içtik. "Evet," dedi Tuncay. "Sizi hangi rüzgâr attı buraya?" Biramdan bir yudum aldım. "Hâlâ esrar içiyor musun?" diye sordum.

"Evet," dedi Tuncay.

"Biraz esrarım var. Bir sigara sarmamı ister misin?"

"Olur, sar. Benim için hiçbir sakıncası yok."

Sırt çantamdan Metin Ağabey'in verdiği esrarı çıkardım. Büyük bir keyifle sardım. Tuncay'a sigarayı uzatırken, "Sen ne iş yapıyorsun burada?" diye sordum.

"Bir turizm şirketinde çalışıyorum."

"İşinden memnun musun?"

"Eh işte. Sen hiç işinden memnun olan bir insan gördün mü?"

"Haklısın," dedim. "Peki, o işi ne yaptın?"

Tuncay'ın bir anda rengi değişti. "İstersen eski defterleri hiç açmayalım. O günleri unutmaya çalışıyorum."

Tuncay bundan bir-iki sene öncesine kadar Beyoğlu'nda torbacılık işi yapıyordu. Kendisi gibi torbacı olan ev arkadaşı bir gece vakti gözlerinin önünde uyuşturucu mafyası tarafında hunharca öldürüldü. O da kısa bir süre sonra İstanbul'dan kaçıp işte buraya yerleşti. "Hâlâ bırakamadın değil mi?" dedi Tuncay, bana acınası gözlerle bakarak.

Tuncay'a bakıp güldüm. "Ama bırakmayı deniyorum," dedim.

"Buraya niçin geldiniz?"

"Hayata yeni bir başlangıç için," dedim.

"Onun elinden hiçbir yere kaçıp kurtulamazsın dostum," dedi Tuncay, unuttuğum gerçeği yüzüme bir tokat gibi çarparken. "Ondan kaçamazsın. Onun seni yakalayıp kendisine bağladığı tek bir kolu yok. Onun bin kolu var. O insanın kanına bir kez girdi mi, ahtapot gibi sımsıkı yapışıp kalıyor. İnsanın kanını emiyor. Beynini çürütüyor. Ondan sadece kurtulmayı deneyip biraz kendini iyileştirebilirsin. Ama ondan sonra yine onun esiri olursun. Gidip tekrar yeniden onu kullanmaya başlarsın."

Tuncay'ın dudaklarından dökülen bu acı gerçekleri işitince, hiçbir şeyin bana ait olmadığı bir dünyada yaşadığıma inandım. Tuncay yerden göğe kadar haklıydı. Ben İstanbul'dan kalkıp ta buralara kadar gelerek, Nasrettin Hoca gibi göle maya çalıyordum. Göle mayayı çalarken de hoca gibi, "Ya tutarsa," deyip kendimi avutuyordum. Sena'ya baktım. Az önce duydukları sözler karşısında yüzü, soğuk bir dolunayın karanlıktaki yüzü gibiydi. "Göreceğiz Tuncay," dedim, içimi kaplayan o acı sızıntıyla zoraki gülerek. "Hep birlikte göreceğiz."

"Peki, burada uzun süre kalacak mısınız?" dedi Tuncay.

"İş bulur bulmaz senin yanından ayrılıp, başka bir eve taşınacağız. Buraya bir iş bulup çalışmaya geldik."

"Benim yanımda ancak bir hafta kalabilirsiniz," dedi Tuncay tüm açık sözlülüğüyle. "Önümüzdeki hafta İstanbul'dan annem ve kız kardeşlerim tatile geliyor. Tam bir hafta zamanınız var. Bence yarın sabahtan itibaren bir iş aramaya başlasanız çok iyi edersiniz."

185

***

Bugün Fethiye'de beşinci günümüzdü. Sabahtan akşama kadar Sena'yla birlikte sokaklarda iş arayıp duruyorduk. Akşam olunca da Araba Mezarlığı adlı bir mekânda öylesine takılıyorduk. Özellikle son bir-iki gündür de Sena'yla şiddetli tartışmalar içine girmiştim. Paramız bitmek üzereydi ve bu durumdan dolayı da Sena beni suçlayıp duruyordu. Ben de ona bağırıp çağırıyor, hakaretler ediyordum.

O gece yine bağırışlar, çağırışlar içinde eve döndük. Eroin yoksunluğunun üzerine bir de bu kavgalar eklenince, hırçın yanım bir anda ortaya çıkıverdi. Elimde tuttuğum kül tablasını Sena'ya fırlattım. O anda ani bir hareketle gövdesini sola doğru çekti. Kül tablası duvara isabet etti. Bir avuç kum tanesi gibi etrafa saçıldı. Sena bar bar bağırarak üzerime yürüdü. "Sen bana ne yaptığını sanıyorsun piç kurusu?" dedi, zayıf düşmüş bedenime bir tekme atarken.

Sendeledim. Yere düştüm. "Eroin senin beynini yiyip bitirmiş aşağılık herif," dedi, başımda durmuş hâlâ bar bar bağırırken. "Âdeta canlı bir ceset gibisin. Senin yanında dolaşmaktan artık utanıyorum."

Düştüğüm yerden dikkatlice Sena'ya baktım. Artık bir şey apaçık ortadaydı. Sena beni yanında taşıyamıyordu. Bu kısa süre içinde birbirimizden kilometrelerce uzaklaşıp kopmuştuk. Her gün bir avuç dolusu yuttuğumuz o hapların, her gün sarıp içtiğimiz o esrarların, her gün içtiğimiz onca içkilerin üzerine bir de benim eroin yoksunluğum eklenince, o anda ikimizden biri fena halde arızaya bağlıyordu. Tuncay koşarak yanımıza geldi. "Siz çıldırdınız mı?" dedi sinirli sinirli. "Siz benim evimde ne yaptığınızı sanıyorsunuz?"

Tuncay'ın odaya girmesiyle birlikte fırtına son buldu. Ayağa kalktım. Sırt çantamın içine bir-iki parça eşyamı gelişi güzel koydum. Çantanın ağzını kapattım. "Sana her şey için çok teşekkür ederim Tuncay," dedim. "Ben artık bu evden gidiyorum."

"Bu saatte nereye gidiyorsun?" dedi Tuncay.

"Kaderimi yaşamaya," dedim, sonra da evden apar topar çıktım.

Epeyce uzaklaştım. Son bir kez dönüp arkama baktım. Arkamda bıraktığım kadını düşündüm. Sena yerden göğe kadar haklıydı. Ben her türlü gurur ve onur işlerini bir kenara atmış, aklını ve fikrini uyuşturucuyla bozmuş bir insandım. Bir cankiydim. Bir insan hurdasıydım. Ya da Sena'nın ifadesiyle canlı bir cesettim.

O geceyi bir benzin istasyonunun kafeteryasında oturarak geçirdim. Sabaha kadar sigara ve çay içtim. Kendimce planlar yaptım. Ya o gün İstanbul'a geri dönecektim ya da burada kalıp iş arayacaktım.

Fethiye'de iki gün daha kaldım ama ne yazık ki bir iş bulamadım. Geç gelmiştik. Sezon neredeyse bitmek üzereydi. Herkes ağır ağır toparlanmaya başlıyordu. Artık önümde tek bir seçeneğim kalmıştı: İstanbul'a geri dönmek.

O sabah İstanbul'a geri dönmeden önce, son bir kez de olsa yine şansımı Kaş'ta denemeye karar verdim. Otostopla Kaş'a geldim. Hemen Metin Ağabey'i buldum. Beni karşısında görünce şaşırdı. "Senin ne işin var burada?" diye sordu.

"İstanbul'a geri dönmeden önce sana uğradım," dedim. "Artık buralardan gidiyorum."

"Peki, Sena nerede?"

"O Fethiye'de kaldı. Ben bundan sonra yoluma yalnız başıma devam edeceğim."

"Orada da bir iş bulamadınız, değil mi?"

"Ne yazık ki bulamadık. Senin de ilk gün söylediğin gibi buralarda sezon bitmiş ağabey."

"O zaman ben size söylemiştim."

"Ne yapalım? Sağlık olsun. En azından şansımızı denemiş olduk."

"İstanbul'a dönünce ne yapacaksın?"

"Hiç bilmiyorum. Gidince göreceğiz."

"Bir içki içer misin?"

"İçerim. Sabahtan beri yollarda boğazım kurudu."

Kaş'ta kaldığım bir hafta boyunca Metin Ağabey'in evinde yaşadım. Yine bir iş bulamadım. Bu yüzden de ertesi sabah erken bir vakitte buradan ayrılıp İstanbul'a geri dönüyordum.

O son gece bahçede gitarını çalan Metin Ağabey'in yanına indim. Onun yanında kaldığım bu süre içinde, kafayı bulduğum zamanlarda bile saçmalıklarıma katlanan Metin Ağabey'e son kez baktım. Birbiri ardına boşalan içki şişelerini denize fırlatıp atarken, üzerine oturduğumuz kayaları dalgalarıyla köpürtüp kırbaçlayan denize küfürler yağdırırken, o hep yanımdaydı. Beni bir an bile yalnız bırakmadı. Sardığı esrarlı sigaraları devamlı bana içirdi. Bilge sohbetiyle âdeta bir psikolog gibi konuşarak beni tedavi etti. Eskinin ihtilalci komünisti, şimdinin kapitalist tiryakisi olan iyi yürekli Metin Ağabey'e son bir kez daha dönüp baktım. "Senin hakkını ödeyemem," dedim, sonra da ona sarılıp hüngür hüngür ağladım.

Elini cebine attı. Bir miktar para çıkardı. Uzun kollu gömleğimin cebine sokuşturdu. "Al şu parayı," dedi. "Yarın ihtiyacın olacak. Ne de olsa yolun çok uzun."

İSTANBUL

21 Eylül 2002, Cumartesi

İstiklal Caddesi'ndeki Ağa Cami'nin avlusunda bir avuç insan saf tutmuştuk. Cami imamının sesi kulaklarımızda yankılandı: "Rahmetliyi nasıl bilirdiniz?"

O an Reha Ağabey'i düşündüm. Bana yaptığı iyilikler bir film şeridi gibi gözlerimin önümden geçti. İlk kez onun sayesinde tiyatroyla tanışmıştım. İlk kez onun sayesinde adam akıllı bir işim olmuştu. İlk kez onu sayesinde kötü kaderimi yenmiştim.

Derken bir anda yüzüm ekşidi. Nefes alamaz oldum. Henüz yirmi yaşındayken bana ettiği kötülüğü hatırladım. Sanki sesi tabutun içinden dalga dalga yayılarak kulaklarımın içinde çınladı: "1'den 10'a kadar saymayı dene. Sen daha sekiz demeden bütün dünya kafanın içinde altüst olacak."

Üzeri yeşil örtüyle kaplı tabuta baktım. "Bana ne yaptın Reha Ağabey?" diye sessizce fısıldadım. "Bana ne yaptın böyle? Ölüme giden bu yolda senin arkandan çığlık atarak geliyorum. Bir zamanlar senin iş ve ev arkadaşındım. Şimdi de ölüm yoldaşın olmak için günlerimi sayıyorum."

Cami imamının sesi tekrar kulaklarımızda yankılandı: "Rahmetliyi nasıl bilirdiniz?"

Tabuta baktım. Var gücümle bağırdım: "İyi bilirdik!"

Cenaze namazı biter bitmez hemen cami avlusundan ayrılıp İstiklal Caddesi'nin kalabalığına karıştım. Reha Ağabey'i düşündüm durdum. Hiç unutmam. Bir gün beni alıp içmeye götürmüştü. Yüzünde sıkıntılı bir hal vardı. "Hayrola Reha Ağabey," dedim. "Bana bir şey mi söyleyeceksin?"

Kendine özgü çok tatlı bir gülüşü vardı. İlk önce o güzel kahkahasını attıktan sonra, "Sana söyleyeceğim bir şey var ama nasıl söyleyeceğimi bilemiyorum," dedi.

O gün bana birlikte yaşadığımız evi kapatacağını söyledi. Şaşırdım. Nedenini sorduğumda ona büyük bir hayranlık duydum. "Bak Onur," dedi. "Bu dünyada sadece iki insana sahiptim. Biri annemdi, bir diğeri de erkek kardeşim. Biliyorsun, annem geçen hafta öldü. Beni üzen şey kadının bu dünyada hiç mi hiç yüzü gülmedi. Yüzü hiç gülmedi çünkü çocukken yüksek ateşten dolayı havale geçirip felç kalan ağabeyime yıllarca bir hasta bakıcı gibi bakıp durdu. Hayatını ona adadı. Şimdi sıra bende. Ağabeyime artık ben bakacağım. Annemin işini ben devralacağım. Rahmetli annemin evine taşınıyorum. Kusura bakma Onur. Bu evi istersen sana bırakabilirim, ama kirası çok yüksek. Tek başına kirayı ödeyemezsin."

Reha Ağabey çok değişik bir insandı. Hayatı hep radikal kararlarla doluydu. O günlerde de radikal bir karar aldı. Tiyatrodaki işini bıraktı. "Peki, ben sensiz ne yapacağım?" dedim.

Bana bakıp güldü. "Senin için gerekli yerlerle konuştum. Sen işine devam edeceksin."

"Sen nasıl geçineceksin?" dedim.

"Annemden kalan hatırı sayılır mallarla. Sen beni hiç merak etme."

Annesinin ölümünün üzerinden çok bir vakit geçmedi, tam bir sene sonra da Reha Ağabey'in kardeşi öldü. Reha Ağabey bu arada annesinden kalan hatırı sayılır malları çoktan satıp savdı. Neredeyse ekmeğe muhtaç bir hale geldi. Ayrıca eroin onu da çoktan yiyip bitirmişti. Ayakta kalabilmek için de torbacılık işine bulaştı. İki gün önce de cansız bedenini İstiklal Caddesi'nin arka sokaklarındaki boş ve köhne bir binanın birinci katında bulmuşlardı. Ölüm nedeni de belliydi: Altın vuruş!

O gün moralsiz bir şekilde İstiklal Caddesi'nde bir süre dolaştıktan sonra, Aksaray'da kaldığım köhne otelin kapısından içeri girdim. Odama çıktım. Tedavimi oldum. Saatler sonra biraz kendime geldiğimde, esrarlı bir sigara yaktım. Sonra da ajandayı sırt çantamdan çıkardım. Masanın başına oturdum. İçtiğim esrarın dumanını ciğerlerime çekerken, bir taraftan da mavi tükenmez kalemle ajandaya bir şeyler yazmaya başladım...

* * *

Fatih Sultan Mehmet Köprüsü'nün Avrupa yakasının çıkışında tıslayıp gıcırdayarak duran hurda yüklü eski bir kamyondan aşağıya indiğimde, İstanbul'da akşam olmak üzereydi. Bu yolculuk beni çok yormuştu. Kaş'tan İstanbul'a iki günde anca gelebilmiştim. Metin Ağabey'in bana verdiği yol parasının kuruşuna bile dokunmayıp, otostopla İstanbul'a kadar yolculuk ettim.

Kamyondan aşağı indiğimde İstanbul'un üzerinde yağmur yüklü koyu gri bulutların gölgelediği mat kurşun rengindeki gökyüzü, ilahi bir yüceliğe açılan o kasvetli görüntüsünün olanca ağırlığı ve azametiyle şehrin üzerine çökmüştü. Sanki o anda koca şehir suspus olmuş, o koyu ihtişamıyla giderek daha da koyulaşan gökyüzünün derinliklerinde birden bire kopuverecek büyük bir gürültüyü bekliyor gibiydiler, sağa sola koşuşan insanlar. Ayrıca kalabalık trafiği oluşturan araçların sürücüleri tarafından çalınan çeşit çeşit korna seslerine, arada sırada o puslu havayı keskince çizen mekanik hırıltısıyla bir polis arabasının siren sesi karışıyor, bu ses bana bir gece vakti vahşi doğada uluyan bir kurdun sesini çağrıştırıyordu.

Koca şehri kuşatan bütün sesler ve ışıklar aynı anda gökyüzünde birleşerek çok katlı binaların duvarlarında yankılanıyorlar, o binaların camlarında kıvılcımlanıp tutuşarak hayat buluyorlardı sanki. Adına metropol yaşantısı da denilen bu çok kalabalık, çok hareketli, çok sesli ve çok renkli hengâmede ona ait olan ne varsa, şehrin her tarafından Tanrısal bir sanat abidesi gibi yükselen minare siluetleriyle bezeli, "Yağmur Altında İstanbul" adlı bu tabloya kim bilir nereden bulaştığı anlaşılmaz bir rengin kirlettiği bu muhteşem birlikteliği, o anda yaşanan bu hengâmeler merhametsizce lekeliyordu.

O akşam Taksim'e vardığımda yağmur giderek şiddetini artırıyordu. Bir ara başımı kaldırıp meydana baktım. Renkli ve bol ışıklı yabancı marka ilanların asılı olduğu reklâm panolarının altında, çatıları aydınlanmış binaların üzerinden bir şelale gibi akan ışık selinin döküldüğü saçakların altında, kirli avuçlarında sıkı sıkı tuttukları paçavra bezlerden körpe ciğerlerine tiner kokusunu çeken sokak çocuklarını gördüm.

Hepsi de o soğuk ışıkların aydınlık gölgeleri altına park etmiş ekip otolarından uzak durarak, kümes hayvanları gibi bir araya toplanmış bekliyorlardı. Kötü havanın kendilerine ettiği zalimliğin çabucak geçmesini öylece orada bekleyip dururlarken, onların o andaki görüntüleri bana, evsiz barksız deniz kuşlarının karanlık çökerken sığınabildikleri kayalıklar üzerinde birbirlerine sokulup durmalarını anımsattı.

İstiklal Caddesi'ndeki devasa vitrinlerden fışkıran ışıkların altında âdeta cilalanmış gibi duran ve aynı zamanda yağmur suyuyla ıslanmış parke taşlarının üzerinde bir süre yürüdükten sonra, kendimi tenha sokaklardan birine attım. Yaklaşık otuz metre kadar yürümüştüm ki, küçük bir rock bardan sokağa yayılan yüksek sesli müzik bir anda beynimde yeniden bir şeylerin uyanmasına sebep oldu.

Küçük rock barın demir kapısını aralayıp içeri girdim. İçerisi oldukça tenhaydı. Neredeyse hiç kimse yoktu. Bar kısmına oturdum. Barmen yanıma geldi. Bir bira söyledim. Sonra da beklemeye başladım. Aradan epey bir vakit geçti. Barın kapısından içeri daha önce tanıdığım bir torbacı girdi. Onunla kısa bir süre göz göze geldik. Aynı anda ikimiz de tuvalete doğru yürüdük. Metin Ağabey'in Kaş'tayken gömleğimin cebine koyduğu paranın bir miktarıyla eroin satın aldım. Daha sonra da bardan çıkıp doğruca Erdoğan'ın evine gittim. Kapının ziline bastım. Fakat kapı açılmadı. Zile tekrar bastım. Kapı yine açılmadı. Kapıyı yumruklamaya başladım. Bu sırada karşı dairede oturan orta yaşlarındaki bir adam kapıyı açıp dışarı çıktı. Bir anda karşıma dikildi. "Siz kimi aramıştınız?" dedi.

"Arkadaşım Erdoğan'ı aramıştım ama galiba evde yok."

"Şu köpeği olan arkadaştan mı bahsediyorsunuz?"

"Evet. Bugün onu gördünüz mü?"

"Buradan taşındı."

"Ne?" dedim şaşkınlıkla. "Buradan taşındı mı? Nereye?"

"Ne bileyim nereye taşındığını," dedi adam. "Onu çok fazla tanımam etmem. Nereye taşındığını da hiç bilmem. Ama eskiciler bir kamyonete eşyalarını yükleyip götürdüler."

"Ne zaman?"

Adam dudağını büzdü. "Yaklaşık bir ay kadar önce."

"Peki, bu dairede oturan birileri var mı?"

"Var," dedi adam. "Bir reklâm ajansında çalışan iki çocuk var. Onlar da az önce dışarı çıktılar."

Adama teşekkür edip oradan ayrıldım. Yakın civarlarda bir cami arayıp buldum. Caminin tuvaletine girdim. Kapıyı kapatıp tedavimi oldum. O anda âdeta kendimden geçtim. Biraz kendime geldiğimde ise dışarı çıktım. Erdoğan'ın gidebileceği mekânlara tek tek baktım ama Erdoğan'ı bir aydır hiç kimse görmemişti. Sanki sırra kadem basmıştı. Bir daha da Erdoğan'ı ne gördüm, ne de ondan bir haber alabildim. Cebimde kalan son parayı çıkarıp saydım. Beni birkaç gün idare edecek param vardı. O saatte bir dolmuşa atladığım gibi Aksaray'a geldim. Şimdi kaldığım bu köhne oteli buldum. Otel tel tel dökülüyordu ama en azından ucuzdu. Şimdilik birkaç parça eşyamı koyacak ve başımı sokacak bir yerim vardı.

İstanbul'a geri döndükten sonra yine eski yaşantıma hızlı bir dönüş yapmıştım. Hayatımı benim kontrolüm dışında düzenleyen ve yaşantıma hükmeden güçlü bir kudretin gölgesinde yaşamaya yeniden başlamıştım. Öyle ki, hayatımı yöneten bu güçlü kudret sanki sırtımda taşıdığım bir anahtarı her defasında yeniden kuruyor, beni kurmalı bir oyuncağa çeviriyordu. Ve o an ben her zamanki gibi yine hiç bilmediğim bir yöne doğru sürüklenip duruyordum. Yanlış yönlere sürükleniyorken de bu güçlü kudrete asla karşı koyamıyordum. Ona karşı koyamıyordum çünkü zayıf beynimizle idrak edemeyeceğimiz kadar ince detaylarla kurgulanmış bu âleme hükmetmekte olan mutlak bir kudret tarafından bana biçilmiş bir rolü oynuyordum. Ya da yine onun tarafından verilmiş bir hükmün tecellisini yerine getiriyordum. O sırada kapı çaldı. Masanın başından kalktım. "Kim o?" diye seslendim.

"Benim."

Bu, resepsiyonda çalışan oğlanın sesiydi. Kapıyı açtım. "Oda parasını mı istiyorsun?" dedim.

Karşımda durmuş, suratını ekşitti. "Biliyorsun Onur," dedi. "Biz de burada üç kuruş paraya çalışıyoruz. Hepimizin patrona karşı sorumlulukları var. Bir haftalık oda ücretin birikti. Bu parayı şimdi ödemeni istiyorum. Yoksa..."

İçine düştüğüm duruma acı acı güldüm. "Yoksa bu otelden beni dövüp atmanıza gerek yok," dedim. "Az bekle. Bir haftalık ücretinizi şimdi getiriyorum."

Oda parasını ödedim. Arkasından da kapıyı kapattım. Masanın başına tekrar geçip oturdum. O anda yanaklarımdan süzülen gözyaşlarım günlüğümün henüz yazılmamış sayfalarına şapır şapır döküldü. İçine düştüğüm bu aciz duruma bir kez daha lanetler okudum. Ayrıca kendime de lanetler okudum. Çünkü bu sıralar yine pek de ahlaki olmayan işlere gidip bulaşmıştım. Biliyorum, şimdi hepiniz merak ediyorsunuz. Kendi kendinize, "Bu çocuk hasta kalmamak için acaba parayı nereden buluyor?" sorusunu soruyorsunuz. Şimdi sizlere bunları da anlatacağım. Parayı nasıl bulduğumu da tek tek anlatacağım...

***

Kaş'tan İstanbul'a döndükten sonra Beyoğlu'nun küçük rock barlarında akşamları cankilerle takılıp vakit geçiriyordum. Bir su misali gibi akıp giden akşam vakitlerinde hiçbir sorun yoktu. Esas sorun bir türlü tükenmek bilmeyen gündüz vakitlerindeydi. Gündüzleri, sürekli hareket halindeki gürültülü kalabalıkların işgal ettiği İstiklal Caddesi'nde takılıyor, günde en az iki defa tedavi olacağım eroin parasını çıkarmaya çalışıyordum. Aslında bu halimle iğrenç bir keşmekeşin içinde kıvranıp duruyordum. Para bulmak bazılarının sandığı gibi hiç de kolay değildi. Çevremdeki bütün arkadaşlarıma fazlasıyla borçlanmıştım. Onların bana açtığı krediyi çoktan yiyip tüketmiştim. Öyle ki, beni sokakta görüp halimi soran arkadaşlara "Siz nasılsınız?" demeyi çoktan unutmuş, onlardan sadece para istiyordum. Para istediğim arkadaşlarım çoğunlukla Beyoğlu civarına takılan kimseler oldukları için, içine düştüğüm bu acı durumu biliyorlardı.

Bazen tanıdığım insanlardan biriyle sokakta karşılaşmadığım zamanlar sinyale çıkıyordum. Sinyal dediğim şey, İstiklal Caddesi'nde yürüyen insanlardan biraz bozuk para dilenmekti. Sokaktaki o insanlara biraz duygu sömürüsü yapıyor, azıcık da olsa yalanlar söylüyordum. Doğruyu söylemek gerekiyorsa sinyalcilik çok zor bir işti. Çünkü o anda yüzüme bakıp tüküren insanları mı ararsınız, para karşılığı seks yapmayı teklif eden eşcinselleri mi ararsınız, bana ayaküstü nasihat çektikten sonra, "Seni polise şikâyet ederim," diyen akıl hocalarını mı? Beyoğlu'nu belki de bu yüzden seviyordum. Hangi tip insanı ararsanız burada bulabiliyordunuz.

Biz cankilerin artık bildiği acı gerçek şuydu: Hasta kalmamak için ayakta kalmak! Bu yüzden de gururumuzu ve erdemimizi ayaklar altına çoktan almıştık. Bu dünyada bir tek ihtiyacımız olan şeye saygımız kalmıştı: Paraya! Şimdi düşünüyorum da, galiba biraz da birbirimize karşı saygımız kalmıştı. Biz cankiler, ailelerimizle yaşadığımız birtakım sorunlardan dolayı bu hayatta bir yerlere savrulmuş, sonra da hayatın karanlık bir köşesine kaldırılıp atılmıştık. İşte bizler birbirimizi bu karanlık hayatlarımızın içinde bulup, birbirimize sımsıkı sarılmıştık. Hepimiz tek bir ağızdan söz vermişçesine körpe beyinlerimizi uyuşturucuyla çürütmeye yeminler etmiştik sanki. Bu dünyada hepimizin ruhları âdeta tek tek kaybolmuş, sonra da bu karanlık yaşamın içinde birbirimizi bulup aydınlanmıştık. Her gün benim gibi sinyale çıkan canki arkadaşlarımın yüzlerine baktıkça bunları düşünüyordum. Ayrıca yine onlara baktığımda, ölümün soğuk yüzünü de onların yüzlerinde görebiliyordum.

Ölüm! Artık başucumuzdaydı. Yakın bir zamanda soğuk, kaskatı kesilmiş genç cesetlerimiz gazete sayfalarını haber olarak süsleyecekti. O anda ölüm haberimizi polis telsizlerinden duyan gazeteciler, leş bulmuş akbabalar gibi üzerimize saldıracaklardı. Hakkımızda olur olmaz şeyler yazıp, sonra da diğer günlük haberlerin peşlerinden koşuşturacaklardı.

Şimdi aklıma takıldı. Ölüm haberlerimiz dışında kimselere sesimizi duyuramamak ne kötü bir şey. Hiç kimselere duyuramadığımız sesimizle, yine bir başımıza yapayalnız kalarak birbirimize sarılıyorduk. Ayrıca uyuşturucu yüzünden ölüp toprağın soğuk koynuna yatırılan cansız bedenlerimizle de bir başkalarına çok iyi paralar kazandırıyorduk. Bu insanların aç iştahlarını da genç bedenlerimizin taze etiyle doyuruyorduk.

Artık sizler şu gerçeği unutmayın: Bu sessiz çığlıklarımıza hepiniz şimdilik kulaklarınızı kapatmış olsanız da, şu yeryüzünde mahkûm edilmiş olduğumuz karanlık dünyadan bir gün firar ederek kaçıp kurtulan ve henüz hayata doymamış genç bedenleriyle toprağın koynunda uyuyarak, gökyüzünün huzurlu sükûnetine ulaşıp bizlere öncülük eden diğer arkadaşlarımızın yanlarına cansız bedenlerimizle göç edene kadar, attığımız bu çığlıkları öyle ya da böyle sizlere bir gün duyurmaya çalışacağız.

İsimlerimiz Aylin, Reha, Onur, Serkan ya da her ne olursa olsun, attığımız bu çığlıklar bir gün sizlerin yüreklerinizde yankı bulacak. Göğsünüze şiddetle çarpacak. Şayet bir gün olur da attığımız bu çığlıkları sizlere duyuramazsak, o zaman da bu çığlıklarımızı gökyüzüne savuracağız...

İBADET

4 Ekim 2002, Cuma

Öğle vakti çoktan olmuştu. Karşısında durduğum caminin avlusuna insanlar sel olup akıyordu. İnsanlar cuma namazını kılmak için camiye doluşuyorlardı. Abdest alan o insanların karşısında gülmemek için kendimi zor tuttum. Onlara bakarken bir yandan yaşamın karmaşıklıklarına bir anlam vermeye çalışıyordum, diğer bir yandan da yaşamın tezatlıkları karşısında nedenler arayıp duruyordum.

O an karşısında durduğum bu cami benim için sıradan bir cami değildi. Çünkü aynı caminin çatısı altında ben de diğer Müslümanlar gibi secdeye durup ibadet ediyordum. Ama ibadet eden o Müslümanlardan benim bir farkım vardı. Ben onlar gibi Allah'a değil, şeytanın ta kendisine Allah'ın evinde ibadet ediyordum.

O camide şeytana ibadet eden bir tek ben miydim? Kesinlikle hayır. Tanıdığım diğer cankiler de o camide şeytana ibadet edip, ona tapınıyorlardı. İşte beni o an hayrete düşüren şey de bu çelişkiydi. Şadırvanda abdest alan Müslümanların hemen yanındaki tuvalette, biz cankiler de her gün tedavilerimizi oluyorduk.

Evet! O küçük caminin tuvaleti neredeyse eroinmanların merkez üssü olmuştu. Caminin hoparlöründen yayılan ezan sesiyle kendinden geçen müminlerle, o anda damarlarına enjekte ettikleri eroinin etkisiyle kendinden geçen cankiler aynı yerde saf tutuyordu. Müminler Allah'a boyun eğerken, bizler de şeytana boyun eğiyorduk. İnce bir duvarın böldüğü aynı mekânda Allah'a tapınan kullarla, şeytanın toz zerrecikleri halinde cisimleşmiş olan varlığına tapınan biz çaresiz köleler...

Gözlerim bir anda caminin avlusundan çıkıp gelen arkadaşlarımdan birisine takıldı. Kız arkadaşıma dikkatlice baktım. Az önce kadınlar tuvaletinde zehirli bir yılanın dişlerine benzeyen küçük iğnelerle damarlarına akıttığı zehrin şeytani cazibesine kapılarak, bedenini ve ruhunu onun varlığı için çoktan satan kızcağıza bir kez daha dikkatlice baktım. Henüz bu dünyada ölmeden önce sanki cehennemin ateşiyle yıkanmış gibi zayıf bedeninden alevler saçarak, avluda abdest alan müminlerin arasından salına salına yürüyerek geliyordu. Herhâlde o anda abdest alan cemaatin varlığından habersiz olacaktı ki, bu insanların meraklı bakışlarına bile hiç aldırış etmeden, o sefil yaşamının kokuşmaya başlayan canlı bir cenazesinden farksız görünüyordu.

İnsanlar abdest aldıktan sonra ağır ağır camiye doluşmaya başladı. Bense hâlâ orada durmuş, dün ilk kez tanıştığım bir torbacının bana getireceği malı bekliyordum. Orada uzunca bir süre daha bekledikten sonra, küfürler ederek oradan çekip gittim.

O anda ne yapacağımı bilmiyordum. Sinirden bedenim kaskatı kesmişti. Kendimi bir bara atıverdim. İçeri girdiğimde âdeta gördüğüm şeye inanamadım. Ona bir kez daha dikkatlice baktım. Hayatımı mahveden insanı aylar sonra karşımda buldum. "Senin ne işin var burada?" dedi Oğuz.

"Seni aşağılık herif," dedim. "Seni gökte ararken yerde buldum. Meğerse dünya ne kadar küçükmüş."

"O geceden sonra seni çok aradım ama inan ki izini bulamadım."

"Sus yalancı herif. O gece hayatımı mahvettiğini biliyor musun? Senin yüzünden işimi kaybettim. Senin yüzünden tüm dostlarımı kaybettim. Senin yüzünden her şeyimi kaybettim..."

Sesim bir anda çatallaştı. Bedenim henüz yeni doğmuş bir köpeğin yavrusu gibi titremeye başladı. O ana kadar içimde biriktirdiğim ne varsa Oğuz'un üzerine kusuyordum. Acaba hayatımın yanlışlıklarını Oğuz'a yükleyerek ne elde etmeyi umuyordum? Belki de kendimi biraz rahatlatmak istiyordum.

"Bana söyleyeceklerin bitti mi?" dedi Oğuz.

Yüreğimin çarpıntısından soluğum neredeyse kesildi. Ağır ağır soluyordum. "Bitmedi," dedim sinirli sinirli. "Sana söyleyeceklerim daha bitmedi. Sen benim hayatımı mahvettin Oğuz."

Oğuz kolumdan tuttu. "Öyleyse şu masaya oturalım," dedi. "Bana söyleyeceklerine oturarak devam edersin."

Masaya oturduk. Elini havaya kaldırıp garsonu yanımıza çağırdı. İki bol buzlu viski söyledi. "Yak bir sigara," dedi. "Kendine gelirsin."

Titreyen ellerimle sigarayı tuttum. "O geceden sonra bir daha kendime gelemedim," dedim ağlamaklı sesle. "O gece hayatımı kararttın Oğuz. O gece hayatımı mahvettin Oğuz. O gece içinde bulunduğum yoksunluk anını Yaşar'a söylemekle, hayatımın gidişatına dinamit koyup patlattın Oğuz."

"Viskiniz," dedi garson. "Yanında çikolata ister misiniz?"

"Lütfen," dedi Oğuz.

Bir an ikimiz de hiç konuşmadık. Sadece önümüze konan viskiyi içtik. Oğuz, duygulu bir sesle ortamın sessizliğini bozdu. "O geceyle ilgili şunu bilmeni isterim ki, sana bilerek zarar vermedim. O gece çok korkmuştum. Senin o gece benden yardım istemen gibi, ben de senin ev arkadaşından yardım istedim. Ben nereden bilebilirdim onun seninle ilgili gerçekleri bilmediğini."

Oğuz'un sözlerinde bir düşüncenin gerçekliği vardı. Az önce söylediklerinde yerden göğe kadar haklıydı. O zamanlar Yaşar'la aramızda kalın duvarlar örülüydü. Ben ondan eroinman olduğumu gizlemiştim, o da benden gay olduğunu? "Bu saatten sonra senin için ne yapabilirim?" dedi Oğuz sesini yumuşatarak.

"Güvenilir bir torbacıya ihtiyacım var."

"O zaman seni kendi torbacımla tanıştırayım. Malı iyidir."

"Sen torbacılık işini bıraktın mı?"

"Bırakalı çok oldu."

"Neden bıraktın?"

"Uzun hikâye. Belki sonra anlatırım. Ama az kalsın polislere yakalanıyordum. Beni onların elinden Allah kurtardı. Vallahi verilmiş sadakam varmış."

"Senin adamın şimdi bu mekânda mı?"

"Adamlar Dolapdere'de. Paran var mı?"

"Hayır yok. Paramı dün tanıştığım bir torbacıya kaptırdım. Güya bugün sözleştiğimiz yere malı getirecekti ama onu orada saatlerce beklememe rağmen gelmedi. Şerefsiz adam beni dolandırdı."

"Neyse. Bugünkü mal benim sana küçük bir özür hediyem olsun. Hazır mısın?"

"Neye?"

"Şimdi oraya gitmeye. Seni adamların kaldığı eve götüreceğim. Ama senden bir ricam var."

"Ne?"

"Bu adamların yanında çok fazla konuşma. Hiç kimseye güvenmiyorlar. İstanbul'da henüz yeniler."

"Adamlar Türk değil mi?"

"Hayır. Nijeryalılar. Siyahlar."

"Türkçe biliyorlar mı?"

"Çat pat konuşuyorlar."

Güldüm. "Neden gülüyorsun?" dedi Oğuz.

"Türkçe bilmiyorlarsa onlarla nasıl anlaşacağız?"

"İngilizcen yok mu?"

"Hayır."

Bu sefer Oğuz da güldü. "O zaman beden dilini kullanacaksın. Artık koklaşa koklaşa anlaşırsınız."

Tarlabaşı'ndan Dolapdere'ye yürüyerek indik. Üç katlı, kırmızı renkli eski bir binanın önüne geldiğimizde durduk. Giriş katındaki dairenin penceresine birkaç kez eliyle vurdu Oğuz. Siyah perde hafiften aralandı. Siyah bir adam bize baktı. Perdeyi tekrar kapattı. Birkaç saniye sonra apartmanın dış kapısı açıldı. "Gidelim," dedi Oğuz. "İçeri girdiğimizde sen hiç konuşma. Sadece adamların sana güven duymalarını sağla."

"Nasıl sağlayacağım?"

"Gül onlara. Sadece gül."

Dairenin kapısı açıldı. Suratı kasap süngeriyle silinmiş, yüzü asık duran iri kıyım siyah derili bir adam meraklı gözlerle bana baktı. Yarım yamalak Türkçesiyle Oğuz'a, "Kim bu?" dedi. Oğuz bana baktı. Beş parmağının ucunu bir araya getirdikten sonra elini havada salladı. Elini havada sallarken de dudaklarını büzdü. "Sağlam çocuktur," dedi, sonra da sol eliyle sırtıma birkaç kez vurdu.

"Siz içeri," dedi adam.

İçeri girdik. Arkamızdan kapıyı kapattı. İçeride iri kıyım, iki siyah adam daha vardı. L biçimindeki kahverengi koltuğa uzanmışlardı. Adamlar bizi gördükleri halde hiç istiflerini bozmadılar. Odanın ortasında camdan bir sehpa duruyordu. Sehpanın üzeri alelacele gazete sayfalarıyla örtülmüştü. Odanın bir köşesinde, yerde duran teypten Bob Marley'in sesi yükseliyordu. Soldaki duvarın önünde duran eski ahşap bir sehpanın üzerinde haftalık dergiler, birtakım yiyecek poşetleri ve yarısı içilmiş J&B şişesi vardı. Odanın içi ağır rutubet kokuyordu.

İki siyah adamın karşısına oturduk. Oğuz eliyle beni işaret etti. "Arkadaşım Onur," dedi.

Az önce bize kapıyı açan iri kıyım adam, pencerenin önüne geldi. Siyah perdeyi hafifçe aralayıp dışarıya göz attı. Bir süre pencerenin önünde durup sokaktan geleni geçeni kesti.

Sonra perdeyi kapatıp diğer adamların yanına oturdu. Bana baktı. "Benim ad Franco. Senin ad ne?"

Oğuz'a baktım. "Sana adını soruyor," dedi. "Onunla konuşsana."

Sağ elimi göğsümün üzerine koyup hafifçe vurdum. "Onur," dedim. "Benim adım Onur."

"Onur," dedi adam.

"Evet. Benim adım Onur."

"Sen ne iş yapmak?"

"İşsizim. Bir işle uğraşmıyorum."

"Para," dedi adam, iri parmaklarını birbirine sürterek. Oğuz'a baktım. "Ne parası? Para mı istiyor benden?" dedim. Oğuz güldü. "Hayır," dedi. "Geçimini neyle sağladığını soruyor."

Kısa bir süre düşündüm. Gerçeği ona söyleyemezdim. "Ailemden para alıyorum," dedim.

Adam tekrar bana baktı. "Aile. O ne?"

Bu sefer Oğuz söze girdi. "Baba demek Franco. Biz de aile, baba demek."

"Father. It's true."

"Yes," dedi Oğuz.

"Ok," dedi adam. "Yok sorun benim için."

Franco koltuktan kalktı. Sehpanın üzerini örten gazete sayfalarını çekip aldı. Sehpanın üzerinde içi izmaritlerle dolu demir bir küllük, içinde viski olan iki su bardağı, bir paket Malboro sigara, mavi bir çakmak, iskambil kartları büyüklüğünde düzgünce kesilmiş dergi sayfaları, küçük bir çakı, FHM dergisinin kapak sayfası üzerine yayılmış kirli hardal renginde yaklaşık yüz gram kadar eroin vardı.

Adamlar biz gelmeden önce belli ki eroin paketliyorlardı. İskambil kartları büyüklüğünde düzgünce kesip hazırladıkları dergi sayfalarına tekrardan eroin koymaya başladılar. Üzerine eroin koydukları bu küçük kâğıtları katladıktan sonra da, plastik bantlarla sarıyorlardı. Onlar bizim gözümüzün önünde bu işlemleri yaparlarken, ben de Oğuz'a baktım. "Bu bantları neden kâğıtlara sarıyorlar?" dedim.

"Tedbir için," dedi Oğuz, kulağıma fısıldayarak.

"Ne tedbiri?" dedim kısık bir sesle.

"Bu adamlar bizim şapşal torbacılara hiç benzemezler. Bizimkiler şu gördüğün küçük kâğıtlara eroini koyup, ceplerinde taşıyorlar. Ani bir polis baskınında da hemen yakayı ele veriyorlar. Ama bu adamlar şu gördüğün küçük kâğıtları plastik bantlarla sarıp, bizlere sattıkları eroini ağızlarında taşıyorlar. Ani bir polis baskınında da ağızlarında taşıdıkları bu küçük paketleri hemen yutuveriyorlar."

Dudağımı büzdüm. "Vay be," dedim şaşkınlıkla. "Adamlardaki numaraya bak."

Franco bize baktı. "Siz ne konuşmak?" dedi.

"Numara," dedi Oğuz, sonra da açtığı ağzını parmağıyla gösterdi. "Numara. Sizin ağız numaranızdan Onur'a bahsediyordum."

Adam güldü. "Numara," dedi. "Good numara."

Başımı "evet" anlamında salladım. Dudağımı büzdüm. "İyi bir numara," dedim. "Valla kırk yıl düşünsem aklıma gelmezdi."

O sırada çakısıyla sehpanın üzerindeki eroini karıştırdı Franco. Sonra da bana baktı. "Çok güzel mal," dedi.

"Doğrudur," dedim içim geçerek.

Çakının ucuyla azıcık eroini alıp bana uzattı. "Sen bunu çekmek," dedi bozuk Türkçesiyle.

Burnumdan bir nefeste içime çekerek tattığım eroinin acı ve asitli tadı, genzimden boğazıma doğru akarken Franco pis pis sırıtıyordu. Uzanıp çakıyı elimden aldı. "Mal nasıl?" dedi, keyifle yaptığı işe koyulurken.

O anda asit tadından yanan boğazımı temizledim. "Fena değil," dedim.

Franco bu sözüm üzerine sersemledi. Kara derisi beyaza döndü. "Hayır," dedi. "Çok güzel mal."

"Bilmem," dedim. "Tadından hiçbir şey anlamadım."

Diğer iki adam yaptıkları işi bıraktılar. Başlarını kaldırıp bana baktılar. İçlerinden biri, "Sen eroin kullanmak," dedi.

"Ben eroinmanım," dedim, sonra da delik deşik kollarımı adamlara gösterdim.

Franco güldü. "Anlaşıldı," dedi. "Sen canki. Eroini başka şekilde kullanmak."

"Evet," dedim. "Ben cankiyim."

Franco oturduğu yerden kalktı. Yanıma geldi. Kürek gibi eliyle, incecik kollarımı tuttu. Kollarımdaki iğne izlerine dikkatlice baktı. Başını iki yana doğru umutsuzca salladı. "Sen ölü biri dostum. Sen vakit çok az," dedi.

Franco tekrar yerine geçip oturdu. Oğuz'la İngilizce konuşmaya başladı. Bir ara Oğuz bana baktı. "Ne var?" dedim. "N'oldu?"

"Franco senin hiçbir arkadaşını bu evde görmek istemiyor. Yoksa benden bir daha asla mal alamaz. Benden mal alamayınca da hasta kalır diyor."

Franco'ya bakıp başımı salladım. "Tamam," dedim. "Hiç kimseyi buraya getirmeyeceğim. Sana söz veriyorum."

"Güzel," dedi Franco. "Şimdi siz kaç paket mal istemek?"

Franco'dan eroini aldık. Ağır nem kokulu evden dışarı çıktık. "Şimdi seni bir yere götüreceğim," dedi Oğuz, Dolapdere'den Tarlabaşı'na çıkan yokuşlu yolun başında.

"Nereye gidiyoruz?"

"Gidince görürüsün. Biraz sabret," dedi.

Gümüşsuyu'ndaki Alman Konsolosluğu'na kadar yürüdük. Konsolosluğun hemen arkasında bulunan eski bir kilisenin önüne geldiğimizde durduk. "Burası," dedi Oğuz. "Şimdi bizi hiç kimseler görmeden şu duvardan içeri atlayalım."

Tuğlalarla yükseltilmiş gri beton sıvalı duvara bir kedi gibi tırmandık. Kilisenin küçük bahçesine atladık. Kilisenin çinko kaplı dik çatısı, yüksek çan kulesine doğru uzanıyordu. Gördüğüm kadarıyla kilise uzun yıllardır ibadete kapalıydı. Kilisenin arka tarafında bulunan genişçe bahçeye geçtik. Yıllardır makas yüzü görmemiş bitkiler gökyüzüne doğru uzanmıştı. Bahçenin her tarafını otlar basmıştı. Bu görüntü bir anda bana balta girmemiş ormanları hatırlattı. Sokaktan geçenlerin bizi görmesi imkânsızdı. Otların arasında yürürken bir şey daha dikkatimi çekmişti. Bu mekânın yerini bilen bir tek Oğuz değildi. Otları elleriyle yararak önümde yürüyen Oğuz'a seslendim: "Buraya başka kimler geliyor?"

"Diğer cankiler," dedi. "Onların da bir kısmı bazen buraya gelir."

Kilisenin bahçesi çöplüğe dönmüştü. Bahçede ne ararsanız bulabilirdiniz. Yerde naylon poşetler, içki şişeleri, bira kutuları, kola kutuları, gazete sayfaları, boş su bidonları, enjektörler, kıvrılıp bükülmüş alüminyum kapaklar, boş tabletler, karton kutular... Bahçede yok yoktu. Bu mekâna kimlerin geldiğini tahmin etmek zor olmazdı. Bahçenin bir köşesinde durduk. "Çök," dedi Oğuz.

Hemen yere çöktüm. Sırt çantamdan malzemelerimi çıkardım. İğnemi hazırladım. O sırada kendi iğnesini hazırlamakla meşgul olan Oğuz'u çoktan unutmuştum bile. İğneyi koluma sapladım. Eroini çürümüş damarlarımda ağır ağır akıtıp kanımla buluşturdum. Âdeta kendimden geçtim. İğneyi güçlükle çekip kolumdan çıkarırken de Franco'nun sesi, Bob Marley'in gitar solosu eşliğinde kafamın içinde yankılanıyordu: "Mal iyi mal... Bu mal çok iyi... Mal iyi mal... Bu mal çok iyi mal..."

Gözlerimi hafifçe açtım. Yerde oturmuş, sırtını duvara yaslamış Oğuz'u gördüm. Yüzündeki gülümsemeyle hayatının en güzel ve en huzurlu anlarını yaşıyor olmanın keyifli bir yansıması içinde çevresine ışık saçıyordu. Bilmiyorum, belki de onun yüzünde başka bir şeyler vardı. Ağaçların yarı gövdesine kadar sidik koktuğu çöplük bahçesinin içinde oturmuş, damarlarımızı iğneyle delerek yaşam mücadelesi verdiğimiz o mutluluk anları ya da öyle sandığım bir yanılgıyla pislik bir yere dönüşmüş bu bahçenin içinde sefil ve boktan dünyalarımızın en zavallı halini az önce Oğuz'un yüzündeki o buruk tebessümde görmüştüm.

Oturduğum yerde hafifçe kaykıldım. Camel sigarasını siyah sırt çantamdan çıkardım. O an elimde tuttuğum sigarayı çakmakla yakmaya çalışırken gözlerim kapanıyor, simsiyah bir yokluğun içinde eriyip dağılıyordum sanki. Düşüncelerim ve duygularım bu karanlık hiçlik tarafından yutulurken, dış dünyaya dair algıladığım her ne varsa hepsi birer birer kafamın içinde yitip kayboluyordu. O sırada içinde kaybolduğumu sandığım dipsiz bir boşluğun derinliklerinden adım yankılanarak kulaklarımı çınlatıyordu. Gözlerimi açtım. Oğuz başımda durmuş adımı söylerken, bir eliyle de yüzüme su serpiyordu. "Ne var?" dedim bilinçsiz bir şekilde.

"Hemen toparlan. Gelenler var."

"Kim geliyor?"

"Bilmiyorum; ama birazdan öğreniriz."

Bacaklarımı altıma topladım. Sırtımı duvara yasladım. Bahçenin ta uzak köşesinden bizim bulunduğumuz yere doğru gelen Punk Cengiz'i gördüm. "Korkma," dedim Oğuz'a. "Gelenler bizim çocuklar."

Avcı pantolonu ve eski püskü montuyla Punk Cengiz, kısacık sarı saçları, siyah botları ve neredeyse içinde kaybolduğu tulumuyla Banu, dazlak kafası ve keçisakalıyla Kerem, siyah kıyafetinin içinde dişi bir tarantula gibi Tulya bir anda ortaya çıkarak başımıza üşüştüler. Tulya beni görür görmez boynuma sarıldı, öptü. "Sen bu gizli mabedi bilir miydin?" dedi.

Yanağından öptüm. "Daha önce bilmezdim ama bugünden sonra artık bu mekânın gediklisiyim," dedim, arkasından da ekledim: "Yoksa bu mekânı siz mi çöplüğe çevirdiniz?"

Tulya çevresine göz gezdirdi. "Mutlaka katkımız olmuştur oğlum," dedi gülerek. "Arkadaşın kim?"

"Oğuz."

"Bizden biri mi?"

"Evet."

Oğuz'a elini uzattı. "Ben Tulya. Tanıştığımıza memnun oldum," dedi.

"Ben de memnun oldum," dedi Oğuz.

"Şimdi müsaadenizle beyler," dedi Tulya. "Tedavi saatim geldi."

210

Başımı kaldırıp Punk Cengiz'e, Banu'ya ve Kerem'e baktım. Bana hiçbiri selam bile vermeden hemen işe koyulmuşlardı. Zorlu bir hayatın ağır vardiyasından daha yeni paydos etmişçesine yüzlerinden yorgunlukları okunuyordu. Hepsi de bezgin suratlıydı. Belli ki hiçbirinin parası yoktu. Ellerinde avuçlarında ne varsa bir araya getirmişler, ortaklaşa eroin satın almışlardı. Kuşkusuz o anda her biri çok hastaydı. "Orospu çocuğu," dedi Banu bağırarak. "Şu kadarcık toz için bizi tam iki saat bekletip durdu eşekoğlueşek."

"Bu kadarını bulduğuna da şükret," dedi Punk Cengiz. "Herif hiç gelmeseydi şimdi ne yapacaktık?"

Tulya gülerek Kerem'e baktı. "Bu mal dandik çıkarsa ne yapacaksın?"

Kerem'in bir anda eli ayağına dolaştı. Belli ki torbacıyı o bulmuştu. "Çıkmaz," dedi. "Bu adamdan daha önce de mal aldım. Malı fena değil."

Banu'nun ağlamaklı sesi duyuldu: "Abi şu mala o kadar para verdik. Bize verdiği malın azlığına bir bakar mısınız?"

O anda arkadaşlarımın içine düştükleri bu acınası duruma baktıkça içim acıdı. Hepimiz hasta kalmamak için eroinin varlığına sonsuz ihtiyaç duyuyorduk. Her gün onun varlığına kendi varlığımızı katabilmek için de paraya şiddetle ihtiyacımız vardı.

Velhasıl garip bir topluluğun üyeleriydik! Yeri geldiğinde o tozun varlığı için birbirimizi satardık. Yeri geldiğinde ise birbirimize ölümüne kadar bağlıydık. Aslında bizlerle ilgili anlamadığım şey şuydu: Nasıl oluyor da güvensiz bir ortamda böyle bir sevgiyi barındırabiliyorduk?

Artık bilemiyorum, belki de birlikte olduğumuz kötü şartların, yaşadığımız onca acıların, zorlukların ya da kim bilir yoksunluklarımız yüzünden birbirimize karşı asil bir duruş sergiliyorduk. İşte bu asil duruşumuza ihanetin kara lekesini sürmediğimiz müddetçe de, bizler mutlu çiftler gibi bir arada yaşayıp gidiyorduk.

Tulya'ya, Punk Cengiz'e, Banu'ya ve Kerem'e son bir kez daha baktım. Az önceki yorgun hallerinden eser kalmamıştı şimdi. Hepsi de sigaralarını yakmış, alçak sesle birbirleriyle konuşuyorlardı. Banu yanıma geldi. Kollarını boynuma doladı. "Senden özür diliyorum," dedi. "Az önce neredeyse krize giriyordum. Bir an önce iğne olmam gerekiyordu. Yanına bu yüzden gelemedim. Durumumu anla işte."

"Seni anlıyorum," dedim yanaklarından öperek.

"Nasılsın?" dedi Banu, sürekli burnunu kaşıyıp öylece karşımda dururken.

Karşımda duran küçücük kıza baktım. Henüz on altısındaydı. Aynı zamanda Tulya'nın kız kardeşiydi. Tulya, o yaşta onu da eroine alıştırmıştı. Kendi hayatını karartığı yetmemiş gibi, o minik kızcağızın hayatını da mahvetmişti. İki kız kardeş âdeta yapışık ikiz gibiydiler. Devamlı birlikte geziyorlar, birkaç günlük eroin buldukları zaman da evlerinden dışarı çıkmıyorlardı. Bazen de hasta halleriyle sokaklarda dolaşıp para bulmaya çalışıyorlardı. Para bulamadıklarında zamanlarda ise hasta bedenlerini taze et yiyicilere satıyorlardı.

Üstüme hiç vazife olmadığı halde bu iki kız kardeşin durumlarına çok üzülüyordum. Onlarla arada sırada da olsa Beyoğlu'ndaki küçük rock barlarına takılıyordum. Banu beni her gördüğünde, güzel yüzünü getirip göğsüme dayardı. Bir süre öylece kalırdı. Banu'yu sokakta tek başına ya da yanındaki diğer zilli kız arkadaşlarıyla gördüğüm zamanlar, onu yalnız bırakmamaya çalışıyordum. Hiç unutmam. Hatta bir keresinde kaldığım köhne otele benimle gelmişti. O gece uysal bir kedicik gibi yanıma sokulup, koynumda mışıl mışıl uyumuştu.

"İyiyim," dedim Banu'ya. "Sen nerelerdesin? Seninle kaç zamandır doğru dürüst görüşemiyoruz bile."

"Nerede olacağım?" dedim. "Buralardayım işte. Ne zaman görüşüyoruz?"

"Seni cep telefonundan arayacağım. Birkaç güne kadar görüşürüz."

"Tamam," dedi. "Öyleyse senden haber bekliyorum."

"Artık gidelim mi?" diye sordu Oğuz.

Banu'yu yanağından öptüm. "Biz gidiyoruz," dedim. "Seni arayacağım."

ÖLÜM

***

8 Ekim 2002, Salı

O sabah erken uyandım. Tedavimi oldum. Kendimi soka-
ğa attım. Hafif bir sonbahar rüzgârı yüzümü yaladı. Kaldırım
kenarlarına dikilmiş ağaçlara baktım. Yeşil yapraklar renkleri-
ni sarıya, kahverengiye, kırmızıya çalmıştı. Artık kış geliyordu.
Havalar iyiden iyiye soğumaya başlamıştı. Havada uğuldayıp
duran rüzgârın sesine bir an kulak kabarttım. Rüzgâr, karanlık
bir denizin ortasında bilinmez bir yöne doğru sürüklendiğimi
sanki bana fısıldıyor, kaderimi etkileyecek kimi olayların rüzgâ-
rında savrulup yok olacağımı bana esip gürleyerek söylüyordu.

Aksaray'dan Beyazıt Meydanı'na yürüyerek çıktım. Kapalı-
çarşı'dan geçerek Eminönü'ne vardım. Kadıköy'e kalkacak va-
pura jeton aldım. Yaklaşık on beş dakika sonra vapur, sireni-
ni öttürerek kalktı. Martılar havada çığlık atarak peşimize ta-

kıldı. Boğazın iki yakasını seyrederken bir ara başımı hafifçe çevirip yolculara baktım. Bir anda nefesim kesildi. Bedenim zangır zangır titremeye başladı. Bağırsaklarım hızlıca çalıştı. O anda karnıma keskin bir sancı girip saplandı. Sağ elimi başıma götürdüm. Taktığım spor şapkamı kaşımın üzerine kadar indirdim. Şapkanın altından kaçamak bakışlar atarak baktım. Beş koltuk ötede tam da karşımda oturan Eylül'e baktım. Bir erkeğin omzuna başını koymuş, dışarıyı seyrediyordu. Adam arada bir onun saçlarını okşayıp öpüyordu. Aynı Eylül'dü. Hiç değişmemişti. Ama değişen bir şey vardı: O artık başka bir erkeğin koynundaki kadındı. O artık benim Eylül'üm değildi. O, geçmiş bir zamanda anılarını zihnime gömüp giden kadındı. Peki öyleyse, onun karşısında bu titreyişlerim de neyin nesi oluyordu? Oturduğum yerden hafifçe kalktım. Parmaklarımın ucuna bastım. Ona arkamı döndüm. Çıkış kapısına doğru yöneldim. O sırada tam da kapıdan çıkmak üzereydim ki, arkamdan bir ses işittim: "Onur!"

Yüreğim ağzıma geldi. Ağır ağır arkama döndüm. "Seni bir an tanıyamadım," dedi. "Ne haber?"

Koluna girdim. "Buradan bir an önce çıkalım," dedim. "Seninle hemen kalabalıkların arasına karışalım."

Oğuz bana baktı. "Neyin var senin?" dedi. "Yoksa bu sabah tedavi olmadın mı?"

"Çok soru sorma Oğuz. Birazdan her şeyi anlatırım sana."

Koca vapur iskeleye yanaştı. Çıkışın en önünde ben ve Oğuz duruyorduk. İkimiz de vapurdan atladık. "Şimdi koş Oğuz," dedim. "Koşabildiğin kadar hızlı koş."

O anda ne kadar çok koştuğumuzu bilmiyorum. Bir ara arkamdan kesik kesik bir ses duydum: "Daha çok koşacak mıyız Onur? Yeter artık! Benim nefesim kesildi?"

Aniden durdum. Durduğum yerde çakılı kaldım. Oğuz nefes nefese kalmıştı. Ellerini bacaklarına dayayıp iki büklüm oldu. Astım hastaları gibi hırlayıp duruyordu. Biraz biraz kendine geldiğinde belini dikletip bana baktı. "Ne kadar?" dedi.

"Ne, ne kadar?" dedim şaşkınlıkla.

"Ne kadar kaldırdın? Onu soruyorum."

"Bir şey kaldırmadım."

Oğuz şaşırdı. "Öyleyse deminden beri neden koşuyoruz?" dedi.

Kendimi ağır ağır toparlamaya başladım. "Az önce vapurda eski sevgilimi gördüm. Ona yakalanmamak için koşuyoruz," dedim.

Oğuz bana baktı. "Ne?" diye sordu şaşkınlıkla. "Şimdi biz, eski sevgilin seni görmesin diye mi koşup durduk?"

"Evet. Aynen öyle oldu."

"Tuhaf şey," dedi Oğuz. "Kız seni görseydi ne olacaktı?"

Oğuz bana sormuş olduğu bu sorusunun cevabındaki derinliği hiçbir zaman anlayamazdı. Eylül'ün o anda beni görmesi çok şey demekti. Yaşanmışlıklar öylece kolay unutulan şeyler değildi. Yaşanılan büyük aşkları nasıl unutabiliriz ki? İkimizin arasında yaşanan o büyülü aşkı nasıl yok sayabiliriz ki? İlişkimiz bittikten sonra hiç mi birbirimizin aklına düşmedik? Birbirimizi hiç mi özlemedik? Başkasının koynundayken bile o insanı hiç mi birbirimiz sanmadık? Oğuz gibi bir insan bu duyguları kesinlikle anlayamazdı. "Emin ol ki çok şey olurdu Oğuz," dedim. "Şimdi sen boş ver bunları. Günün bize getireceği kazançlara hazır mısın?"

"Ben hazırım. Ya sen?" dedi Oğuz. "Bugün ne de olsa ilk günün."

Oğuz Kadıköy'de kurulan Salı Pazarı'nda, pazara gelen kadınların cüzdanlarını çalıyordu. Oğuz'la tesadüfen karşılaştığım o gün, bana bu işi yaptığından söz etmişti. Ben de ilk kez bugün, biraz para bulmak için şansımı bu pazarda deneyecektim. Bugün ya yakayı ele verip hapse girecektim ya da bir-iki cüzdan çalıp hastalığımı tedavi edecek parayı hırsızlık yaparak kazanacaktım. "Nasıldı?" dedi Oğuz. "Heyecanlı mıydı?"

"Hem de nasıl heyecanlıydı. Bütün gün yüreğim ağzımda dolaşıp durdum"

"Başka hiçbir çaremiz kalmadı Onur. Bu iş bizim geldiğimiz en son nokta artık. Bizim her gün tedavi olmak için paraya, parayı bulmak için de çalmaya ihtiyacımız var."

"Bu gerçekleri ben de biliyorum bilmesine ama yaptığımız bu işi yine de hiç ahlaklı bulmuyorum. Hiçbir zaman da ahlaklı bulmayacağım. Ben bu durumlara düşecek adam değildim ama sayende düştüm bir kere."

"Seni ben mi bu durumlara düşürdüm?" dedi Oğuz, attığı kahkahayı bastırmaya çalışarak.

"Evet, sen düşürdün."

"Yine eski defterleri açıp önüme koydun. Ben sana bugün burada iyilik yapmaya çalışıyorum, sen de bana nankörlük yapıyorsun. Gidip uyuşturucuya başlamanı ben mi istedim? Ben seninle tanıştığım zaman sen zaten bir eroinmandın. Bütün bu gerçekleri unuttun galiba. Kendine aynanın karşısında hiç baktın mı? İnsanlıktan çıkmış şu görüntünle sana kim iş verir? Aynı kokarca gibisin. Buram buram asit kokuyorsun. Şimdi cebinde biraz para varsa, unutma ki benim sayemdedir. Yoksa bugün İstiklal Caddesi'nde hâlâ ona buna avucunu açmış, para dileniyordun."

Sustum. Cevap vermedim. "Susma," dedi Oğuz sinirli sinirli. "Bana ne söyleyeceksen son kez burada söyle. Bir daha da bu saçmalıkları duymak istemiyorum."

İşsiz bir arkadaşını işe sokan bir insan gibi, üzerimde çoktan hak sahibi olmaya başlamıştı Oğuz. "Senden özür diliyorum," dedim. "Bir daha bu meseleyi açmayacağım. Artık bu meseleyi burada kapatalım."

"Ben değil, sen kapat," dedi Oğuz. "Her defasında açan sensin."

"Tamam. Bir daha açmayacağım. Söz sana."

"Geldik," dedi Oğuz. "Sen şu köşede beni bekle."

Sokağın köşe başında durmuş Oğuz'u beklerken, Oğuz da tam o sırada Franco'nun yaşadığı apartmanın kapısından içeri girdi. Oğuz'u beklerken bir taraftan da yaşadığım hayata lanetler okuyup duruyordum. Bu nasıl bir hayattı? Madde bağımlısı biri için bu tür bekleyişler kelimenin tam anlamıyla kâbustu. Söz konusu madde hele ki eroin olunca, yaşadığınız fiziksel acıları bir kenara atıp, o dakikadan sonra korku dolu hislere kapılıyorsunuz.

Bugün hayatımda ilk kez olmasa da, çok uzun bir aradan sonra yine hırsızlık yaptım. Salı Pazarı'na gelen iki yaşlı kadıncağızın cüzdanını çaldım. Bugün onların cüzdanlarını çalarken de yüreğimde taşıdığım korku dolu duyguları, krize girmek korkusuna takas ettim. Ama ya şimdi? Şimdi burada durmuş, korkularımın en büyüğünü yaşıyordum. Şayet Franco'yu evde bulamasak o zaman ne yapacaktık? İkimizin de zulasında bir kaşık mal dahi yoktu. İkimiz de yarı hastaydık. Onun varlığı her geçen dakika aklımızı bir kurt gibi kemiriyor, sinirlerimizi örseleyen yoksunluk korkusuyla bizi yiyip bitiriyordu. Franco'nun evde olması için Allah'a yalvarıp duruyordum. Allah, hasta halime acımış olacak ki, Oğuz dışarı çıktı. Elini havaya kaldırdı, bana gel işaret yaptı.

Oğuz'la birlikte eve girdik. "Siz çabuk söylemek. Siz ne kadar mal istemek?" diye sordu Franco bozuk Türkçesiyle.

Franco'nun avucuna paraları saydık. O da bizim avucumuza eroini sıkıştırdı. "Siz bakmak," dedi. "Siz bu eve gelmemek artık."

Oğuz'la birbirimize baktık. "Neden?" diye aynı anda sorduk.

"Siz iyi çocuklar. Sorun yok. Ama polis sorun. Sizinle dışarıda görüşmek."

"Tamam," dedi Oğuz. "Bizim için sorun yok. Ha evde buluşmuşuz, ha dışarıda. Bize malı ver yeter."

"Tamam," dedi Franco. "Şimdi evden çıkmak. Beni müşteri beklemek."

O günden sonra Franco'yla The Marmara Oteli'nin karşısındaki otobüs durağında buluştuk. Ama kısa bir süre sonra Franco'dan haber alamayınca, duydum ki bir baskın esnasında polisler tarafından suçüstü yakalanmış.

"Geçen gün gittiğimiz mekâna gidelim mi?" diye sordu Oğuz, Franco'nun evinden çıkarken.

"Olur," dedim.

Oğuz'la, adını sonradan öğrendiğim Süryani Kilisesi'ne tekrar gittik. Buraya o ilk gelişimden beri hiç uğramamıştım. Kilisenin duvarını aşıp bahçeye atladığımızda, karşımda Punk Cengiz'i ve Kerem'i gördüm. "Ne haber arkadaşlar?" diye sordum. "Yoksa gidiyor musunuz?"

"Evet, gidiyoruz," dedi Kerem.

"Tulya ve Banu yok mu?"

Punk Cengiz bana baktı. Gözleri buğulandı. "Senin haberin yok mu?" dedi.

"Neden haberim yok mu?"

"Banu'dan."

"Hayır," dedim. "Banu'ya bir şey mi oldu?"

"Öldü," dedi ağlamaklı bir sesle.

Âdeta donup kaldım. "Eşek şakası mı yapıyorsun Cengiz?" dedim.

"İki gün önce öldü. Tarlabaşı'ndaki eski bir binanın girişinde, merdivenlerin altındaki boşlukta cesedini bulmuşlar. Ölümü gazetelere bile haber oldu. Hiç gazete okumadın mı?"

Banu'nun ölüm haberi kimilerine göre artık kanıksanmış olan onlarca ölüm haberinden sadece biri ya da giderek olağan bir ölüm şekli haline gelen "altın vuruş" haberlerinden yalnızca birisiydi. Bu haberleri ne diye okuyacaktım? Günlük bir gazetenin iç sayfaları arasında, kenar sütunlardan birinin köşesine konmuş iki satırlık bir haberciği, ne diye okuyacaktım? Bir kuş yavrusunun kanat çırpıntısı gibi çabucak bitiveren bir yaşamdan, sönüp giden gencecik bir candan geriye, işte o küçük belki de önemsiz bir haberin zayıf bir çığlığıydı insanlara kalan.

Peki, Banu'nun bu ölüm haberiyle bende geride kalan şey neydi? İşte benim için bu çok daha önemliydi. Banu'nun ölüm haberini gazete sayfalarında okuyan insanların kulaklarında yankılanan onun zayıf çığlık, benim kulaklarımı sağır edercesine şimdi güçlü bir çığlığa dönüşüverdi. Yüreğimin çok derin ve çok gizli bir yerindeki bir şeyleri çok acıtıp kanatıverdi. Yüreğimde acıyla çınlayan, sıcacık anıların hâlâ saklı durduğu bu kalpte, onun her zamanki neşeli sesiydi bende geriye kalan. Kısacık sarı saçlarını masumane bir şekilde göğsüme dayadığı, kimi zaman da göğsümden ılık ılık yayılan bir sıcaklıkla gözlerimden taşan buruk bir sessizliğin çığlığıydı benim payıma şimdilik kalan.

"Gazete okumadım," dedim Cengiz'e. "Zaten gazete okuma-ma da gerek yok. İnsan kendi sonunu önceden bir yerlerde okumak istemez. Hele bir de bu yazılanlar bizim gerçeğimizi hiçbir şekilde yansıtmıyorsa, ne diye o gazeteleri okuyacaktım?"

Punk Cengiz bana baktı. "Biz gidiyoruz," dedi. "Sonra gö-rüşürüz."

"Tulya nasıl?"

"Kötü."

"Onu görürseniz selam söyleyin. Acısını paylaştığımı ona söyleyin."

"Söyleriz," dedi Kerem.

Oğuz şırıngasını hazırlamıştı. "N'oldu?" dedi. "Neden ge-ciktin? Deminden beri ne konuşuyordunuz?"

"Banu," dedim, sonra da hüngür hüngür ağlamaya başladım.

AŞK MECLİSİ

16 Kasım 2002, Cumartesi

O gece bütün şehir ince ince yağan dumanlı bir yağmura bulanmıştı. Sıraselviler'deki Kemancı'nın kapısından içeri kendimi zar zor attım. Bir bira söyledim. Etrafıma bakındım. O sırada bir el, kolumu tuttu. "Ne haber Onur?" dedi.

Sesin geldiği yöne başımı çevirdim. Umut bana bakıp gülümsedi. Boynuma sıkı sıkı sarıldı. Gözlerim doldu. Aylin'in İstanbul Rum Hastanesi'ndeyken Umut'a söylediği şu söz, o anda içeride çalan müziğin gürültülü sesini bastırarak âdeta kulaklarımda yankılandı: "Şöyle bir bak bakalım bana alıcı gözüyle. Beni oğullarına istemeye gelen olur mu?"

Kendimi bir anda tutamayıp hüngür hüngür ağlamaya başladım. Umut aciz bir halde karşımda durmuş, ne yapacağını kestirmeye çalışıyordu. Kolumdan tuttu. "Gel bir yere oturalım," dedi.

Umut'a tutunarak güç bela yürüdüm. "Kusura bakma," dedim. "İstersen beni burada bırakıp gidebilirsin.

"Gitmek mi? Nereye? Ben dostlarımı yüzüstü bırakıp gitmem."

Mekânın o loş ışığı altında Umut'un yüzüne baktım. "Sağ ol," dedim. "Bu aralar biraz duygusalım. Ağlamam bu yüzden. Şimdi sen beni boş ver. Sen nasılsın? Uyuşturucuyu bırakabildin mi?"

Güldü. "Uyuşturucuyu sen bıraktıysan ben de bıraktım."

"Ben bırakamadım," dedim. "Üstelik daha da boka battım. Ya sen n'aptın?"

"Sınır dışı edildim."

"Yanlış hatırlamıyorsam Belçika'da yaşıyordun, öyle değil mi?"

"Doğru hatırlıyorsun, ama artık İstanbul'da yaşıyorum. Çünkü yabancılar polisi beni sınır dışı etti."

"Neden sınır dışı ettiler seni?

"Boş ver bunları şimdi. Orada bir sürü adli olaylara karıştım. Ya orada kalıp hapis yatacaktım ya da sınır dışı edilip özgür kalacaktım. Ben de sınır dışı edilmeyi kabul ettim."

"Şimdi ne yapıyorsun?"

"Aylak aylak dolaşıyorum."

"Ya ailen?"

"Onlar hâlâ Belçika'da. Annem zaman zaman buraya gelip gidiyor. Şimdi boş ver sen onları. Sen neler yapıyorsun? Hastanedeki arkadaşlardan hiç haber alabiliyor musun? Ben hiç kimseden haber alamadım. En çok da Aylin'i merak ediyorum. Kim bilir şimdi ne yapıyordur?"

Boğazım düğümlendi, gözlerim buğulandı. Sustum. Umut elini omzuma koydu. "Sen iyi misin dostum? Yoksa hasta mısın? Hastaysan bende mal var. İstersen sana verebilirim. Lafı bile olmaz."

"O öldü," dedim kısık bir sesle.

"Ne dedin? Seni çok iyi duyamadım."

Düğümlenen boğazımı temizledim. Umut'un gözlerine baktım. "O öldü dostum," diye bağırdım. "Aylin öldü. O şimdi ıslak toprağın koynunda yatıyor."

Umut âdeta kumdan bir kale gibi yıkıldı karşımda. "O gerçekten öldü mü dostum?" dedi şaşkınlıkla.

"Evet. O öldü."

"Onun öldüğüne inanamıyorum. Peki, ne zaman öldü?"

"Aylar önce."

"Altın vuruş mu yapmış?"

Başımı salladım. "Evet," dedim.

"Bak dostum. Bir gün biz de öleceğiz o şeytanın yüzünden, biliyorsun değil mi?"

"Biliyorum," dedim. "Bizler ona böylesi büyük bir aşkla bağlıyken, onun meclisinden asla dışarı çıkamayız. Başka meclislerin insanlarının arasına girip karışamayız."

Umut acı acı güldü. "Öyleyse desene," dedi. "Bizim meclisin adı eroin meclisi!"

"Hayır," dedim. "Bizim meclisin adı eroin meclisi değil."

"O zaman canki meclisi," dedi Umut.

Güldüm. "Hayır," dedim. "Canki meclisi de değil."

"Peki, o zaman ne?"

"Bizim meclisin adı *aşk meclisi.*"

"Aşk meclisi mi?"

"Evet. Bizler aşk meclisinin üyeleriyiz. Şimdi bana söyler misin? Şu dünyada ölüme bizim kadar büyük bir aşkla bağlı olan başka insanlar var mı acaba? Bütün insanlar ölümden

224

korkup kaçmaya çalışıyorken, bizler ölümün peşine düşmüşüz, şimdilik ölüm bizden korkup kaçmaya çalışıyor. Ama bir gün ölüm de bizim gibi yorgun düşecek, işte o zaman arkasına dönüp canlarımızı tek tek alacak. Tıpkı aşk meclisimizi oluşturan diğerlerinin canlarını daha önce aldığı gibi."

Umut loş ışığın altında durmuş, boş gözlerle bana bakıyordu. "Bu gece sen uçmuşsun dostum," dedi gülerek. "Şimdi benimle gel, seni aşk meclisimizin iki dişi üyesiyle tanıştırayım."

"Saatlerdir nerede kaldın?" dedi sarı saçlı genç bir kız, Umut'a.

"Geldim manolyam," dedi Umut, kızcağıza bakıp gevrek gevrek gülerek.

Kız da Umut'a bakıp güldü. "Bir an önce buradan gidelim aşkım," dedi. "İçeride çok fazla gürültü var. Başım ağrıyor."

Umut kolumdan tutup beni yanına çekti. "Sizi Onur'la tanıştırayım kızlar. Onur benim çok iyi bir arkadaşımdır."

Kızlara elimi uzattım. "Ben Defne," dedi sarı saçlı kız.

"Ben de Ebru," dedi siyah saçlı kız.

"Ben de Onur," dedim. "Tanıştığımıza memnun oldum."

Umut bana baktı. "Haydi Onur," dedi. "Şimdi sen de bizimle birlikte geliyorsun. Buradan başka bir mekâna geçiyoruz."

Sokağa çıktığımızda üzerimize yağan o ılık sonbahar yağmurunun ince çisentisi altında, Galatasaray'a doğru yürümeye başladık. O esnada küçük bir ayrıntı dikkatimi çekti. O gece dışarı çıkarken botlarımdan giysilerime kadar simsiyah giyinmiştim. Az önümde salına salına yürüyen Ebru'ya baktım. O da benim gibi baştan aşağı simsiyah giyinmişti. Bir ara dönüp bana baktı. Güldü. Kendine özgü tatlı bir gülümsemesi vardı. "Sen satanist değilsin, değil mi?" diye sordu.

225

Umut, Ebru'ya bakıp hınzırca güldü. Sonra da adımlarını hızlı atarak gidip Defne'nin koluna giriverdi. "Hayır. Satanist değilim," dedim.

Bu sefer Ebru'yla yan yana yürümeye başladık. "Umut'la nereden tanışıyorsun?"

"İstanbul Rum Hastanesi'nden," dedim. "İkimiz de aylar önce tedavi gördük."

Ebru'nun o andan sonra bana karşı ilgisi arttı. "Sen cankisin," dedi.

Güldüm. "Canki olduğum çok mu belli oluyor?" dedim.

"Evet, ama endişelenme. Ben de cankiyim."

Ebru'ya baktım. Yaşı henüz çok küçüktü. "Peki, sen nasıl bulaştın?" diye sordum.

İçini çekti. "Benimki hayli uzun bir hikâye," dedi. "Bir gün sana anlatırım."

Defne aniden önümüzde durdu. "Şimdi benim canım ne çekti biliyor musunuz?" dedi.

"Ne çekti?" dedi Ebru.

"Esrarlı bir sigara. Hadi ne olur bir yerlerden esrar bulalım. Hep birlikte içip biraz kafa yapalım."

Umut bana baktı. "Yanında esrar var mı Onur?"

"Yok."

"Tüh," dedi Defne. "Başka bir fikri olan var mı?"

"Durun bir dakika," dedim. "Çukurcuma'da yaşayan Korkut adında bir torbacı tanıyorum. Belki onda bulabiliriz."

"Haydi öyleyse," dedi Defne. "Hep birlikte Çukurcuma'ya gidiyoruz."

Umut, Defne'ye baktı. "Sen ve Ebru şimdi gittiğimiz yere gidin. Ben de Onur'la birlikte gideyim."

"Bir dakika bakar mısın Defne?" dedi Ebru, sonra da bizden birkaç metre uzaklaşıp kendi aralarında fısır fısır konuşmaya başladılar.

Kısa bir süre sonra yanımıza tekrar geri döndüklerinde, "Bir sorunumuz var çocuklar," dedi Defne. "Ebru akşamki tedavisini daha olmamış. Kemancı'nın tuvaletine girmiş ama orası da çok kalabalık olduğu için geri çıkmış."

"Eee," dedi Umut. "Bu durumda öneriniz ne?"

"Sen Defne'yle git," dedi Ebru. "Ben de Onur'la gideyim. Nasıl olsa Korkut'u ben de tanıyorum. Çukurcuma'daki o harabe evine daha önce birkaç kez gitmişliğim vardı. Hatta orada tedavi bile olmuştum."

Ebru doğru söylüyordu. Korkut Çukurcuma'da, harabeye dönmüş tarihi bir binanın ikinci katında yalnız başına yaşıyordu. Bizim tayfanın çoğu da genellikle esrarı ondan alıyordu. Oraya esrar almaya gittiğimizde de bazen harabeye dönmüş o binanın üçüncü ya da dördüncü katına çıkıp tedavimizi oluyorduk. Korkut son derece ilginç bir adamdı. Esrar satardı ama eroin asla satmazdı. Hiç unutmam. Bir gün bana şöyle demişti: "Bak güzel kardeşim! Ölmek için asla zevk sahibi olmamalısın. Zevk almak için sadece esrar içmelisin. Onunla kafa yapmalısın..." O gün Korkut'a çok gülmüş hatta ben de ona şöyle bir cevap vermiştim: "Bak güzel kardeşim! Bu gerçekleri ne güzel söyledin bana fakat geç söyledin. Çünkü bir ölüye, neden öldüğü artık sorulmaz."

Umut bana baktı. "Sen bu işe ne diyorsun Onur?" diye sordu. "Ebru seninle gelsin mi?"

Daldığım düşlerden sıyrıldım. "Benim için bir sakıncası yok," dedim.

227

"Öyleyse hemen gidelim," dedi Ebru. "Neredeyse krizim tutmuş durumda."

"Çabuk dönün," dedi Defne. "Nasıl olsa gideceğimiz yeri biliyorsunuz. Orada sizi bekliyoruz."

Çukurcuma'ya doğru hızlı adımlarla yürümeye başladık. Bir ara başımı kaldırıp Ebru'ya baktım. O da bana bakıp gülümsedi. "Ne zamandan beri uyuşturucu kullanıyorsun?" dedim.

"Henüz bir sene olmadı."

"Çok geç olmadan ondan kurtul," dedim içim sızlayarak. "Yoksa senin de canını alacak."

"Bu yaz başında ondan kurtulmayı denedim. Hatta Bodrum'a gidip yerleştim. Ama ondan kurtulamadım. Onun oltasının ucundaki acı yeme bir kez takılıp kaldım. Artık ne yapsam da ne etsem de ondan kurtulamıyorum."

"Peki, ailen yok mu?"

Sustu. Mağaza vitrinlerinden yüzüne yansıyan ışıkların aydınlığı altında ona bir kez daha baktım. O anda yüzü kederlenmişti. "En iyisi," dedi boğuk bir sesle. "Bu konuyu hiç açmayalım. Ailemi bu işlere karıştırmayalım."

Onun yüzüne düşen kederi dağıtmak istedim. "Biliyor musun?" dedim. "Ben de bu yazın ortasında Antalya'ya gittim. Ama onsuz yapamayıp geri döndüm."

Derin sırları taş kalbinin içinde saklayan bir kaya parçası gibiydi. Sustu. Sadece önüne bakıp yürüdü. Mecburen ben de sustum. O gece ince ince üzerimize yağan yağmurun altında onunla yan yana yürürken, nasıl bir felaketin kucağına doğru gittiğimizi nereden bilebilirdim ki. Simsiyah kıyafetlerimizin içinde, kaderimizin bize hazırladığı hazin sona doğru yan yana yürürken sanki aynı karanlık birliğin siyahlara bürünmüş askerleri gibiydik ikimiz de. "Geldik," dedim. "Burası."

Güldü. "Burası olduğunu biliyorum," dedi.

Aşağıdan kapı ziline bastım. "Kim o?" dedi bir ses megafondan.

"Onur," dedim. "Kapıyı aç Korkut."

Apartmanın kapısı açıldı. Merdivenlerden yukarı kata çıktık. Kırık dökük daire kapısının önüne geldiğimizde, Korkut kapının önünde belirdi. "Ne haber dostum?" dedi

"İyiyim," dedim. "Bir-iki tabaka esrar almaya gelmiştik."

O sırada Ebru arkamdan çıktı. "Ne haber Korkut?" dedi. "Beni hatırladın mı?"

Korkut beni kenara itti. Ebru'nun üzerine atladı. "Ne haber kız?" dedi. "Seni çok özledim. Uzun zamandır nerelerdesin? Ortalıkta gözükmüyorsun."

"Bodrum'daydım."

"Bodrum'da ne işin vardı?"

"Sorma işte. Buralardan kaçtım."

Korkut güldü. "Tanıdığım ne kadar eroinman varsa, hepside her ne hikmetse bu şehirden kaçıp güneye gidiyorlar. Ama sizler şu gerçeği bilmiyorsunuz ki, ondan asla kurtulamazsınız. İşte bu yüzden sizlere eroini değil, esrarı tavsiye ediyorum. Hem daha ucuz, hem de daha az zararlı."

Ebru, Korkut'a bakıp güldü. "Gecenin bir vakti kes traşı," dedi. "Benim acilen tedavi olmam gerekiyor."

Korkut yıkık odanın içinde küçük bir çilingir sofrası kurmuş, daha önce hiç karşılaşmadığım bir arkadaşıyla birlikte rakı içiyorlardı. "Yeri biliyorsun kızım," dedi Korkut, rakısından bir yudum alırken.

Ebru tedavisi için yukarı kata çıkarken, ben de cebimdeki parayı çıkarıp tastamam Korkut'un avucuna saydım. Esrarı getirdi. Bir köşeye oturup sigaraları sarmaya başladım. "Ebru'yu nereden tanıyorsun?" diye sordu Korkut.

229

Sigarayı yarıya kadar boşalttım. "Hiçbir yerden," dedim. Korkut bana baktı. "Benimle dalga mı geçiyorsun? Birlikte buraya gelmediniz mi?"

Esrarı sigaranın içine doldurdum. "Buraya birlikte geldik," dedim. "Ama onu henüz yeni tanıdım."

"O çok iyi bir kızdır."

"Bilmem. Öyledir herhâlde," dedim.

Sigaraları tek tek sardım. Kolumdaki saate baktım. Aradan yaklaşık yarım saat geçti. Ebru hâlâ ortalıkta gözükmüyordu. "Bu kız nerede kaldı?" diye kendi kendime söylendim.

"İstersen ona bir seslen," dedi Korkut. "Nasıl olsa bu virane yerde benden başka yaşayan yok."

Korkut'un dediğini yaptım. Ebru'ya aşağıdan birkaç kez seslendim. Sonra tekrar yerime oturdum. Aradan yaklaşık on dakika daha geçti. Ebru hâlâ ortalıkta gözükmüyordu. "Yukarıda bu kıza ne olabilir Korkut?" dedim. "En iyisi ben yukarı kata çıkıp bir bakayım."

Korkut o anda arkadaşıyla koyu bir muhabbete dalmıştı. Az önce söylediklerimi duymadı bile. Oturduğum yerden kalktım. Kapıyı açtım. Merdivenlerden yukarı kata çıktım. Neredeyse her taraf toz toprak içindeydi. O anda iki güvercinin çıkardığı ses harabe apartmanın içinde şiddetle yankılanınca, korkudan ödüm bokuma karıştı. Bir anda içimde huzursuzluk baş gösterdi. Merdiven basamaklarını ağır ağır çıktım. Fakat içime dolan huzursuzluk bir süre sonra yerini endişeye bıraktı. Aralık duran kırık dökük kapının önüne geldiğimde, korkarak içeri baktım. "Ebru, Ebru," diye seslendim. "Sen iyi misin?"

O sırada binanın içindeki güvercinler kanat çırparak uçuşmaya başladılar. Korkudan yüreğim ağzıma geldi. Kapıyı yavaşça açtım. "Ebru, Ebru," diye tekrar seslendim ama Ebru'nun ne sesini ne de nefesini duyabiliyordum.

230

Karanlık odanın içini hızlıca taradım. Kapısı ve penceresi kırık dökük olan bu yer sanki korku filmlerindeki gibiydi. Duvarları delik deşik bu oda aynı zamanda bana perili bir köşkü hatırlatıyordu. Yarı aydınlık, yarı karanlık odanın içinden geçip başka bir odaya girdim. Sokak lambasının aydınlattığı köşede durdum. Odanın penceresiyle duvarın birleştiği köşede, sırtını duvara yaslamış öylece yerde otuyordu Ebru. Başı göğsünün üzerine düşmüş, sol kolu bir yanına sarkmış, sağ kolu da kucağının üzerinde duruyordu.

Onu orada gördüğüm andan itibaren sanki ateşe benzer bir sıcaklık dalga dalga vücudumu sardı. Göğsümün sıkıştığını hissettim. Yaşadığım o garip duygunun etkisiyle bir şeylerin yolunda gitmediğini çoktan sezinledim. Ebru'nun yanına doğru ağır adımlarla ilerlerken, o anda nasıl korktuğumu anlatmaya kelimeler bile yetmezdi. "Ebru, Ebru," dedim korku dolu bir sesle. "Sen iyi misin?"

Göğsüne düşen başını kaldırıp bana cevap vermedi. Dizlerimi büktüm. Omzundan tuttum. Gövdesini hafifçe sallamaya başladım. Başı, dalından kopan bir yaprak gibi şuursuzca sağa sola doğru uçuştu. Başı, bedeninden kopartılan bir tavuğun başı gibi yana düştü. Birden geriye doğru sıçradım. Sokak lambasının aydınlığı, gecenin o karanlığında yüzüne vurdu. Yüzü kireç gibi bembeyazdı. Üstelik nefes de almıyordu. Elim ayağıma dolaştı. Bedenim buz kesti. Ne yapacağımı bir türlü kestiremiyordum. Kısa bir süre başında öylece durup şaşkın ve korku dolu gözlerle ona baktım. O çoktan ölmüştü ama her nedense onun öldüğünü kabullenmek istemiyordum. O anda bilemiyorum, belki de ölümü ona yakıştıramıyordum. Onu hemen sırtüstü yere yatırdım. Soluk alıp verdiğine dair hiçbir emare görmedim. Onun için ne yapabileceğimi düşündüm, düşündüm, düşündüm... Acaba onu hayata döndürmek için ne yapabilirdim? Suni teneffüs mü? Kalp masajı mı? Yoksa ilk önce nabzının atıp atmadığını mı kontrol etmeliydim? Ne yapmalıydım Allahım? Onu tekrar bu hayata döndürmek için ne yapmalıydım?

İlk önce ona acemice kalp masajı, sonra da suni teneffüs yaptım ama bir sonuç alamadım. Sonra bir an durdum. Hemen yanı başımızdaki Taksim İlk Yardım Hastanesi aklıma geldi. Ebru'yu orada bırakıp çığlık çığlığa aşağıya koştum. Aşağı kata indiğimde Korkut'la burun buruna geldim. "Galiba Ebru'ya bir şeyler oluyor. Ebru ölüyor Korkut," diye bağırdım, sonra da Korkut'u tokatladım.

O anda Korkut'u neden tokatladığımı bilmiyorum. Korkut yere düştü. Rakı kanına çoktan karışmıştı. "Ben sana ne yaptım ki beni tokatladın?" dedi Korkut peltek peltek konuşarak.

İçeri girdim, çıktım. Deli danalar gibi çevremde dönüp duruyordum. Ne yaptığımı kesinlikle bilmiyordum. Korkut duvara yaslanıp ayağa kalktı. "Sen burada bekle," dedim. "Ben bir taksi çağırmaya gidiyorum. Onu hemen hastaneye kaldıracağız."

Sokağa çıktım. Derin bir nefes aldım. Dar sokaktaki binaların arasından karanlık gökyüzüne baktım. Yağmur damlaları yüzüme düştü. Elimle düşen damlaları sildim. "Bu gece yaşadıklarım kötü bir rüyadan ibaret olsun Allahım. Kızcağız henüz ölmeyecek kadar genç. Ne olur ölmesin," diye kendi kendime söylendim.

O anda kendimi sel sularına kapılmış gibi hissettim. Evden iki sokak ötede, sağa sola koştururken buldum kendimi. Gecenin bu saatinde boş bir taksi arıyordum ama bulamıyordum. Bir anda aklıma Umut'la Defne geldi. Onların gittiği barın çok yakınlarındaydım artık. Arka sokaklardan ara sokaklara geçtim. Oradan da ana caddeye çıktım. Onlara doğru koştum, koştum, koştum... Barın kapısını açıp içeri girdim. Gözlerim loş ışığın altında Umut'u aradı. Defne'ye sarılmış öpüşüyorlardı. Aniden kolundan tutup çektim. "Hemen benimle geliyorsunuz," dedim.

Umut korku dolu gözlerle bana baktı. "Ne oldu? Ebru nerede?" diye sordu.

"Ebru ölüyor," dedim. "Çabuk gidelim."

Beraber bir taksiye bindik. "Her şey nasıl oldu?" diye sordu Defne ağlayarak. "Böyle bir şey nasıl olur? Olup bitenlere inanamıyorum ben."

"Lütfen biraz daha hızlı sürebilir misiniz?" dedim taksiciye. "Arkadaşımız ölüyor. Onu bir an önce hastaneye yetiştirmemiz lazım."

"Elimden geleni yapıyorum," dedi taksici. "Bugün hafta sonu. Gördüğünüz gibi trafik çok fazla."

"Nasıl oldu?" dedi Umut. "Bize şaka yapmıyorsun, değil mi?"

Umut'a ters ters baktım. "Yüzüme dikkatlice bak," dedim. "Sence şaka yapan bir insana benziyor muyum?"

"Geldik," dedi taksici. "Ben de sizinle yukarı geleyim mi?"

Kapıyı açtım. "Hayır," dedim. "Sen burada bizi bekle."

Umut ve Defne'yi arkamda bırakarak bir solukta yukarı kata çıktım. Korkut ortalıkta gözükmüyordu ama giderken apartmanın kapısını açık bırakmıştı. Ebru'yu kucakladım. Merdivenlerden çabucak aşağıya inmeye başladım. Umut ve Defne merdivenlerin başından gözüktüler. "Hemen yolu açıp beni takip edin," dedim.

Umut ve Defne önümden çekildi. Hep beraber sokağa çıktığımızda, taksi şoförü hemen arabanın kapısını açtı. Ebru'yu arka koltuğa yatırdık. Başını hafifçe kaldırarak dizlerimin üzerine koydum. Defne, Ebru'nun ayaklarını toplayıp kucağına aldı. Umut ön koltuğa geçip oturdu. Taksici dörtlüleri yaktı. Sık sık korna çalarak gaza bastı. Ebru'ya baktım. Siyah saçlarını okşamaya başladım. "Ne olur ölme," dedim. "Şimdi derin derin nefes al."

O anda arabanın içinde bir çığlık koptu. "Bu kız çoktan ölmüş," dedi Defne hüngür hüngür ağlayarak. "Vücudu buz gibi."

Taksici acı bir fren yaptı. Başını çevirip bize baktı. "Ne?" dedi şaşkınlıkla. "Kız ölmüş mü?"

Umut taksiciye bağırdı. "Haydi durma," dedi. "Hemen arabayı sür. Kız henüz ölmemişse de bize zaman kaybettirerek sen öldüreceksin."

Taksici gaza bastı. "Kızı ben niye öldüreyim kardeşim?" dedi. "Onu tanımam bile."

"Sen yola bak," dedi Umut. "Sana bir şey söylediğim yok."

Ebru'ya baktım. O güzel yüzüyle öyle masum görünüyordu ki. O an öylesine huzurlu bir uykunun içindeymiş gibi duruyordu ki. Yüzündeki hafif tebessüme bakınca, onun o sırada ölümü yaşadığına inanmak neredeyse imkânsızmış gibi geldi bana. Aman Allahım! Bu ne biçim bir acıydı böyle? Onun yüzüne baktıkça öylesine derin acılara boğuluyordum ki. Onu küçük bir çocukmuş gibi kucağımda taşırken, biraz daha sararıp solduğunu görebiliyordum. Bedeninden uzaklaşıp giden yaşamın ardından, o anda cansız bedeninde kalan kahredici boşluğu iliklerime kadar hissedebiliyordum. Ondan az önce aldığı hayatı tekrar ona bağışlaması için Allah'a içten içe yalvarıyordum. "Lütfen Allahım! Ne olur onun canını alma. Şu dünyada her şey senin takdirinde değil mi? Onun gencecik canını bağışla. Onun yaşamasına izin ver. Şimdi bir mucize göster. Onunla yer değiştirmeme izin ver. Onun yaşamına karşılık kendi yaşamımı sana sunuyorum. Beni öldür, onu yaşat..." diye kendi kendime söylenip duruyordum.

"Geldik," dedi taksici.

Daldığım düşünceden çıktım. Hemen kapıyı açtım. Omzundan tutup kendime çektim. Onu kucakladım. Çığlık atarak hastaneye koştum. Önüme çıkan bir doktorun karşısına dikildim. "O ölüyor," diye bağırdım. "Ne olur onu kurtarın."

Doktor hemen bir sedye istedi. "Hastanın nesi var?" diye sordu.

"O bir eroinman," dedim hüngür hüngür ağlayarak. "Galiba az önce altın vuruş yaptı."

O anda doktor çevresindeki görevlilere birtakım talimatlar yağdırırken, ben de tutunduğum duvarın bir kenarına kaykılıp düştüm. Uzunca bir süre sadece ağladım, ağladım... Bir süre sonra doktorun üzgün yüzünü karşımda görünce, Ebru'nun çoktan ölmüş olduğunu anladım.

CEZAEVİ

17 Kasım 2002, Pazar

Bir cesetten yaşam ısısı nasıl giderse, benim de aklım sanki o anda bedenimi terk etmişti. Taksim İlk Yardım Hastanesi'nin soğuk koridorlarında âdeta demirden yapılmış bir heykel gibi buz tutmuştum. O gece Ebru'yla birlikte ben de ölmüştüm. Bedenim bu dünyada kalmış, ruhum öteki dünyaya çoktan göçüp gitmişti. Her şey bir anda olmuştu. Gözümü açtığımda Ebru'yla tanışmış, gözümü kapattığımda ise Ebru'yu kaybetmiştim. Hem de sonsuza dek. Bu nasıl olmuştu? Anlamıyorum, anlayamıyorum...

"Şimdi ne yapacağız?" diye sordu Umut, boş gözlerle bana bakarken.

Rüzgârın karşısında titreyen bir yaprak gibiydi Umut. "Bilmiyorum," dedim. "İnan ki ne yapacağımızı ben de bilmiyorum."

O anda nereden çıkıp geldiklerini bilmediğim sivil giyimli polisleri karşımda buldum. Ellerinde telsizler vardı. Biri koluma girdi. "Az önce ex olan kızın arkadaşı sen misin?" diye sordu.

Polise baktım. "Ben arkadaşı değilim. Esas arkadaşı bunlar. Ben Ebru'yu çok iyi tanımıyorum. Onun kim olduğunu pek bilmiyorum."

Kaytan bıyıklı polis bana bakıp pis pis sırttı. "Bunları karakolda anlatırsın," dedi. "Şimdi üçünüz de bizimle geliyorsunuz."

Beyoğlu İlçe Emniyet Müdürlüğü'nün kapısından içeri girdik. Bizi hemen ikinci kata çıkardılar. Odanın kapısında 'araştırma kısmı' yazıyordu. Polislerden biri yanımıza sokuldu. "Şimdi duvara yaslanın. Ellerinizi havaya kaldırın," dedi.

Duvara yaslanıp ellerimizi havaya kaldırdık. Polis üst araması yaptıktan sonra, "Şimdi kimliklerinizi çıkarın," dedi.

Kimliklerimizi çıkardık. İlk önce Umut'un, sonra da benim kimlik tespitlerimiz yapıldı. Masada oturan polis memuru arkadaşına seslendi: "Bu ikisini nezarethaneye atın."

"Şimdi ben gidebilir miyim?" dedi Defne, masada oturan polis memuruna.

Polis memuru güldü. "Nereye güzelim?" dedi. "Dur bakalım! Bu ne acele? Bir yere mi yetişeceksin?"

"Hayır," dedi Defne kısık bir sesle. "Benim bu olayla hiçbir ilgim yok. Babam duyarsa beni öldürür."

"Ben de seni salıverirsem amirim beni öldürür. Sen de diğer arkadaşların gibi burada bir-iki gün misafirimiz olarak kalacaksınız. Korkmayın, size burada çok iyi bakacağız."

Defne ağlamaya başladı. "Karşımda ağlayıp durma," dedi polis memuru bağırarak.

"Şimdi siz benimle gelin," dedi polis memuru bana ve Umut'a.

237

Polis memurunun peşine düştük. Demirleri mavi renge boyanmış boş bir nezarethanenin önünde durduk. Polis memuru bana baktı. "İçeri gir," dedi.

İçeri girdim. Demir kapıyı üzerime kapattı. Umut'a bakıp, "Sen beni takip et," dedi.

Umut'u hemen yanımdaki başka bir hücreye kapattı. "Şimdi ikiniz de burada uslu uslu oturun. Gürültü istemiyorum," dedi memur, arkasına bile bakmadan çekip giderken.

Umut'un hıçkırık sesleri boş koridorlarda yankılandı. "Kes şu ağlamayı," dedim sinirli sinirli. "Şimdi ağlamanın sırası değil."

Sessizce içini çekti. "Sence bize ne yapacaklar?" diye sordu.

"Ne bileyim ben."

"Bizi hapse atarlar mı?"

"Hapse mi?" dedim şaşkınlıkla. "Bizi hapse atmaları için ne suç işledik? Kız kendi kendini öldürdü. Onu biz öldürmedik ki."

"Ya bizi hapse atarlarsa? O zaman ne yapacağız? Hasta kalmak istemiyorum. En geç yarın sabaha kadar tedavi olmam lazım."

"Sen hiç merak etme," dedim. "Yarın sabaha kadar buradan dışarı çıkmış oluruz."

O sırada ayak sesleri duydum. Bir polis memuru yanıma geldi. "Umut sen misin?" diye sordu.

"Benim," dedi Umut yan hücreden. "Umut benim."

Polis memuru yan tarafa geçti. Nezarethanenin kapısını açtı. "Gidelim," dedi.

Yaklaşık yarım saat sonra Umut ağlayarak geri döndü. "Ne oldu?" diye sordum.

Umut tam bana cevap verecekti ki, polis memuru bir tekme attı Umut'a. "Sus, konuşma," dedi. "Hemen içeri gir."

238

Polis memuru karşımda durdu. "Şimdi sen gel bakalım Onur Efendi," dedi kapının kilidini açarken. "Biraz da seninle tatlı tatlı sohbet edelim."

Bir odanın içine girdiğimde, üç polis memuru meraklı gözlerle bana baktı. İçlerinden biri, "Şu bilgisayar masasının önünde dimdik ayakta dur," dedi.

Bilgisayar masasının önünde dimdik ayakta durdum. Masa başında oturan polis memuru bana sordu: "Adın ne?"

"Onur."

"Soyadın?"

"Barış."

Yan masada oturan polis memuru lafa girdi. "Sen de eroin kullanıyor musun?"

"Evet," dedim.

"Nasıl kullanıyorsun?"

"Cankiyim."

"Öyleyse kollarını aç bakalım."

Kollarımı açtım. İğne izlerini polislere sergiledim. Polislerden biri oturduğu yerden ayağa fırlayıp tokat attı bana. Beni tokatlayan polisin yüzüne baktım. Yüzü, ekşimiş teneke peyniri gibiydi. "Hemen dışarı çık pislik herif," dedi. "Senin bu dünyada yaşamaya hakkın yok."

Diğer bir polis memuru yanımıza geldi. "Sakin ol Ahmetçiğim," dedi. "Çocukcağıza kötü davranma."

Bana tokat atan polis yerine geçip oturdu. Bir sigara yaktı. "Böylelerini ibreti âlem için çükünden asacaksın Taksim Meydanı'nda," dedi sinirli sinirli. "Bak bakalım o zaman da uyuşturucu satıyorlar mı? Bunlar âdeta zehirli yılan gibiler. Toplumu devamlı zehirliyorlar."

"Ben uyuşturucu satıcısı değilim," dedim. "Ben toplumu zehirlemiyorum. Aksine bu toplum beni zehirledi."

239

Yaktığı sigaradan bir fırt çekti içine. "Bak, bak... Zibidiye bak," dedi polis, sigaranın dumanını ağzından dışarı salarken. "Karşımda durmuş bir de bana cevap veriyor. Şimdi seni ayaklarımın altına alacağım. Bir inek gibi sağacağım. Etlerin morarana kadar döveceğim. Zaten çoğu yerin morarmış. Morarmayan birkaç yerini de birazdan ben morartacağım."

Polislerden biri bana baktı. "Sen onu boş ver. Ölen kıza eroini sen mi verdin?" diye sordu.

Kaşlarımı çattım. "Kesinlikle hayır," dedim. "Ebru'ya eroini ben vermedim. Onun ölümünden ben sorumlu değilim."

Bilgisayarın başında oturan polis memurunun sesini işittim: "Baba adı?"

"Rasim."

"Anne adı?"

"Suna."

"Şşşt," dedi az önce beni tokatlayan polis. "Bana bak! Bize asla yalan konuşma. Şimdi gerçekleri anlat. Bizi daha fazla uğraştırma. Yoksa senin aklını alırım."

"Evet," dedi bilgisayarın başındaki polis. "Gecenin bir vakti bizi uğraştırma. Bize gerçekleri söyle. Yoksa seni konuşturtmasını iyi biliriz. Beni anladın mı?"

"Anladım," dedim çaresizce. "Benim sizlerden saklayacak hiçbir şeyim yok."

"Aferin sana," dedi. "Öyleyse anlat bakalım. Bu gece neler oldu?"

O sırada odanın kapısı açıldı. İçeri başkomiser girdi. Odadaki polisler hemen ayağa kalktı. "Zanlılardan biri bu çocuk mu?" dedi başkomiser.

"Evet efendim!"

Başkomiser çok sinirli görünüyordu. Çatık kaşlarıyla bana baktı. "Senin adın ne?" dedi.

240

"Onur."

"Soyadın?"

"Barış."

"Sen Nurdan'ı nereden tanıyorsun?" diye sordu.

"Nurdan mı?" dedim şaşkınlıkla. "Ben Nurdan diye birini tanımıyorum."

"Gecenin bir vakti benimle oyun oynama," dedi başkomiser. "Seni çok fena döverim. Ağzını burnunu kırarım. Bildiğin her şeyi bana anlat bakalım. Beraber bardan çıkıp iğne olmaya gittiniz. Sonra ne oldu?"

O gece başımdan geçen her şeyi tek tek anlatmaya başladım. Bir ara başkomiser çığlık atarak ayağa kalktı. "Yeter artık ulan," dedi. "Bana gerçekleri anlat. Olayları çarpıtma."

"Vallahi de, billahi de çarpıtmadan anlatıyorum başkomserim," dedim. "Size gerçekleri olduğu gibi anlatıyorum."

"Kes lan," diye bağırdı başkomiser, yüzüme okkalı bir tokat atarken.

Kürdan bacaklarım bu tokadın ağırlığını taşıyamadı. Yere düştüm. "Bu soytarıyı yerden kaldırın," dedi başkomiser sinirli sinirli.

İki polis memuru koluma girdi. Beni askıda tuttular. "Şimdi gerçekleri anlat," dedi başkomiser. "Kız nasıl öldü? Ona eroini sen mi enjekte ettin?"

"Ben enjekte etmedim," dedim ağlayarak. "İnanın ki benim hiçbir suçum yok."

Başkomiser sille tokat girişti bana. "Konuş lan soytarı! Kıza eroini sen mi verdin?"

"Hayır, ben vermedim."

"Ben vermedim. Sen vermedin. Bu kıza o zaman eroini kim verdi? Beraber gitmişsiniz o yere. Orada eroin almadınız mı?"

241

"Doğru. Birlikte gittik oraya. Ama biz oraya eroin almaya değil, esrar almaya gittik. Eroini kimden aldığını bilmiyorum. Üstelik o kız benim arkadaşım bile değil."

Karnıma sıkı bir yumruk yedim. Âdeta nefesim kesildi. Derin derin soluklanmaya çalıştım. "Sen benimle dalga mı geçiyorsun?" dedi başkomiser. "Tanımadığın bir kızla ne işin var senin? Gecenin bir vakti bu kız senin yanında ne geziyordu?"

"Bana inanmıyorsanız Umut'a, Defne'ye sorun. Vallahi de, billahi de Ebru'yu tanımıyorum. Bu gece ilk kez onu gördüm."

"Onlara sorduk," dedi başkomiser sinirli sinirli. "Onlara sorduk oğlum. Sen ansızın çıkıp gelerek Nurdan'ın fenalaştığını onlara söylemişsin. Bu söylediklerim yalan mı?"

"Onu adı Nurdan değil başkomiserim. Onun adı Ebru. Ben Nurdan'ı hiç tanımıyorum."

Karnıma bir yumruk daha yedim. "Soruma cevap ver," dedi başkomiser. "Söylediklerim yalan mı?"

Derin bir nefes aldım. "Kısmen doğru," dedim. "Tam olarak olmasa da kısmen..."

"Sus," dedi başkomiser. "Sen de iğne yapmıyor musun?"

"Yapıyorum."

"Tamam işte," dedi başkomiser. "Bu gece ikiniz de orada kollarınıza iğne yaptınız. O birden bire fenalaştı. Sen de onun fenalaştığını görünce, koşup arkadaşlarına haber verdin, doğru mu?"

"Öyle olmadı," dedim ağlayarak. "İnanın ki öyle olmadı."

Başkomiser polislere baktı. "Alın şunu malum odaya. Orada bülbül gibi öttürün."

Başkomiser sinirinden köpürerek odadan çıkıp gitti. Polislerden biri arkamdan itti. "Şimdi yürü bakalım Onur Efendi," dedi. "Bizden günah gitti. Allah artık senin yardımcın olsun.

242

Ama gittiğimiz yerde ne yazık ki Allah yok. Sakın ona güvenip yardım isteme."

Odadan dışarı çıktık. Koridorda yürürken arkamızdan bir polis memuru koşarak yanımıza geldi. "Durun bir saniye," dedi.

İki polis ve ben aniden durduk. Kirden taşlaşmış bir çaput parçasıyla gözlerimi bağladı. Bir anda her taraf karanlığa büründü. Kalbim gümbürdeyerek atmaya başladı. "Yürü," dedi polislerden biri.

Polislerin koluna girip yürüdüm. "Şimdi burada dur," dedi polislerden biri.

Durdum. O anda bir ses kulaklarımda yankılandı: "Hemen soyun."

Tüylerim diken diken oldu. "Bana işkence mi yapacaksınız?" dedim, hızlı hızlı çarpan yüreğimle.

Bu sefer başka bir polisin sesini işittim: "Çabuk soyun lan! Seni ben soyarsam daha kötü olur."

Omzumu hafifçe yukarı kaldırdım. "Soyunmayacağım işte," dedim.

Kalçama şiddetli bir tekme yedim. "Anadan üryan soyun," diye bir ses işittim.

Beni donuma kadar soydular. "Aç elini," dedi polislerden biri.

Sağ elimi açtım. O an beynimin içinde şiddetli bir acı hissi patladı. Bir anda anlam veremedim. O anda patlayan avucum muydu yoksa beynim mi? Elimi hemen geri çektim. Avucuma kesik kesik üflemeye başladım. "Aç lan," dedi yine aynı ses.

Korkudan avucumu açmadım. Bu sefer de bacaklarımda şiddetli bir acı hissettim. "Yandım anam," dedim bağırarak.

Polislerden biri kahkaha attı. "Bu gece daha çok yanacaksın burada," dedi. "Seni bizim elimizden Kunta Kinte bile gel-

243

se kurtaramaz. Bizi daha fazla yorma. Şimdi gerçekleri öt bakalım. Kıza eroini sen vermişsin, doğru mu?"

"Hayır," dedim ağlayarak. "Ben vermedim."

Yüzüme sert bir yumruk yedim. "Seni pis yalancı! O kıza eroini sen vermedin mi?"

"Ben vermedim. İnanın ki doğruyu söylüyorum."

Sırtımda şiddetli bir acı duydum. "Kızın koluna zehri sen enjekte etmedin mi?"

"Hayır, ben etmedim."

Bacağıma sert bir cisimle vurdular. Bir anda bileklerimden beynime doğru bir yanma hissi hücum etti. "Ne zamandan beri eroin satıyorsun?"

"Ben satıcı değilim. Satıcı olmuş olsaydım hali vakti yerinde biri olurdum. Her gün para bulmak için avuç açmış dileniyorum."

Bu sefer de kolumda acı hissettim. "Artık gerçekleri konuşmaya başlasan iyi edersin. Yoksa dayaktan öleceksin."

"Size bildiğim her şeyi anlattım. Daha ne anlatmamı istiyorsunuz?"

O sırada odanın kapısı açıldı. "Konuştu mu?" diye sordu, sesinden tanıdığım başkomiser.

"Henüz değil amirim," dedi polislerden biri. "Ama birazdan gerçekleri ötmeye başlar. Bu zamana kadar bu odada ötmeyeni daha görmedik."

"Üzerini çabuk giyinsin," dedi başkomiser. "Buradan hemen çıkarın. Çocuğu görmek isteyenler var."

Dışarı çıktık. Gözlerime bağladıkları kirli bezi açtılar. Başkomiser yanıma geldi. Morarmış kollarıma baktı. Yüzüme tükürdü. "Adi herif," dedi. "Senin bu halin ne böyle? Sen yaşayan bir ölüsün."

Şişmiş gözlerle başkomisere baktım. Başkomiser hemen arkasını döndü bana. "Bu adi herifi şimdilik nezarethaneye atın. Çağırdığımda odama getirirsiniz."

Nezarethaneye tekrar kondum. Bir köşeye çöktüm. Başımı iki avucumun içine alıp hüngür hüngür ağlamaya başladım. Bana reva görülen bu kötü davranışların hiçbirini hak etmiyordum. Aslında içimi acıtan şey az önce yediğim dayaklar değildi. O anda hissettiğim karmaşık duygular, aklımdan geçen binlerce düşünce canımı daha çok yakıyordu. Beni sırf eroinman olduğum için aşağılıyorlardı. Beni suçsuz olduğum halde dövüyorlardı. Beni işlemediğim bir suçun katili yapmaya çalışıyorlardı. Oysaki ben Ebru'yu kurtarmaya çalışmıştım. Onu hayata döndürmek için çırpınıp durmuştum. Anlamıyorum, bana kesmeye çalıştıkları bu ceza da neyin nesi oluyordu böyle?

Aradan epey bir vakit geçti. Nezarethanenin kapısı açıldı. "Dışarı çık," dedi karşımda duran iki polisten biri.

Dışarı çıktım. Beni başkomiserin odasına götürdüler. Odada takım elbiseli adamlar vardı. "Bu o çocuk mu?" diye sordu adamlardan biri.

"Evet," dedi başkomiser.

Takım elbiseli adamlar beni baştan aşağıya süzdüler. "Tamam," dedi bir başkası. "Arkadaşlar zanlıyı götürebilirler."

Odanın kapısı açıldı. Üç sivil giyimli polis içeri girdi. Başkomiser onlara baktı. "Alın götürün bunu," dedi.

Odadan dışarı çıktık. Basamakların başına gelince durduk. Polislerden biri kolumdan tuttu. Elindeki kelepçeyi bileklerime geçirdi. "Olay yerine gidiyoruz," dedi.

Polislerin arasında dışarı çıktım. Dışarısı o saatte mahşer yeri gibiydi. İğne atsanız yere düşmezdi. Kalabalığın arasından anlam veremediğim sesler yükseliyordu: "Bu o... Geliyor..."

245

Kaçırmayın arkadaşlar... Çabuk görüntüsünü alın... Fotoğraflarını çekin..."

O andan sonra da olanlar oldu. Onlarca fotoğraf makinesinin flaşları havaya kalkıp yüzümde patladı. Her taraftan yüzüme ışık saçılıyordu. Gözlerim karanlığın içinden yansıyan parlak ışıklardan göremez oldu. Beyaz bir bulut tabakası sanki gözlerimin önünde asılı durdu. Polislerden biri başımı eğip arabaya bindirirken, "Nurdan Mutlu'yu siz mi öldürdünüz?" diye sordu gazetecilerden biri.

Cevap vermedim. Kapı kapandı. Polisler, "Dağılın arkadaşlar," diye gazetecilere bağırdı.

Gazetecilerden biri diğer meslektaşlarına seslendi: "Herkes arabalarına binsin. Ekip arabasını takip edelim."

Biraz şaşkındım. Kafam allak bullak olmuştu. Bu gece neler oluyordu böyle? Bu gazeteciler de nereden çıkıp gelmişlerdi? Yanımda oturan polise baktım. "Bu kadar çok gazeteci neden var? Benimle neden ilgileniyorlar?" diye sordum.

Polis bana bakıp pis pis sırıttı. "Yakışıklı çocuksun oğlum," dedi alaycı bir ses tonuyla. "Seni bu gece meşhur ettik işte. Daha ne istiyorsun?"

Ön koltukta oturan polis başını arkaya çevirdi. "Sen gazetecileri boş ver," dedi. "Korkut'un yaşadığı yerin adresini tarif et bize."

Sokağın başına gelince durduk. "İşte şu bina," dedim.

Arabadan indik. "Gazeteciler gelmeden hemen içeri girelim," dedi polislerden biri. "Birazdan gereksiz yere ortalığı velveleye verirler."

Koşar adımlarla içeri girdik. Polislerden biri başını kaldırıp harabe binaya baktı. "Burada insan yaşadığından emin misin?" diye sordu.

"Üst katta," dedim. "Korkut orada yaşıyor."

Polis belinden tabancasını çıkardı. "Dikkatli olun," dedi diğer polislere.

Onlar da tabancalarını kılıfından çekip çıkardılar. İki polis önden ağır adımlarla merdivenleri çıkarken, biz de arkalarından ilerliyorduk. Polislerden biri kapı zilini çaldı. Kapı açılır açılmaz hızla içeri daldılar. "Polis. Hemen yere yat," diye bağırdılar.

Polisle birlikte içeri girdim. Adamın biri yüzüstü yerde yatıyordu. Elleri arkadan kelepçelenmişti. Polis, adamı bileklerinden tutup ayağa kaldırdı. "Korkut sen misin?" dedi.

Çocuğun korkudan beti benzi attı. Yaşı benden bile küçüktü. "Ben Korkut değilim," dedi ağlayarak.

Polis dönüp bana baktı. "Korkut bu çocuk mu?"

Başımı sağa sola salladım. "Hayır," dedim.

"Sen kimsin?" dedi polis.

Çocuğun Korkudan dili tutulmuştu. Kekelemeye başladı. "Ben, ben..."

"Hadi lan! Çabuk söyle. Sen kimsin? Gecenin bir vakti burada ne arıyorsun? Korkut nerede?"

Çocuğa dikkatlice baktım. Yaşı on dokuz ya da yirmi civarındaydı. Esrar kullanıyordu. Belli ki bu geç vakitte Korkut'tan esrar almaya gelmişti. "Hadi lan çabuk konuş," dedi polislerden biri çocuğu tokatlarken.

"Ben, ben..."

"Bırak lan kekelemeyi. Şimdi kekelemenin zamanı değil. Korkut nerede?"

"Bilmiyorum," dedi yine kekeleyerek. "Az önce dışarıda karşılaştık. Birlikte eve girdik. O, evden bir şeyler alıp hemen çıktı. Bana da burada beklememi söyledi. Ben de onun gelmesini bekliyordum."

"Onu neden bekliyorsun? Arkadaşı mısın? Yoksa onun müşterisi misin? Ondan mal mı almaya geldin?"

"Mal almaya geldim," dedi ağlayarak. "Babam esrar kullandığımı duyarsa beni öldürür. Ne olur bırakın da gideyim. Size söz veriyorum. Bir daha esrar içmeyeceğim."

Polis, çocuğun bileğine taktığı kelepçeyi çıkardı. "Şimdi hemen s.ktir git buradan," dedi. "Bir daha da gözüme gözükme."

Çocuk koşarak odadan çıktı. "Onu neden serbest bıraktın?" dedi polislerden biri, meslektaşına.

"Gecenin bu saatinde bir de onunla mı uğraşacağız?" dedi çocuğu serbest bırakan polis. "Esas büyük yem elimizde. Biz bu gece sadece onunla ilgilenelim."

İçim ürperdi. "Ben sizin için büyük bir yem neden olayım ki?" diye sordum boğuk bir sesle.

"Sus," dedi polis. "Nurdan nerede öldü?"

"Onu bir üst katta buldum. Ben, Korkut ve Korkut'un bir arkadaşı burada oturuyorduk. Daha sonra ben yukarı kata..."

"Kes," dedi polis. "Bizi hemen yukarı kata çıkar."

Yukarı kata çıktık. Yıkık dökük odaya girdik. Orada gördüklerimi bir kez daha baştan sona polislere anlattım. O sırada polislerden biri sağda solda bulduğu enjektörleri naylon poşete koyuyordu. Epey bir vakit orada kaldık. "Tamam," dedi polislerden biri. "Artık gidebiliriz. Korkut'u da yarın sabah yakalarız. Şimdi bir fare gibi kaçıp bir deliğe saklanmıştır."

Sokağa çıktığımızda gazeteciler kapının önüne yine mevzilenmişlerdi. Flaşlar çaktı. Kameramanlar kameraları kayda soktu. Bir televizyon muhabiri bana mikrofon uzatıp, "Nurdan Mutlu'yu siz mi öldürdünüz?" diye sordu.

Polislerden biri gazetecilere bağırdı: "Bizi rahat bırakın da işimizi yapalım arkadaşlar. Şöyle bir açılın..."

Karakola geri döndük. Beni yine nezarethaneye koydular. Başımı iki avucumun içine alıp saatlerce düşündüm durdum. Bu gece olup bitenlere bir anlam vermeye çalıştım. Dışarıdaki gazeteciler de neyin nesiydi öyle? Neden bu kadar çok kalabalıklardı? Neden buradaydılar? Biz eroinmanların başına gelen sıradan bir ölüm olayı, nasıl oluyordu da böyle birden dallanıp budaklanmıştı? Neden sadece benim üzerime geliyorlardı? Umut ve Defne'ye neden daha toleranslı davranıyorlardı? Yoksa sabıkalı olduğumu mu öğrenmişlerdi? Sırf bu yüzden mi beni katil gibi görüyorlardı? Ama ben daha önce hiç kimseyi öldürmedim ki. Ben bu zamana kadar sadece kendimi öldürdüm. Buradaki hiç kimse neden bana inanmak istemiyor?

Evet! O kızın ölümünde normal olmayan bir şeyler vardı. Burnum artık bazı gerçeklerin kokusunu alabiliyordu. Bu gece istemeyerek de olsa büyük bir belaya bulaşmıştım. İşte bu yüzden gazeteciler üzerime gelip duruyordu. Kim bilir bu gece beni nasıl bir arenaya çıkarmışlardı? Kim bilir beni dışarıdaki gazetecilere nasıl tanıtmışlardı? Kim bilir beni onlara nasıl gösterip sergilemişlerdi? Kim bilir bu gece benim ipimi kim ya da kimler alelacele çekivermişti?

O gece sabaha kadar bütün bunları düşündüm durdum. Sabah olduğunda ise, bu sefer de başka bir belanın içine düşmek üzereydim. Eroin yoksunluğu kendini ağırdan ağırdan hissettirmeye başlamıştı bana. Boncuk boncuk terliyordum. En geç bir-iki saat içinde hasta kalıp krize girecektim. İçinde bulunduğum bu durumda elden bir şey gelmiyordu. Doğrusu bir şey de yapmak istemiyordum. Dün gece onca yaşanan kötü şeylerden sonra eroini alıp yeniden nasıl kullanabilirdim ki? Dün gece genç bir kızın canına mal olan o kahrolası maddeye karşı bundan sonra ne kadar acı duyarsam duyayım, ne kadar yoksunluk hissedersem hissedeyim, ne kadar ağır krizlere girersem gireyim onu bir daha asla kullanacağımı sanmıyordum.

O anda gözlerimi tavana diktim. Ellerimi açtım. Allah'a seslendim: "Ey yüce Allahım! Burada birazdan ilk acılarını yaşamaya başlayacağım yoksunluk nöbetlerinin, tüm hayatım boyunca yaşayacağım son yoksunluk nöbetleri olmasını bütün kalbimle senden diliyorum. Âmin," dedim, sonra da ellerimi yüzüme sürdüm.

"Sen kiminle konuşuyorsun?" dedi polis, demir parmaklı kapının önünde dururken.

"Hiç kimseyle," dedim.

Kapıyı açtı. Bana bakıp pis pis sırıttı. "Şayet Allah'la konuşuyorsan unut onu. Artık bu saatten sonra o bile sana yardım edemez. Başın çok büyük bir belaya girmiş. Dün gece hapı yutmuşsun sen."

"Ben suçsuzum," dedim bitkin bir halde. "O kızı ben öldürmedim."

"Hadi çık dışarı!" dedi polis. "İmzalaman gereken evraklar var."

Dün gece ifade verdiğim odanın kapısından içeri girdik. Bilgisayarın başındaki polis memuru, "Gel Onur," dedi. "Dün gece verdiğin şu ifadenin altına imzanı at."

Önüme konan evraklara baktım. "Sağ alt köşeleri imzalayacaksın," dedi polis memuru.

"İfademi okuyabilir miyim?" dedim.

Polis sandalyeden bir hışımla ayağa kalktı. "Şu evrakları hemen imzala adi herif," dedi. "Dün geceden beri başımıza bir ton iş çıkardın."

"İfademi okumadan kesinlikle imzalamam," dedim cılız bir sesle.

Yanıma geldi. Yüzüme sert bir tokat attı. "Bak," dedi sinirli sinirli. "Adamı dinden imandan çıkarma. Benim canımı daha fazla sıkma. Şu evrakları hemen imzala."

O sırada başka bir polis lafa girdi. "Önüne konan evrakları şimdi uslu uslu imzala oğlum," dedi. "Şayet verdiğin ifadeyi okumak istiyorsan, sonra da okuyabilirsin. İtiraz ettiğin yerler olursa da savcılıkta değiştirirsin."

Çok hastaydım. Üstelik geceden beri de çok yorgundum. Onlarla uzun bir tartışmanın içine bir kez daha girmek istemiyordum. O anda polislerden biri karnıma sıkı bir yumruk attı. Polisin karşısında iki büklüm oldum. Nefes almaya çalıştım. "Hemen şu evrakları imzala," dedi. "Yoksa seni dün geceki gibi yine çırılçıplak soyup, bu sefer de ben işkence yapacağım sana."

"Tamam," dedim. "Evrakları imzalayacağım. Ama ne olur beni daha fazla dövmeyin. Çok hastayım. Ayakta duracak halim yok..."

Öğle vakti demir kapı bir kez daha açıldı. "Dışarı çık," dedi polis memuru.

Âdeta sürünerek dışarı çıktım. "Hadi çabuk yürü," dedi. "Seni yatıya kadar bekleyecek halim yok."

"Çok hastayım," dedim. "Ne olur bana vurmayın."

Polis yüzüme baktı. "Seni çok mu dövdüler?"

"Evet," dedim. "Bir suçum olmadığı halde beni çok dövdüler."

"Artık buradan gidiyorsun," dedi polis bir çırpıda.

"Nereye?" dedim acıdan kıvranırken.

"Vatan Caddesi'ndeki İl Emniyet Müdürlüğü binasına giyiyorsun. Seni birazdan narkotikçi arkadaşlara teslim edeceğiz."

Mavi bir kapının önünde durduk. "Bekle," dedi polis. "Diğer arkadaşlarının işlemleri henüz bitmedi."

O sırada kapı açıldı. Dışarı Umut çıktı. O da benim gibi yorgun ve bitkin görünüyordu. "Dün geceden beri nerelerdesin?" diye sordum. Dayaktan patlamış dudağını, ağzını açıp kırık dişini gösterdi. "Sabaha kadar dövdüler beni," dedi. "Beni neden öldüresiye dövdüler? Ben bir suç işlemedim ki. Bana neden işkence yaptılar? Belçika'da böyle bir şeyin olmasına asla izin vermezler. Türk polisleri karakola düşenlere neden barbarca davranıyor?" Yüzüme acıyla karışık bir gülümseme yayıldı. "Türk polisi böyledir işte," dedim. "Sen onları bilmezsin. Karakolda geceleyen misafirlerini biraz okşayıp ellemeden göndermezler." "Ne bileyim ben," dedi Umut. "Galiba biraz fazla misafirperverler. Baksana şu halimize! Ellenmedik yerimiz kalmamış."

Yanımızda duran polis güldü. "Bizden size tatlı bir anı kalsın burada yaşadıklarınız," dedi.

"Tatlı bir anı mı?" dedi Umut şaşkınlıkla. "Kâbus dolu bir gece desek daha doğru olur."

"Bakın," dedi polis ciddi ciddi. "Sakın bizi şikâyet etmeyin savcıya. Şayet bir gün buraya yine düşerseniz, o zaman ananızı bellerim. Hadi şimdi içeri gir Onur Efendi. İmzalaman gereken evraklar var."

Kapı açıldı. İçeri girdim. Odada Defne ve daha önce hiç görmediğim iki kişi vardı. Polislerden biri yanıma geldi. Elinde tuttuğu evrakı masanın kenarına koydu. Bir kalem uzattı. "Şuraları imzala," dedi.

Önüme konan evrakları imzaladım. Odadan hemen dışarı çıktım. Defne ve diğer iki kişi de arkamdan çıktılar. Hepimizi aşağı kata indirdiler. Bileklerimize kelepçe taktılar. Beyaz bir minibüsün içine bindirdiler. Sivil giyimli üç polis memuru da bizimle birlikte minibüse bindi. "Şimdi narkotik şube-ye gidiyoruz," dedi kaytan bıyıklı polislerden biri.

Hepimiz iki gün boyunca narkotik şubede tutulduk. Narkotik polisleriyle, cinayet masası dedektifleri birlikte çalışıyorlardı. Narkotik şubede tutulduğumuz o iki gün boyunca, narkotikçiler bizlere son derece iyi davrandılar. Hasta kalıp krize girdiğimiz anlarda bile sıcak sözleriyle bizlere destek olmaya çalışıyorlardı. Arada sırada da eroinden tamamen kurtulmamız yönünde telkinlerde bulunuyorlardı.

Yine hasta kalıp krize girdiğim anlardan birinde nezarethanenin kapısı açıldı. Dizlerimi karnıma çekmiş, yerde iki büklüm yatıyordum. Âdeta bir yılan gibi kıvranıp duruyordum. Yerde sürünüyordum. "Yemeğini getirdim," dedi narkotikçi polis, acınası halime bakarak.

Çığlık çığlığa bağırmaya başladım. "Ben sizden yemek istemiyorum," dedim. "Ne olur bana bir kaşık eroin ya da acılarımı dindirecek birkaç hap verin."

Elinde tuttuğu yemek tepsisini yere koydu. "Benden eroin istediğini bir daha duymamış olayım senden," dedi. "Ayrıca sizlere herhangi bir ilaç vermemiz de yasak. Yemeğin burada. İster ye, ister yeme. Senin bileceğin iş. Ama sana bugünkü gazetemi okuman için bırakabilirim. Biraz oyalanmış olursun."

Çektiğim acılarla epeyce bir vakit boğuşup durdum. Artık zaman kavramını yitirmeye başlamıştım. Bir ara sürünerek kapının yanına gittim. Yerde duran gazeteyi aldım. Gazeteye şöyle bir göz attığımda şoka girdim. Ebru'nun ölüm haber birinci sayfadan, sürmanşetten verilmişti. Haberi bir solukta okudum. Başımı iki elimin arasına alıp düşündüm. "Aman Allahım! Böyle bir şey nasıl olabilir? Bu kadar tutucu bir ailesi var-

253

ken nasıl oluyordu da uyuşturucu kullanıyordu?" diye kendi kendime söylendim.

O anda kapı açıldı. Narkotik polisi içeri girdi. Bana baktı. "Buradan gidiyoruz," dedi.

Şaşkınlığımı üzerimden bir türlü atamıyordum. "Nereye?" diye sordum afallayarak.

"Adliyeye."

"Adliyeye mi?"

"Evet," dedi polis. "Şimdi Beyoğlu Adliyesi'ne gidiyoruz. Hepiniz az sonra Savcı Bey'in karşısına çıkacaksınız."

"Arkadaşlarım nerede?"

"Onları buradan götürdüler. Sen bizimle geliyorsun."

O gün Beyoğlu Adliyesi'nin kapısından içeri girdiğimde, karşımda bir dağ gibi yükselen gazeteci ordusuyla karşılaştım. Bana sürekli soru soruyorlar, sordukları bu sorulara da cevaplar istiyorlardı. Onlara kısa bir an bakıp, "Ben suçsuzum," dedim. "Ben suçsuzum. O kızı ben öldürmedim."

Polisler koşar adım gazetecilerin yanından beni uzaklaştırdılar. Bir odaya kapattılar. O an çok bitkin bir haldeydim. Çok hastaydım. Birkaç gündür tedavi olamamıştım. Ayrıca nezarethanenin kötü koşulları da beni çok hırpalamıştı. Bir de bütün bunların üzerine polislerden yediğim dayaklar eklenince tamamen bitap düşmüştüm. Bir süre sonra içeri Umut ve Defne girdi. Defne'ye baktım. "Ebru'yla nasıl tanışmıştın?" diye sordum sinirli sinirli.

"Keşke hiç tanışmaz olaydım," dedi ağlayarak.

"Babasının kim olduğunu biliyor muydun?"

"Hayır. Ben de az önce öğrendim."

"Ya sen Umut? Mutaassıp bir ailenin kızı olduğunu biliyor muydun?"

254

"Mutaassıp ne demek?" diye sordu Umut. "Ben Belçika'da büyüdüm. Bu kelimenin ne anlama geldiğini bilmiyorum. Ama Ebru'yu benimle Defne tanıştırdı."

"Ebru'yu da benimle Aslı tanıştırmıştı," dedi Defne. "Onun gerçek adının Nurdan olduğunu bile bilmiyordum. Meğerse babasının kimliği yüzünden gerçek adını bizlerden saklamış."

Umut bana baktı. "Mutaassıp ne demek dostum?" dedi. "Ebru'nun babası Türkiye'de çok önemli bir adam mı?"

"Bağnaz demek," dedim. "Ayrıca Ebru'nun babası da ülkemizde birçok taraftarı bulunan bir tarikatın önde gelen simalarından. Adam, siyasi bir kimliğe sahip."

"Bu yüzden mi bizi dövdüler?" dedi Umut.

"Kesinlikle haklısın. Babasının kimliği yüzünden polisler bize işkence yaptılar. Peki, içerideki savcı ne sordu size?"

"Olay gecesini," dedi Defne.

"Ya yanınızdaki diğer iki kişi kimdi?"

"Güya o adamlar Ebru'ya eroin satıyormuş."

"Peki, aileleriniz burada mı?"

"Evet," dedi Umut. "Bizimkiler Belçika'dan gelir gelmez, ayaklarının tozuyla bana bir avukat tuttular."

"Benim de annem burada," dedi Defne. "O da bana bir avukat tuttu."

"Peki, ya benim ailem?" diye sordum kendi kendime. Benim ailem neredeydi? Şimdi neler yapıyorlardı? Başıma gelen bu talihsiz olayı gazetelerde okumuşlar mıydı? Benim için üzülmüşler miydi? Acaba annem bana ağlamış mıydı?

O sırada kapı açıldı. Daldığım düşünceden çıktım. "Sıra sende Onur," dedi polis. "Şimdi benimle geliyorsun. Bir dakika dur. Şu kelepçeyi çıkarayım."

Savcının bulunduğu odaya girdim. Savcı çatık kaşlarını kaldırdı, göz ucuyla bana baktı. "Gel bakalım Onur," dedi. "Bir de seni dinleyeyim."

Savcının karşısında bir put gibiydim. "Karakolda verdiğin ifadeyi kabul ediyor musun?" diye sordu savcı.

"Tutanaktaki ifademin ne olduğunu bile bilmiyorum savcı bey," dedim. "Beni karakolda çok fena dövdüler. Orada bana işkence yaptılar. İfademin olduğu tutanağı zorla imzalattılar. Şimdi sizin huzurunuzda bir kez daha hür irademle vereceğim ifademin tarafınızca dikkate alınmasını rica ediyorum."

Savcı beni baştan aşağıya süzdü. "Peki," dedi. "İfadeni yeniden alacağım. Senin bir avukatın var mı?"

"Hayır, yok."

"Öyleyse anlat bakalım," dedi savcı. "O gece neler oldu?"

O gece başımdan geçen her şeyi bir kez daha anlattım. "İşte böyle," dedim. "Ben suçsuzum."

"Pekâlâ," dedi savcı bey. "Sen de eroin kullanıyor musun?"

"Evet," dedim bütün dürüstlüğümle. "Ben de eroinmanım."

"Tamam," dedi savcı. "Dışarı çıkabilirsin."

Kapıyı açtığımda polisler karşımda duruyordu. "Şimdi nereye gidiyoruz?" diye sordum, kelepçeyi bileğime takan polise.

"Bir üst kata çıkıyoruz," dedi polislerden biri. "Az sonra mahkemeye çıkacaksın. Ya serbest kalacaksın ya da tutuklanıp cezaevine konacaksın."

"Benim bu olayda hiçbir suçum yok," dedim gözlerim yaşla dolarken. "Ben katil değilim."

"Bunları bana anlatma," dedi polis. "Az önce savcıya anlattın. Üstelik bir de bizleri kötüleyip, yerden yere vurdun."

"Ben sizleri kötülemedim. Sadece karakoldaki polislerin bize kötü davrandıklarını söyledim."

Polis sustu. Cevap vermedi. Kolumdan tutup çekti. Yukarı kata çıkardı. Tam o sırada Umut çığlık çığlığa odadan dışarı çıktı. "Yaşasın! Serbest kaldım," dedi. "Artık serbest kaldım..."

Polisler Umut'u yaka paça çekip bir odanın içine soktular. "Sessizce burada bekle," dedi. "Henüz işlemleriniz bitmedi."

Umut'un arkasından Defne içeri girdi. Bir süre sonra o da çığlık çığlığa odadan dışarı çıktı. "Yaşasın! Ben de serbest kaldım," dedi. "Ben de serbest kaldım!"

Bizimle birlikte tutuklanan adamlar da peş peşe içeri girip çıktı. Onlar da mahkeme tarafından serbest bırakıldı. Artık sıra bana gelmişti. Serbest bırakılacağımdan hiçbir kuşkum kalmamıştı. Emin adımlarla içeri girdim, içeriden dışarıya ağlayarak çıktım. Ağır ceza mahkemesi hâkimi tutuklanmama karar verdi. Polisler beni apar topar Umutların olduğu odaya soktular. "N'oldu?" diye sordu Umut. "Neden ağlıyorsun?"

"Tutuklandım," dedim boğuk bir sesle.

Defne'nin yüzü kireç gibi bembeyazdı. "Nasıl olur?" dedi şaşkınlıkla. "Seni hangi gerekçeyle tutukladılar?"

"Ebru'nun uyuşturucu kullanmasını kolaylaştıracak şekilde ona yer göstererek yardımcı olmaktan ve az önce savcıya verdiğim ifade de eroin kullandığımı ikrar etmek suçlarından tutuklandım."

"Ama haksızlık bu," dedi Defne ağlayarak. "Sana reva görülen hapis cezası hangi vicdanla bağdaşmaktadır?"

O andan sonra artık Defne'yi dinlemiyordum. Onu dinlesem de ne fark edecekti ki? Dünyam bir kez daha kararmış, başıma yıkılmıştı. Polisler odaya girdi. "Burada işimiz bitti," dedi bir polis memuru. "Şubeye dönüyoruz."

Adliye binasından çıkarken bir kez daha gazetecilerin fotoğraf makinelerinin flaşları yüzümde patladı. Bir televizyon muhabiri elinde tuttuğu mikrofonu bana uzattı. "Tutuklanmanız hakkında ne söyleyeceksiniz?" diye sordu.

Kısa bir an durdum. "Benim için her şey henüz bitmiş değil," dedim. "Bugün mahkeme tarafından tutuklanmış olabilirim ama çok yakın bir zamanda serbest kalacağımı biliyorum. Eğer bu bir savaşsa, ben şimdiden savaşmaya hazırım. Nurdan'ın ölümüne asıl sebep olanların kurdukları kirli bir tezgâhın üzerine yatırılarak, ilahlara kurban edilecek bir adak olmak için bu dünyaya gelmedim ben. Benim varlığımı bu yaşamdan kolayca silip atacağını zanneden biri ya da birileri varsa, şimdi onlara sesleniyorum: Beni bu şekilde pervasızca harcamak istemenize tepkisiz kalacak kadar uslu bir çocuk değilim ben..."

O an kürek gibi bir el başımı aşağıya doğru bastırdı. "Çabuk arabaya bin," dedi. "Sus. Daha fazla konuşma."

Beyaz minibüse bindim. Yaklaşık yarım saat sonra narkotik şubeye geri döndük. Umut'a, Defne'ye son bir kez oracıkta sarılıp ağladım. Gözü yaşlı çocuklar gibi onlara baktım. "Beni merak etmeyin," dedim. "Bu savaştan galip çıkacağım. Siz de bu süre içinde hayatta kalmaya bakın. Ölüm haberlerinizi gazete sayfalarında görmek istemiyorum."

Umut sımsıkı boynuma sarıldı. O da benim gibi hüngür hüngür ağlıyordu. "Her şey benim suçumdu dostum," dedi. "Keşke o gece senin yanına hiç gelmeseydim..."

O akşamüzeri cezaevinin büyük ve ağır demir kapısı gıcırtıyla açılıp da, sivil plakalı bir polis arabasıyla içeri girdiğimizde başımı kaldırıp gri gökyüzüne baktım. "Hoşça kal özgürlük," diye içimden geçirirken, o anda ince ince yağan bir sonbahar yağmuru bir süre ayrı kalacağım güzel şehrimin üzerine sessizce yağıyordu...

BU GÜNLÜĞÜN ÖYKÜSÜ

Onur'un yazdığı günlükler 2008'de elime geçti. Bu günlükleri ilk okumaya başladığımda Onur'la ilgili anılar beynimde canlandı.

Evet! Bu günlüklerin yazarı genç adamı tanıyordum. Yıllar önce Beyoğlu Adliyesi'nde "adliye muhabirliği" yaparken, bu genç adama cezaevi askerlerinin arasından şöyle seslenmiştim: "Eroini bırakmayı neden hiç denemiyorsun?"

Onur bana bakıp acı acı güldü. Sonra da dedi ki: "Eroin sigara gibi değil ki hemen bırakıvereyim!.."

İlk kez gün ışığına çıkan bu günlükleri o gün okurken, işte Onur'un bu sözleri bir anda kulaklarımda yankılandı. Onur o anda anılarımın içinden değil de sanki yanı başımdan bana seslenmişti. Nefesini âdeta ensemde hissetmiştim. Mahkemede yargılandığı o uzun süreler boyunca, birkaç kez daha kendisiyle konuşma fırsatım olmuştu. Bu genç adamın alışılagelmişin dışında bir anlatma yetisine sahip olduğunu, güçlü bir sentez yeteneğiyle desteklediği anlatımı sırasında bir özgüveni bulunduğunu daha o günlerde, biraz da şaşırarak görmüştüm.

Onur'un yazdığı bu günlükler öyle çekici ve ayrıntılı bir hayat öyküsüydü ki, bu öyküyü onun ağzından yazıp yayınlamaya karar verdim. Ayrıca bu kitabı ona ithaf ettim.

Onur, Nurdan Mutlu'nun –bu onun gerçek adı ve soyadı değildir– uyuşturucu kullanmasını kolaylaştıracak şekilde ona yer göstererek yardımcı olmak suçundan bir süre cezaevinde yattı. Cezasını çektikten sonra da salıverildi.

Dışarıda yine boş durmadı. Ölümüne bağlı olduğu eroine tekrar başladı. Hapisten çıktıktan tam bir yıl sonra tekrar cezaevine girdi. Soygun suçundan yirmi ay hapis cezası aldı. Cezaevinde bile suç işlemeye devam etti. En sonunda da Şartlı Salıverme Yasası'ndan faydalanarak tahliye oldu.

Cezaevinden çıktıktan hemen sonra günlük bir gazetenin hafta sonu ekine verdiği röportajında şöyle demişti: "Yazdığım günlükleri kitap olarak yayımlatacağım. Kitabın adını da 'Çığlık' koyacağım. Gençlere ve onların ailelerine yol göstermek istiyorum. Benim yaşadıklarımdan ders çıkarsınlar. Eroin insanın hayatına bir kere girdikten sonra kolay kolay çıkmıyor. Kanına karışan madde sana savaş açıyor, ölümünü istiyor. Zamanla bilinçaltına kazınıyor, hayatını mahvediyor."

Onur bu röportajından tam yedi ay sonra tekrar gazetelerin sayfalarına son kez haber oldu. Gazeteler Onur'la ilgili şöyle başlık atmışlardı: "Kitabı bitiremeden aşırı dozdan öldü... Eroine tanıdık bir kurban... Nurdan'dan sonra o da eroinden öldü... Altın vuruşa kurban gitti..."

Bu günlüklere neredeyse bir yıldır elimi sürmemiştim. İlk günkü duygularım içinde yeniden bu günlükleri döne döne okudum. Ve Onur'un anlatım tarzını koruyarak yayınlamaya karar verdim. Artık bu saatten sonra söylenecek bir tek sözüm var: Bu kitap hepimiz için bir kitap! Bu kitabın okur yaşı yok. Bu kitap dönemsel bir kitap da değil. Bana sorarsanız bu kitap, uyuşturucu maddeler var olduğu sürece varlığını sürdürecek bir kitapmış gibi geliyor bana.

Nur içinde yat sevgili Onur. Senin ve arkadaşlarının çığlıklarını gökyüzüne değil de, kitlelere ulaştırabildiysem ne mutlu bana.

Sinan Akyüz
İstanbul, 2010

www.sinanakyuz.com.tr